1968

1968

El nacimiento
de un mundo nuevo

RAMÓN GONZÁLEZ FÉRRIZ

Papel certificado por el Forest Stewardship Council®

MIXTO
Papel procedente de
fuentes responsables
FSC® C117695
FSC
www.fsc.org

Primera edición: enero de 2018

© 2018, Ramón González Férriz
© 2018, Penguin Random House Grupo Editorial, S. A. U.
Travessera de Gràcia, 47-49. 08021 Barcelona

Printed in Spain – Impreso en España

ISBN: 978-84-9992-801-2
Depósito legal: B-22.996-2017

Compuesto en Pleca Digital, S. L. U.
Impreso en Black Print CPI Ibérica
Sant Andreu de la Barca (Barcelona)

C928012

Penguin
Random House
Grupo Editorial

Para Marta

Índice

Un viejo mundo feliz

A lo largo de los cincuenta años que han transcurrido desde 1968, este ha sido objeto de innumerables interpretaciones y de algunas de las discusiones políticas y culturales más persistentes y centrales de nuestra época. Es lógico que haya sido así. Fue un año repleto de acontecimientos, muchos de ellos interconectados y fruto de las transformaciones que se habían sucedido desde el final de la Segunda Guerra Mundial. Estos cambios afectaban casi todas las esferas de la vida: los ámbitos económico, cultural, demográfico, ideológico, tecnológico, filosófico o cualquier otro que se pueda imaginar. Sin embargo, hasta ese momento no habían producido una ruptura total con el orden establecido. En 1968, el mundo de 1945 parecía remoto pero, al mismo tiempo, seguía rigiendo los códigos de la convivencia e incluso la percepción que los individuos tenían de sí mismos. Pero entonces algo estalló.

Lo ocurrido en 1968 fue, en buena medida, un intento de acabar con ese mundo e improvisar la construcción de uno nuevo. Para muchos de quienes vivían donde tuvieron lugar las protestas y las graves crisis políticas de ese año, se trataba de un propósito absurdo. Cualesquiera que fueran sus carencias, una gran parte de los países vivía una época de prosperidad; la economía crecía y las clases medias con ella, y, dentro de los siempre estrechos límites de la Guerra Fría, la situación política era estable. La idea de poner en riesgo un equilibrio que había permitido descartar casi por completo la posibilidad de nuevas contiendas a escala global —por supuesto, seguían en marcha guerras más localizadas, como la de Vietnam, central en esta historia— parecía una locura. En muchos países occidentales, los grados de libertad e igualdad conseguidos habrían sido inimaginables unas décadas antes. Con todo, sería un error creer que esas democracias, con unas arquitecturas institucionales muy parecidas a las actuales, tuvieron la misma permisividad moral que en el presente: las costumbres eran más rígidas, y las expectativas de disciplina y de sumisión al grupo, mayores. En cualquier caso, para unos cuantos jóvenes ese *statu quo* no era más que una gran mentira. No eran demasiados —las protestas de 1968 fueron casi siempre un fenómeno elitista o, al menos, minoritario, aunque extraordinariamente ruidoso—, y en general formaban parte de la clase media. Muchos de ellos solo habían podido acceder a los estudios universitarios gracias precisamente a la prosperidad y la estabilidad recientes, pero tenían el convencimiento de que, en realidad, ese mundo rico y feliz no era más que una continuación soterrada del autoritarismo, la sumisión y hasta el nazismo que, según les decían, habían sido vencidos y sustituidos por la libertad. Creían, pues, que esa libertad era falsa, que el progreso nacía de la explotación, que la guerra de Vietnam demostraba que Occidente era todavía colonialista y racista, que el mero hecho de vestir un traje gris y acudir a un trabajo con un horario y un sueldo fijo a final de mes —una perspectiva que a sus padres les habría parecido envidiable a su edad— implicaba una condena, una manera de dejar escapar la vida. Esos jóvenes no eran comunistas: la Unión Soviética y sus países satélite ya habían demostrado, y volverían a hacerlo a lo largo del año, que no era ahí donde había que buscar un ejemplo y depositar las esperanzas. Si bien la Revolución Cultural china, que estaba teniendo lugar en ese momento, la reciente Revolución cubana y los movimientos de liberación de los pueblos quizá sí fueran un buen espejo. A pesar de ser unos privilegiados, imbuidos de una mezcla de ingenuidad, arrogancia y buenas intenciones, sentían que al manifestarse no solo ejercían ese derecho en su propio nombre, sino también en el de la clase trabajadora y de los súbditos de los países oprimidos por el colonialismo.

Por supuesto, esto no se percibía así en todos los lugares donde en 1968 hubo crisis y levantamientos. No son comparables los ejemplos de naciones ricas y democráticas como Estados Unidos, Francia, Italia, Alemania o Japón con las dictaduras comunistas de Checoslovaquia y Polonia, la dictadura militar de España o el ambiguo régimen de México. En cada uno de estos países, 1968 significó un riesgo diferente, pero en todos supuso el cuestionamiento, radical y a veces juguetón, de los regímenes establecidos. La lucha por los derechos civiles de los negros en Estados Unidos, que ese año alcanzó un punto de inflexión debido al descontrolado uso de la violencia, y el intento checoslovaco dirigido por sus propios líderes de convertir el comunismo en un «socialismo de rostro humano», fueron casos aparte, como también lo fue México, donde el grado de violencia desplegado por el Gobierno resultó simplemente incomprensible. Aun así, unos y otros compartían la certidumbre de que el *statu quo* era un gran error, una espantosa injusticia.

Esto no significa que dichos movimientos estuvieran coordinados y, de hecho, no lo estaban. Aunque en su momento los gobernantes creyeron ver un gran plan concertado, y las interpretaciones posteriores dedujeron que todo el mundo se había alzado al mismo tiempo y por las mismas razones, lo cierto es que muchas de las protestas y manifestaciones, por interconectados que estuvieran sus motivos, fueron fruto del azar, de la absoluta improvisación. Las causas concurrían: circulaban los discos de rock y pop incluso en el mundo comunista, la televisión vivía un auge inaudito, y con frecuencia los gobernantes eran viejos y la población cada vez más joven. El crecimiento económico disparaba las expectativas personales y había nuevas y atractivas ofertas ideológicas por las que los jóvenes sentían una atracción natural porque prometían, sencillamente, una vida mejor, más despreocupada y al mismo tiempo más responsable. Pero si bien todo se retroalimentó, el desenlace fue en gran parte un paso adelante poco medido. Fue un paso adelante porque, como decía, no dejó de ser el resultado de lo que se había estado conformando política y culturalmente durante por lo menos una década. Y poco medido porque, con algunas salvedades, los protagonistas no sabían cuáles eran sus objetivos. Los jóvenes que sembraron el caos en el Barrio Latino de París durante un mes y medio, los que convirtieron la política de partidos estadounidense en un grotesco festival, los estudiantes que en Italia quisieron redimir a la clase trabajadora aunque esta les desdeñase, los que en Alemania jugaban al gato y el ratón con la policía hasta que la violencia se les fue de las manos, y la mayoría de los protagonistas de este libro, sabían lo que estaban haciendo, pero no para qué.

Los testigos de los acontecimientos de 1968 afirman que en el proceso se habló mucho. Se discutía incansablemente en reuniones y asambleas que se celebraban en locales improvisados, pero también en la calle y en los bares; los políticos daban innumerables discursos que recogían la radio y la televisión, y los gobiernos emitían un comunicado tras otro, que luego eran publicados en los periódicos y respondidos por otros gobiernos o por los instigadores de las protestas. Los grupos que organizaban las manifestaciones discutían eternamente, incluso si debían acabar con tanta palabrería y pasar a la violencia. De hecho, las dudas y discusiones sobre si la revuelta debía ser violenta es uno de los temas de este libro. En cualquier caso, en este relato he tratado de reflejar que 1968 fue un año de fuertes e inacabables intercambios de argumentos, a veces de una elevada retórica, a veces simples eslóganes muy bien ideados. Para ello, he recogido voces muy diversas: citas de los libros que influyeron en la ideología de los protagonistas de las protestas, chistes pronunciados ante tribunales de justicia o académicos, canciones y poemas, y discursos de políticos y activistas. También he recurrido a las noticias que publicaban los periódicos de la época para, a través de ellas, intentar reflejar la respuesta inmediata de la opinión pública a lo que sucedía día a día. Una de las cosas más llamativas de los sucesos de 1968 es que sus protagonistas y quienes los comentaron recibieron enseguida ofertas para contar su experiencia en forma de libro. En muchos casos, he acudido a esas obras, o a otras publicadas por testigos y corresponsales extranjeros pocos meses después de lo acontecido.

Los hechos ocurridos en 1968 han llegado hasta nosotros, en buena medida, en forma de mito o de incidentes dispersos que son reinterpretados una y otra vez, con frecuencia en clave ideológica o simplemente como fetiches culturales. Con *1968. El nacimiento de un mundo nuevo* he pretendido sobre todo reconstruir la sucesión de los acontecimientos que tuvieron lugar aquel año y ocasionaron que un puñado de países sintieran que no solo la estabilidad política, sino incluso una cierta idea de sociedad, estaban al borde del abismo. Y he querido hacerlo de forma cronológica. Tras esta introducción, centro la mirada en el año 1967 para exponer los prolegómenos de 1968 y las tensiones y mutaciones ideológicas y culturales que le precedieron. Después, en lo que es el cuerpo principal del libro, presento un relato pormenorizado de lo que pasó en las calles, las televisiones y las sedes gubernamentales a lo largo de 1968 en nueve países. Finalmente, en el epílogo («El mundo nuevo») cuento cómo acabaron muchas de las historias que tuvieron lugar ese año pero concluyeron más adelante, y cómo estas conformaron un mundo distinto, en términos intelectuales y políticos, del creado con el consenso posterior a la Segunda Guerra Mundial, y que en diversos sentidos es el nuestro.

En 2012 publiqué el ensayo *La revolución divertida* (Debate), en el que traté de explicar las consecuencias políticas y culturales de las revoluciones de los años sesenta en adelante en Estados Unidos y en Europa, sobre todo en la concepción hedonista de la vida y en la dimensión mediática de la política, aunque apenas dediqué una decena de páginas a los sucesos acaecidos en 1968. El cincuenta aniversario de aquellos hechos, como me hizo ver mi editor, Miguel Aguilar, era una excelente excusa para regresar a ese año y dedicarle un libro entero. No obstante, existe otra razón que justifica la escritura de este libro. El ideario que motivó buena parte de las protestas y revueltas de entonces vuelve a estar en el centro del debate público. En las décadas posteriores a 1968, las ideas sobre las carencias del capitalismo, su naturaleza opresora y su tendencia a anular al individuo en nombre de un supuesto orden racional que, en realidad, es profundamente irracional y represivo, se encerraron de nuevo en las aulas universitarias y en los libros y medios minoritarios, lo que no quita que con frecuencia alcanzaran notoriedad y marcaran la agenda política. Aunque durante cincuenta años hemos seguido discutiendo sobre la raza, la opresión clasista, el feminismo, la explotación de los trabajadores industriales, el sentido de la vida bajo un régimen que nos empuja a producir más, a alcanzar unos cánones de belleza irreales y al asentimiento intelectual, parecía que las expresiones de izquierda más radicales habían quedado orilladas. A mediados de los años setenta, estos asuntos volvieron al mundo poco permeable de unos intelectuales radicales y unos estudiantes que no sabían cómo convertir esas ideas en algo atractivo para las mayorías de clase media, como ocurrió en 1968. Sin embargo, debido a razones como la crisis financiera reciente y a un nuevo momento de cambio generacional —motivado en parte por la transformación tecnológica, así como por el simple transcurso de los años y la biología—, muchas de las ideas que vertebraron las protestas de 1968 han reaparecido en el centro del debate político y, aunque tengan una forma de expresión distinta y más institucionalizada, son ineludibles. Si multitud de jóvenes creyeron que el consenso alcanzado tras la Segunda Guerra Mundial no era ni mucho menos tan satisfactorio como les aseguraban sus padres, muchos españoles de mi generación piensan ahora, de manera semejante, que el acuerdo que dio pie a nuestra política y cultura actuales no fue tan admirable como nos contaron. No es necesario compartir estas ideas para pensar que no pueden ser ignoradas. En todo caso, transformadas, han vuelto.

EL 68 ANTES DEL 68

El 8 de enero de 1968, el ministro de Juventud y Deportes francés, François Missoffe, acudió a la Universidad de París en Nanterre para inaugurar una piscina. La ruta oficial estaba decorada con grafitis obscenos y un grupo de estudiantes había publicado, coincidiendo con su visita, un panfleto que prometía «orgías vandálicas» en el momento que se cortara la banda inaugural. Los jóvenes recibieron al ministro con una clara hostilidad, y unos cuantos le interpelaron con preguntas y gritos sobre el tema de las residencias estudiantiles, al que el Gobierno no había prestado demasiada atención.[1]

Como sucedió con casi todos los acontecimientos de 1968, el conflicto había empezado tiempo atrás. En este caso, en marzo de 1967, cuando los estudiantes de Nanterre mostraron su descontento por lo que parecía una cuestión relacionada con la precariedad de las instalaciones universitarias, pero que tenía claras implicaciones más allá de eso: los jóvenes habían ocupado la residencia de estudiantes femeninas de la Ciudad Universitaria para protestar porque las chicas podían acceder con relativa libertad a las habitaciones de los chicos, pero no al revés. Querían que el acceso a las residencias fuera libre o que, directamente, estas fueran mixtas. Pasaron la noche en el edificio y, por la mañana, el decano Pierre Grappin autorizó que la policía los desalojara. Esto generó que los demás estudiantes sintieran una mayor simpatía por el puñado de chicos que habían llevado a cabo la protesta, y reforzó su idea sobre el carácter autoritario y represivo de la universidad francesa del momento. Al final, se acordó que, si los manifestantes abandonaban el edificio pacíficamente, no serían sancionados, y estos se retiraron. Días después, algunos de los participantes en la ocupación (y algunos que afirmaban que nunca habían estado allí) recibieron cartas en las que se les comunicaba que, en efecto, no serían sancionados, pero se les advertía que no volvieran a cometer un acción semejante, lo que ellos vieron como una muestra inequívoca de que habían sido identificados y se les estaba amenazando.[2]

Estas reivindicaciones no eran un fenómeno aislado y siguieron produciéndose de manera esporádica a lo largo de 1967. Desde principios de la década de los sesenta, las universidades francesas habían sido el escenario de reiteradas protestas estudiantiles. Estas tenían que ver, por un lado, con los grandes cambios culturales (y, derivados de ellos, sexuales) que estaban teniendo lugar en ese momento en todo Occidente: la emergencia de un arte pop que incitaba a un comportamiento sexual más relajado y los considerables cambios en las costumbres, que iban del lenguaje a la indumentaria, de la idea de autoridad a la de nación. Por otro lado, estaban relacionadas con la importante transformación que la propia universidad estaba experimentando en todos los países europeos. En esos años de enorme crecimiento económico, el número de estudiantes de enseñanza superior se había disparado: si en 1950 en Alemania había ciento ocho mil universitarios, a finales de los sesenta eran casi cuatrocientos mil; en Francia, en esas mismas fechas, había tantos estudiantes universitarios como de instituto en 1956.[3] Para hacer frente a esa explosión, los gobiernos europeos habían tenido que reaccionar, construir rápidamente más centros universitarios (casi siempre feos y funcionales). El presidente francés, Charles de Gaulle, que estaba comprometido con una profunda modernización de la economía y la política del país, había extendido esas ambiciones transformadoras a la universidad.

De Gaulle había sido un héroe de la Segunda Guerra Mundial. Tras liderar la resistencia francesa y enfrentarse duramente a Petain, su predecesor, por pactar un armisticio con la Alemania nazi, entró en París como un liberador, lideró la Francia libre y fue el primer presidente tras la victoria aliada. Poco después, pareció estimar que su poder presidencial era insuficiente y, en lo que fue considerado un acto narcisista, dejó la política oficial —no así la oficiosa— y se retiró a un pequeño pueblo para escribir sus *Memóires de guerre*. Sin embargo, doce años después, en 1958, cuando la Cuarta República estaba al borde del colapso debido, en buena medida, a la incapacidad de los políticos franceses para solucionar el problema de Argelia, De Gaulle fue reclamado por la política y nombrado de nuevo presidente (y, esta vez sí, se aseguró mediante un referéndum de que se le concedían todos los poderes que deseaba reunir). En mitad de una terrible violencia, obra tanto de los rebeldes argelinos que exigían la independencia como del Estado francés y los partidarios de que Argelia siguiera siendo francesa, el presidente consiguió convencer a sus ciudadanos de una aparente paradoja: para recuperar la grandeza, el país debía desprenderse de sus colonias, como estaban haciendo los demás estados europeos.

La grandeza de Francia siempre fue una obsesión para De Gaulle. Y esta grandeza debía alcanzarse por medio de la recuperación de la influencia en la política exterior —De Gaulle sintió que los británicos y los estadounidenses le habían dejado de lado en las negociaciones del final de la guerra, y siempre se lo tuvo muy en cuenta— y de la modernización de la economía, la política y la sociedad francesas: «nada permanece si no se renueva», había escrito muy joven en un tratado militar.[4] No era partidario del libre comercio, sino de una economía *dirigiste*, centralizada y racional, que permitiera al país recuperar la prosperidad y con ella una dignidad perdida. Una de las primeras medidas que adoptó su muy influyente ministro de Cultura, André Malraux, por ejemplo, fue restaurar y limpiar a fondo todos los edificios de titularidad pública en Francia. El propósito de De Gaulle era conseguir una modernización controlada, un capitalismo sometido al interés del Estado y la recuperación de la grandeza francesa por medio de la ambición y la estabilidad.

Como parte de ese gran plan, en 1964 se había inaugurado la Universidad de Nanterre, en una zona alejada del centro de París que se encontraba en mitad de un suburbio con numerosa población de origen africano. La vista desde muchas de las ventanas de las residencias consistía en casuchas hacinadas. El acceso desde la capital era complicado y en esa época la mayoría de los estudiantes, muchos de ellos de provincias, no tenía coche y pasaba el día entero en la facultad, donde no solo estudiaban, sino que también socializaban, se divertían (la toma de la residencia femenina se produjo de forma espontánea, después de que los futuros ocupantes salieran del cineclub del campus) y se organizaban políticamente. Nanterre formaba parte del esfuerzo por poner al día la universidad francesa: edificios racionales, funcionales, cuyo día a día fuera eficaz y estuviera regido por normas estrictas (las universidades francesas no tenían autonomía y estaban sometidas directamente a la autoridad gubernamental). En Nanterre, además, la enseñanza ponía énfasis en la psicología y la sociología, disciplinas que se consideraban indispensables para organizar de manera racional a la sociedad y el trabajo en el nuevo capitalismo. Sin embargo, el intento de modernización de la universidad no había supuesto una actualización de sus sistemas disciplinarios y educativos, o al menos no del todo: los estudiantes se sentían unos espectadores pasivos que debían limitarse a asimilar los conocimientos sin ponerlos en duda, y pensaban que se daba una enorme importancia a los exámenes y que la jerarquía de los profesores era muy rígida.

Por todo ello, lo que pretendía ser un proceso de modernización y de adaptación de la universidad a las necesidades de las empresas y el Estado era considerado por muchos jóvenes una muestra más de la corrupción de la sociedad y de la cortedad de miras burguesa, cuya concepción de la vida les parecía mecánica, estúpida y represora.[5] Los estudiantes de sociología y psicología de Nanterre, además, ponían en duda sus propias disciplinas porque consideraban que, tal como se enseñaban, estaban puestas al servicio del control social y la explotación. En un panfleto que se distribuyó en el campus, titulado «¿Para qué necesitamos sociólogos?», se afirmaba que «la transformación de la sociología académica, una rama de la filosofía, en una disciplina independiente con pretensiones científicas se corresponde con la transformación del capitalismo competitivo en una economía controlada por el Estado. A partir de ahí, la nueva psicología social ha sido utilizada cada vez más por la burguesía para ayudar a racionalizar la sociedad sin perder ni beneficios ni estabilidad».[6]

Cuando el ministro de Juventud y Deportes llegó al campus, se encontró con la protesta de los estudiantes. Entre ellos destacó uno, un pelirrojo insolente pero con autoridad. Las versiones sobre su intervención difieren, si bien parece claro que le recriminó a Missoffe que en el informe sobre la juventud que había elaborado su ministerio no aparecían sus preocupaciones reales. «Señor ministro, ha elaborado un informe de seiscientas páginas sobre la juventud francesa. Pero no hay en él una palabra sobre nuestros problemas sexuales. ¿Por qué?», le espetó, según algunas versiones, después de pedirle fuego y dar un par de caladas a un cigarrillo.

El ministro le respondió, al parecer, que estaba dispuesto a hablar de problemas sexuales, pero no con alguien como él. Y que si tantos problemas sexuales tenía, lo mejor que podía hacer era darse un baño en la piscina. «Eso es lo que solían decir las juventudes hitlerianas», concluyó el joven.[7] Era, por supuesto, Daniel Cohn-Bendit.

Cohn-Bendit, que sería uno de los protagonistas del 68 francés, aunque a veces se esforzara en negarlo (y otras se jactara de ello), nació en 1945 en Montauban, en el sur de Francia. Era hijo de dos alemanes judíos, Erich Cohn-Bendit y Herta David, que tras huir del nazismo en 1933 se habían refugiado en París, donde frecuentaron los ambientes intelectuales de izquierdas (y se hicieron amigos de Hannah Arendt y Walter Benjamin). Más tarde, en 1940, cuando Alemania invadió el norte de Francia, y después del paso del padre por dos campos de prisioneros, la familia se trasladó al sur, a Montauban, donde un sacerdote católico arriesgaba la vida dando falsos certificados de bautismo para los niños judíos. Allí pasaron los cinco años de ocupación alemana y nació, diez meses después del desembarco aliado en Normandía, Daniel. La familia regresó a París en 1948.[8]

Como sus padres habían utilizado papeles falsos para vivir en Francia, Daniel nació en calidad de apátrida. «Ni francés ni alemán; soy, como suele decirse, un bastardo.»[9] En 1958, se instaló en Alemania con sus padres y optó por la nacionalidad alemana para eludir el servicio militar obligatorio francés (otras versiones dicen que no tenía la nacionalidad francesa por dejadez, o al menos eso argumentó su abogado cuando Francia, en 1968, se planteó expulsarle, cosa que solo se podía hacer si era extranjero).

En 1966, después de la muerte de sus padres, Daniel volvió a Francia para estudiar sociología en Nanterre. Su hermano, Gabriel Cohn-Bendit, que era nueve años mayor, tuvo un papel primordial en su educación política. «Yo le ahorré todo el recorrido político, el Partido Comunista, los trotskistas. Dany se sube al tren en el momento en que todo esto se liberaliza», afirma Gabriel en *Le vrai Cohn-Bendit*, una biografía benevolente de Daniel, obra de la periodista Emeline Cazi. Y en Nanterre, «después de nueve años perdido en las distintas corrientes de la extrema izquierda, se fija en los anarquistas», un grupo amplio en la facultad entre cuyos fundadores estaba Jean-Pierre Duteuil, también estudiante de sociología, que sería una especie de mentor ideológico y su compañero inseparable durante los hechos de mayo del año siguiente.

En Nanterre, Cohn-Bendit se integró perfectamente en el ambiente revolucionario y en las continuas protestas sobre el funcionamiento de la universidad y de la política en general. Pero también vivió bien: a diferencia de muchos estudiantes, él podía permitirse un piso en París, viajar e ir a esquiar. «El revolucionario no transige con el placer y recurre a las distracciones del gran burgués», dice Cazi, y puede permitírselo porque recibe una generosa pensión, pagada por el Gobierno alemán, gracias a su condición de huérfano de alemanes que debieron huir del nazismo. «A los dieciocho años, pues, me encontré con una beca de setecientos marcos alemanes [equivalentes a unos 1.250 euros actuales], al menos el doble que una beca normal. Eso me permitía pagar el alquiler en el distrito 15 y vivir bien en París».[10]

Muchos franceses —y como veremos, europeos y estadounidenses— de la edad de Cohn-Bendit tenían la sensación de que la sociedad capitalista era, si no malvada, sí en extremo limitadora de la experiencia de estar vivo. El trabajo, el aburrimiento, la represión sexual, la sumisión a unas reglas sociales profundamente hipócritas hacían que estos jóvenes sintieran la necesidad de buscar algo más, casi cualquier cosa, para huir y ayudar a los demás a escapar, a pesar de que, como reconocían los propios impulsores de las protestas, eran tiempos de bonanza económica y un bienestar palpable: la suya era una «sociedad rica pero cada vez más burocrática», como reconocería el propio Cohn-Bendit.[11] Una situación que también explicaban los dos libros publicados en 1967 que, de alguna manera, más influyeron filosóficamente en lo que sucedería el año siguiente.

Los autores de estas obras fueron dos situacionistas, Raoul Vaneigem (Bruselas, 1934) y Guy Debord (París, 1931). Ambos formaban parte de un movimiento intelectual francés cuya organización, llamada La Internacional Situacionista, se había fundado en 1957. Como cuenta Sadie Plant en *El gesto más radical,* una historia del situacionismo:

> Muchos aspectos de su teoría pueden relacionarse con el pensamiento marxista y la tradición de agitación artística vanguardista que incluye a movimientos como el dadaísmo y el surrealismo. Pero el movimiento también se inscribe en una corriente menos clara de hedonismo libertario, resistencia popular y lucha autónoma, y su postura revolucionaria debe mucho a esa difusa tradición de rebelión heterodoxa. Nacida en un medio artístico, la Internacional Situacionista acabó por desarrollar una posición más abiertamente política desde la cual sus miembros expresaron en toda su extensión su hostilidad hacia todos los aspectos de la sociedad existente.[12]

En *Tratado del saber vivir para uso de las jóvenes generaciones,* Raoul Vaneigem ponía énfasis en el tedio que el capitalismo imponía a los jóvenes. En una nota a una edición posterior, explicaba que un puñado de editoriales habían rechazado el libro y que, cuando este apareció, muchos lectores entendieron que la prosperidad material de la Europa del momento hacía inviable cualquier clase de revolución, fuera marxista o de otra clase (el libro se tituló en inglés *The Revolution of Everyday Life,* «la revolución de la vida cotidiana»). Vaneigem estaba convencido de que no era así, y de hecho ese era el tema central de la obra: «No queremos un mundo en el que la garantía de no morir de hambre equivalga al riesgo de morir de aburrimiento», decía en la introducción. Como buena parte del pensamiento que influyó en las revueltas del 68, era una mezcla de lenguaje y conceptos marxistas, ideas de raíz romántica acerca del rechazo a las formas de vida en las sociedades industriales y sobre el equilibrio de la libertad individual plena dentro de comunidades solidarias:

La explotación de la fuerza de trabajo está englobada en la explotación de la creatividad cotidiana. Una misma energía, arrancada al trabajador durante sus horas de fábrica o sus horas de ocio, hace girar las turbinas del poder, turbinas que los detentores de la vieja teoría lubrifican beatamente con su contestación formal.

Los que hablan de revolución y de lucha de clases sin referirse explícitamente a la vida cotidiana, sin comprender lo que hay de subversivo en el amor y de positivo en el rechazo de las obligaciones, tienen un cadáver en la boca.[13]

La sociedad del espectáculo de Guy Debord era un libro, si cabe, más críptico. Como Vaneigem, Debord consideraba que Estados Unidos y la Unión Soviética no eran más que las dos caras de una misma moneda y denunciaba el carácter sucedáneo de la vida bajo el capitalismo y el comunismo, en los que la autenticidad había sido sustituida por las representaciones espectaculares y la mercancía. Llegaba a la conclusión de que

emanciparse de las bases materiales de la verdad invertida, en esto consiste la autoemancipación de nuestra época. Esta «misión histórica de instaurar la verdad en el mundo» no la pueden cumplir ni el individuo aislado ni la muchedumbre automatizada y sometida a las manipulaciones, sino ahora y siempre la clase que es capaz de ser la disolución de todas las clases restableciendo todo el poder a la forma desalienante de la democracia realizada, el Consejo en el que la teoría práctica se controla a sí misma y ve su acción. Únicamente allí donde los individuos están «directamente ligados a la historia universal», únicamente allí donde el diálogo se ha armado para hacer vencer sus propias condiciones.[14]

Se trataba de dos obras de una inmensa complejidad, llenas de referencias literarias y filosóficas. Muchos de los revolucionarios estudiantiles de la época eran conscientes del problema que esa dificultad discursiva, que no se daba en exclusiva en esos dos libros, podía representar para un movimiento que apelaba constantemente a la clase trabajadora y a la unión de los obreros con los estudiantes mediante la eliminación de las clases sociales. En un libro que escribió a toda prisa tras los sucesos de mayo, Cohn-Bendit reconocía esa distancia creada por el lenguaje. «Las obras de los filósofos, sociólogos y políticos profesionales [...] están escritas en un estilo que no va dirigido a los obreros y los campesinos y que, en todo caso, no son capaces de comprender. Es un peligro que haré cuanto pueda por evitar.» Pero, para él, si esa compleja jerga empleada por los estudiantes resultaba incomprensible, la culpa no era suya ni del lenguaje que utilizaban, sino del capitalismo: era posible que los escritos de Marx solo «fueran accesibles a los intelectuales burgueses», y la razón era que «la desigualdad cultural no es un accidente, sino parte integral de la estructura opresiva de las sociedades capitalistas y comunistas y el hecho que permite su supervivencia. Esto es precisamente lo que los estudiantes revolucionarios trataban de decir cuando desdeñaban las universidades y las escuelas llamándolas "fábricas de privilegios"».[15]

Los precedentes del 68, sin embargo, no se encuentran únicamente en Francia. Al igual que los orígenes de Cohn-Bendit, se hallan también en Alemania y tienen que ver con la catástrofe de 1939-1945, porque más de veinte años después del final de la Segunda Guerra Mundial, el legado nazi y la partición del país en dos todavía no habían sido digeridos del todo. Al menos, así era para muchos jóvenes, que consideraban que el capitalismo alemán, a pesar de su aparente placidez, no se había librado del nazismo por completo, y veían con el mismo recelo el comunismo de la RDA. «Todo parecía en orden en la recién reconstruida Alemania, el mismo país que en 1945, tras el fin de la guerra, yacía económica, política y moralmente en ruinas», escribió el periodista Reinhard Mohr. «Sin embargo, aquí y allá podían adivinarse presagios de las dificultades futuras [...]. Quizá lo que pasó fue que a algunos todo aquello les parecía demasiado monótono, demasiado superficial, demasiado conservador. Demasiado opulento y conformista. Vacío, hipócrita, estrecho de miras, reprimido y sumiso. ¿Era eso todo lo que la vida podía ofrecer? ¿Para eso habíamos nacido?»[16] Preguntas similares estarían en el origen de las revueltas del 68 en Francia, Alemania y Estados Unidos, aunque no exactamente en Checoslovaquia, Polonia o México, donde las circunstancias fueron muy distintas. Sin embargo, a quienes habían sufrido los padecimientos de la guerra, el regreso a una normalidad próspera les podía parecer una recompensa a sus sacrificios, aunque esta estabilidad implicara una cierta pasividad interesada frente a hechos como el bombardeo atómico de las ciudades japonesas por parte de Estados Unidos, la presencia de algunos nazis en el aparato estatal alemán después de la guerra, o que la resistencia francesa frente a la invasión alemana no hubiera sido tan generalizada y heroica como decía el relato de la posguerra. Esa generación podía considerar que la de sus hijos estaba formada por jóvenes malcriados, nacidos en paz, bien alimentados y educados, que disfrutaban de una cultura cada vez más hedonista y permisiva. «Bien entrada ya la década de 1960, muchos alemanes mayores de sesenta años —entre los que se incluían los que ocupaban puestos de responsabilidad— continuaban pensando que se vivía mejor con el Káiser. Pero a la vista de lo ocurrido después, la seguridad y la tranquilidad que les procuraban la pasividad y la rutina de la vida diaria en la República Federal constituyeron un sustitutivo más que aceptable. Sin embargo, los ciudadanos más jóvenes se mostraban más recelosos», afirma Tony Judt en *Postguerra*.[17] A las nuevas generaciones, muchas veces, les parecía que el mundo de la guerra seguía demasiado presente en 1967: tanto los presidentes estadounidense y francés —Lyndon B. Johnson (nacido en 1908) y Charles de Gaulle (1890)— como el canciller alemán —Kurt Georg Kiesinger (1904)— habían participado de manera activa en la política de su

31

país tanto antes como durante la guerra, y el último hasta había estado afiliado al partido nazi, aunque no de buena gana ni por afinidad ideológica. En 1961, se juzgó a Adolf Eichmann en Jerusalén por los crímenes que había cometido durante la guerra. Y los llamados «juicios de Auschwitz», celebrados en Frankfurt contra alemanes acusados de participar en el Holocausto, tuvieron lugar entre 1963 y 1965. El pasado alemán seguía demasiado vigente para una juventud que se sentía atrapada.

Pero también contaba el presente. Y fue un acontecimiento del momento lo que puso en marcha el periodo de revueltas en Alemania: la muerte de un estudiante por un disparo de la policía, el 2 de junio de 1967.

Reza Pahlavi, el sah de Persia y dictador del actual Irán, se encontraba en Berlín en una visita oficial. Hasta el momento de esa invitación, la Federación Socialista Alemana de Estudiantes (SDS), un pequeño grupo de no más de doscientas personas, había hecho campaña a favor de la democratización de la llamada *Ordinarienuniversität* (universidad gobernada por los propios profesores) y en contra de la guerra de Vietnam. Se trataba de «esencialmente un grupo de retoños de clase media de buen comportamiento que intentaban participar por primera vez en el sistema democrático». La organización dudaba de si debía manifestarse contra la práctica de la tortura que ejercía el régimen iraní, pero Bahman Nirumand, un exiliado iraní autor del libro *Persia, un modelo de nación en desarrollo o la dictadura del mundo libre*, la periodista y activista de izquierdas Ulrike Meinhof y Kommune 1, una comuna berlinesa de extrema izquierda, pidieron que se llevaran a cabo las protestas, que al cabo se produjeron.

«La mañana del 2 de junio —relata un artículo del semanario *Spiegel*—, agentes secretos persas y partidarios del sah [...] asaltaron a los manifestantes y a los observadores que se encontraban delante del ayuntamiento de Schoeneberg, en el Berlín Occidental. El dictador y su esposa, Farah Diba, iban a asistir esa noche a una interpretación de *La flauta mágica* de Mozart.» A última hora de la tarde, la calle que conducía al teatro estaba llena de gente y el acceso se reducía a un estrecho pasaje de pocos metros. «Poco antes de las ocho de la tarde, cuando el Mercedes 600 en el que iban el sah y su esposa enfiló la calle hacia la ópera, los cánticos de la multitud gritando "¡Asesino, asesino!" subieron de volumen y empezaron a volar tomates y huevos teñidos.»

En palabras del periodista Sebastian Haffner, la policía «rodeó a los participantes, les obligó a amontonarse y después, con una brutalidad desinhibida, utilizó las porras y las botas contra los manifestantes indefensos, que caían y chocaban entre sí».

Finalmente, los activistas pudieron escapar y la policía disparó con un cañón de agua. «Una joven pareja, Benno y Christa Ohnesorg, se encontraba en el siguiente cruce. Llevaban solo seis semanas casados y estaban esperando un hijo. Les sorprendió la violencia policial. Benno, estudiante de germánicas y románicas de veintiséis años, quería saber qué estaba sucediendo en el aparcamiento» hacia el que la policía estaba dirigiendo a los estudiantes. Su mujer, asustada, se marchó. El policía Karl-Heinz Kurras también se encaminaba hacia allí. La gente gritaba y corría entre los coches. «Tres agentes de policía daban patadas y porrazos a un estudiante que estaba en el suelo. Ohnesorg también estaba siendo golpeado.» Entonces, a pesar de que Ohnesorg estaba indefenso y en el suelo, Kurras disparó y le dio en la nuca. La policía impidió que un médico le aplicara los primeros auxilios, y aunque la ambulancia se lo llevó a los quince minutos del disparo, tardó cuarenta y cinco más en llegar al hospital. Había muerto. La madrugada del 3 de junio, el alcalde socialdemócrata de la ciudad, Heinrich Albertz, afirmó que «la ciudad ha perdido la paciencia» y se prohibieron las manifestaciones. El sah le recomendó a Albertz: «Tenéis que disparar a muchos más. Solo entonces las cosas volverán a la normalidad». Kurras no llegó a ser detenido. De hecho, recibió dinero del sindicato de policía para contratar a un buen abogado. El tribunal de Berlín le absolvió.[18]

Las protestas que siguieron a la muerte de Ohnesorg fueron multitudinarias y se extendieron por todo el país. Esa misma noche, unos cuantos manifestantes airados se reunieron en la sede de la SDS —que en poco tiempo multiplicaría por cinco sus afiliados— para consensuar una respuesta. Una mujer gritó: «Es la generación de Auschwitz. Es imposible hablar con ellos». Era Gudrun Ensslin, que ese mismo año conocería a Andreas Baader y, tras unirse y abandonar a sus familias, en 1970, junto con Ulrike Meinhof y Horst Mahler fundarían el grupo terrorista Fracción del Ejército Rojo. Los periódicos alemanes, singularmente los de la editora Axel Springer, atizaron el fuego: el diario *B. Z.* afirmó que «quien genera terror —en referencia a los estudiantes— debe estar dispuesto a aceptar las consecuencias».[19] El 10 de junio, diez mil personas desfilaron tras el ataúd de Ohnesorg. Una parte de la SDS reclamó la utilización de la violencia y de las tácticas de guerrilla para poder transformar la sociedad alemana. Se inició entonces un ciclo de protestas y manifestaciones —y de violencia— que, en 1968, pondría al país en riesgo de implosión.

Es muy probable que en Estados Unidos no hubiera existido un grado de disenso político y de enconamiento social parecido desde la guerra de Secesión. Las controversias inmanejables parecían acumularse sin que nadie supiera qué hacer: la cuestión racial —la lucha de los negros, sobre todo en el sur del país, pero cada vez más en las ciudades del norte, por unos derechos civiles iguales a los de los blancos—, el inmenso cisma cultural entre los jóvenes y los mayores —cuyas manifestaciones más evidentes eran la estética y la filosofía de los *hippies*— y, por supuesto, la omnipresente guerra en Vietnam.

Una vez más, el conflicto se remontaba a la Segunda Guerra Mundial y, además de a Estados Unidos, implicaba de manera directa a Francia. El 2 de septiembre de 1945, el líder nacionalista Ho

Chi Minh (que también era miembro fundador del Partido Comunista Francés) declaró la independencia de Vietnam. Al poco tiempo, llegaron al país soldados británicos y franceses y, a pesar de que parecía posible llegar a una solución negociada que condujera a la autonomía del territorio, el 1 de junio de 1946 el plenipotenciario francés Georges Thierry d'Argenlieu proclamó la división del país en dos: el norte nacionalista y la Cochinchina en el sur. Y así empezó la primera guerra de Vietnam: con los intentos franceses de mantener el control de Cochinchina y los del norte por unificar el país. La guerra tuvo un coste catastrófico para Francia, no solo en términos económicos, sino también militares y de prestigio internacional.

Estados Unidos había contribuido a financiar la guerra de los franceses en Vietnam —la reconstrucción de la economía francesa después del fin de la Segunda Guerra Mundial fue posible gracias a la ayuda estadounidense—. Pero a partir de 1950 ese apoyo fue más explícito y se prolongó hasta 1954, cuando los franceses incrementaron sus desesperadas peticiones de ayuda y los estadounidenses asumieron que era imposible restaurar la autoridad de Francia en la Cochinchina. En mayo de 1954, el sur se rindió y los franceses solicitaron un alto el fuego. Más tarde, se retiraron de la zona, que quedó dividida en Vietnam del Norte y Vietnam del Sur, cuya ordenación política y relaciones deberían establecerse a través de unas elecciones que nunca llegaron a celebrarse.[20] Con la retirada de Francia, el coste de sostener a la mitad sur pasó a recaer en exclusiva en Estados Unidos. El norte quedó en manos comunistas.

En 1960, en el sur se formó de manera oficial el Frente de Liberación Nacional (también conocido como Vietcong), que pretendía derrocar al Gobierno y acabar con la influencia y la ayuda estadounidense, probablemente con el apoyo del norte comunista. Después de varios años de lucha de guerrillas y de muestras de ineptitud por parte del ejército del sur, aunque también de un relativo equilibrio, Estados Unidos empezó a darse cuenta de que el Gobierno de Diem, el presidente del sur que Washington había patrocinado, sería incapaz de vencer a los comunistas del norte. Y para los estadounidenses era fundamental que Vietnam del Sur resistiera, porque veían el comunismo en el sudeste asiático bajo el prisma de la teoría del dominó: cuando un país fuera gobernado por los comunistas, los de su entorno irían cayendo sin remedio. Además, Diem tenía cada vez un comportamiento más errático y comenzó a aumentar la represión contra los budistas (él era católico). Finalmente, el 2 de noviembre de 1963, sufrió un golpe de Estado tolerado por el Gobierno de Kennedy, fue derrocado y ejecutado. Pero la influencia estadounidense perduró.

A partir de ahí siguió un periodo de gran inestabilidad hasta que, en agosto de 1964, dos supuestos ataques de botes del norte a barcos estadounidenses dieron pie a varios bombardeos aéreos y a la concesión de poderes para librar una guerra abierta al presidente Johnson —que había sustituido a Kennedy tras su asesinato—. Aunque muchos políticos estadounidenses mostraron dudas, la escalada se aceleró a partir de principios de 1965, y en julio ya había setenta y cinco mil militares estadounidenses en Vietnam. En 1967 había más de medio millón.[21]

Al principio, la guerra gozó de apoyo, pero entre los jóvenes el reclutamiento la hacía impopular, sobre todo en las universidades, que ya bullían por otros motivos. Por ejemplo, se sucedían las protestas por la discriminación de los negros que para mayor agravio representaban un número desproporcionado de las bajas entre los soldados que combatían en Vietnam. En 1967, las protestas estudiantiles contra la guerra se sucedieron cada vez con más frecuencia.

En la Universidad de Columbia, en Nueva York, la primera manifestación universitaria violenta tuvo lugar en abril de 1967, cuando los marines de Estados Unidos mandaron al campus a un grupo de reclutamiento para enrolar como oficiales del ejército a estudiantes de la universidad. «Con objeto de mejorar su capacidad para alistar, les dieron permiso para instalar sus mesas en la recepción de uno de los dormitorios más grandes de la universidad.» Pero no solo atrajeron a reclutas, sino también a un contingente de unos trescientos miembros de Estudiantes para una Sociedad Democrática (SDS), un sindicato estudiantil que se oponía a la presencia de los marines en el campus. Los manifestantes bloquearon el acceso a las mesas, y un grupo de unos cincuenta contramanifestantes trató de abrirse paso a través de ellos. Empezaron a volar puñetazos y varios jóvenes resultaron heridos. El altercado sacó a los estudiantes de su apatía, y cuando al día siguiente volvieron a aparecer los marines para continuar con el reclutamiento, ochocientas personas ya les estaban esperando para impedirles la entrada. «La decisión de la dirección de la universidad de permitir que los marines volvieran ese día, en lugar de dejar enfriar los ánimos pidiéndoles que no se acercaran, fue la primera indicación de que la dirección pretendía plantar cara más que valerse del sentido común.»[22]

Las relaciones entre los estudiantes, los profesores y la dirección de la Universidad de Columbia hacía tiempo que estaba enrarecida: el mes anterior, marzo de 1967, el periódico de la universidad había publicado una exclusiva acerca del acuerdo que se había firmado años antes con el Instituto de Análisis de Defensa (IDA), una organización sin ánimo de lucro creada para probar armamento y llevar a cabo investigaciones para el Departamento de Defensa. El convenio no implicaba nada más que la participación ocasional de los científicos de la universidad en los estudios del IDA, pero en ese momento fue visto como un acto de complicidad más del mundo universitario con el Gobierno y su guerra, y una muestra de que la institución daba la espalda a sus propios estudiantes: no les habían consultado antes de tomar una decisión como esa, y luego ni siquiera se lo comunicaron.

«Ese día [en el que la dirección de la universidad permitió a los marines volver a reclutar] dejaron clara su posición, pero de una manera tenue, puesto que más de mil estudiantes se alinearon a ambos lados de la valla de los piquetes y solo se impidió que ejercieran la violencia gracias a un gran escuadrón de profesores y decanos. El campus se había polarizado por la cuestión del alistamiento; cuando empezó el semestre de otoño, el reclutamiento por parte de organizaciones como la CIA y Dow Chemical [una gran empresa de productos químicos que proveía al Gobierno estadounidense el Napalm que utilizaba para bombardear Vietnam] se convirtió en un asunto central para los izquierdistas no solo en Columbia, sino también en Harvard, Wisconsin y otras universidades del país.»[23]

Columbia también fue un reflejo de los problemas raciales que afectaban a todo Estados Unidos. La universidad llevaba años planeando una expansión de sus instalaciones, que se le estaban quedando pequeñas. Para ello, había ido comprando propiedades en los barrios vecinos de Harlem y Morningside Heights, habitados mayoritariamente por «familias negras, chinas o puertorriqueñas de ingresos bajos» que vivían en pisos de renta limitada. «Para ellos, Columbia es el enemigo, porque amenaza (quizá no ahora, pero sin duda en un futuro cercano) con comprar su edificio de apartamentos, si es que no es ya suyo, y derribarlo para dejar sitio a los nuevos edificios en la universidad.» De hecho, ya se habían producido esa clase de compras y los posteriores desahucios —afectaban a siete mil personas, un 85 por ciento de las cuales eran negras y puertorriqueñas—, con la perspectiva de construir nuevos edificios universitarios.[24] Como los ánimos estaban caldeados, cuando se dio un paso más en esa estrategia prendió la llama: el propósito de la universidad de construir un gimnasio en Morningside Heights. Se trataba de un plan que había despertado gran resistencia y discusiones desde hacía años, pero parecía que al fin se ponía en marcha porque beneficiaría a todos: el gimnasio sería de uso conjunto y podrían entrenar en él tanto los estudiantes de Columbia como los vecinos del barrio. Sin embargo, surgió un problema de fuerte carga simbólica: debido al gran desnivel existente entre la meseta donde se halla la universidad y la zona al sur de Harlem, el proyecto preveía una puerta principal en la parte más elevada, más cercana a la universidad, por la que accederían a las instalaciones los estudiantes, en su mayoría blancos, y una puerta trasera, en la planta inferior, por la que entrarían los vecinos de Morningside Heights, en su mayoría negros y puertorriqueños. En un ambiente ya enrarecido por la lucha estudiantil para conseguir voz en las decisiones de la universidad y por las protestas contra la guerra de Vietnam, el conflicto del gimnasio adoptó un carácter emblemático. Los estudiantes de Columbia —tanto los blancos como los negros, que pertenecían a organizaciones estudiantiles distintas y que, aunque compartían intereses, normalmente les costaba colaborar— lo denominaban «gimnasio Crow», en referencia a las llamadas leyes Jim Crow, que impusieron la segregación en el sur de Estados Unidos hasta que fueron derogadas en 1964 y 1965 bajo la presidencia de Johnson.[25]

Por supuesto, la construcción de un gimnasio, aunque segregacionista, podía parecer un asunto menor en un año en el que, por ejemplo, murieron cuarenta y tres personas en disturbios raciales solo en Detroit, y en el que hubo enfrentamientos violentos en numerosas zonas urbanas deprimidas de mayoría negra, entre ellas Boston, Kansas City y Newark.[26] La lucha por los derechos civiles se estaba transformando y recrudeciendo hasta, en algunos casos, resultar violenta. Su líder desde mediados de los años cincuenta había sido Martin Luther King Jr., un ministro baptista doctorado en teología, nacido en Atlanta en 1929. Era un creyente dubitativo, un orador brillante y un temprano luchador contra la segregación racial.

El 1 de diciembre de 1955, Rosa Parks, una mujer negra, se negó a ceder su asiento en un autobús de Montgomery, Alabama, cuando, como era habitual, el conductor se lo pidió para poder acomodar a los pasajeros blancos. Parks fue detenida, juzgada y, el 5 de diciembre, condenada a pagar diez dólares de multa (equivalentes a unos noventa dólares actuales). Hacía tiempo que la segregación en los autobuses era una cuestión conflictiva que los líderes negros locales querían utilizar como seña de las reivindicaciones de los derechos civiles, y esta vez King, junto a otros líderes comunitarios, decidieron aprovechar el incidente.

Inmediatamente después del juicio de Parks, que no duró más de cinco minutos, se organizó un boicot contra la empresa de los autobuses y se convocó una reunión en la iglesia baptista de Holt Street, donde se congregaron miles de ciudadanos negros (mil cupieron en el interior, cuatro mil se quedaron fuera, según algunos relatos). King dio un discurso que sentó las bases de una nueva fase en la lucha de los negros:

> Primero y principal, somos ciudadanos estadounidenses [...]. No defendemos la violencia. Hemos superado eso [...]. La única arma que tenemos [...] es el arma de la protesta [...]. La gran gloria de la democracia estadounidense es el derecho a protestar en favor del bien.[27]

Su papel en el boicot de Montgomery provocó ataques violentos y llamadas amenazantes contra King, que se había convertido en un líder local con solo veintiséis años. Su detención, oficialmente por conducir a treinta millas por hora en un lugar donde el máximo permitido era de veinticinco, y su breve paso por los calabozos, le dieron la confianza necesaria para liderar a su comunidad, algo sobre lo que él tenía dudas. Cuando fue liberado y volvió a su casa, se dirigió a los muchos que le esperaban allí para reconfortarles:

> No estamos pidiendo violencia. Queremos amar a nuestros enemigos. Quiero que améis a nuestros enemigos. Sed buenos con

ellos. Amadles y hacedles saber que les amáis. Yo no empecé este boicot. Me pedisteis que fuera vuestro portavoz. Quiero que se sepa a lo ancho y largo de este país que, aunque me detengan a mí, este movimiento no se detiene. Porque lo que estamos haciendo está bien, lo que estamos haciendo es justo.[28]

A partir de ahí, su figura no pararía de crecer en importancia en la lucha por los derechos civiles de los negros con su discurso pacifista y cristiano.

Pero en 1967, doce años después, si quienes tradicionalmente seguían a Martin Luther King Jr. desde el sur del país eran partidarios de la lucha no violenta inspirada por la resistencia de Gandhi al Imperio británico y respetaban los estrictos modales sureños, los negros de las ciudades del norte, adonde se estaba trasladando la acción, preferían emular a los rebeldes anticolonialistas de África y adoptaban un lenguaje duro y premeditadamente provocador. Stokely Carmichael, un estadounidense negro nacido en Trinidad, brillante y deslenguado, era desde 1966 líder del Comité de Coordinación de Estudiantes No Violento (SNCC) —que llevaba un tiempo siendo no violento solo de nombre—. Carmichael ya se había enfrentado en varias ocasiones a King, el paladín de la lucha no violenta por los derechos civiles, y le había reprochado su aparente falta de radicalidad. Si la gente de King pedía «libertad» para los negros, la de Carmichael exigía sin rodeos «Poder Negro». En 1967, Carmichael (que había popularizado la expresión contra la guerra de Vietnam «Hell no, we won't go», algo así como «Joder no, no vamos a ir») abandonó su puesto en el SNCC y poco después se integró en el partido de las Panteras Negras, este sí, abiertamente partidario de estrategias terroristas.[29]

El verano de 1967 también reflejó otro de los conflictos que estaban recorriendo el país, la ruptura cultural profunda entre los jóvenes —o al menos una parte importante de ellos— y los mayores. Cada vez había más *hippies* y, para una parte importante de la sociedad, su comportamiento era cada vez menos comprensible, por no decir más reprobable. Por entonces San Francisco, y en concreto el barrio de Haight-Ashbury, estaba lleno de *hippies*, como contó el conocido periodista Hunter S. Thompson en un artículo publicado en mayo de 1967 en *The New York Times Magazine*. «El candente movimiento de acción revolucionaria en la costa empezó a desplazarse por la bahía hasta el distrito de Haight-Ashbury de San Francisco» en 1966. Era «la nueva capital de lo que se está convirtiendo rápidamente en la cultura de la droga». «Los *hippies* detestan la inautenticidad; quieren ser abiertos, sinceros, amantes y libres. Rechazan la pretensión de plástico de los Estados Unidos del siglo veinte y prefieren volver a la "vida natural" como Adán y Eva.» Odiaban el dinero, pero Thompson señalaba ya entonces que pocos *hippies* auténticos podían permitirse las sandalias y la ropa de moda o la entrada de tres dólares y medio (algo más de veinticinco dólares en la actualidad) que costaba la entrada en salas de concierto como Fillmore o Avalon.[30]

En la primavera de 1967 se constituyó en Haight-Ashbury el llamado Consejo del Verano del Amor, una especie de comité de organización para los problemas —de suministros, sanidad, alojamiento, etcétera— que se preveían ante la llegada masiva de *hippies* durante el verano. Estaba conformado por una serie de colectivos que iban desde el teatro alternativo, la producción de conciertos, el periódico *The San Francisco Chronicle* —que fue una especie de cronista oficial de aquellos acontecimientos— y unas cuantas personas a título individual. Por iniciativa del consejo, se abrieron una clínica y una tienda gratuitas, para ofrecer servicios básicos. La Administración para el Control de Drogas (DEA) puso bajo vigilancia la clínica y llegó a avisar a uno de los médicos que en su sala de espera se trapicheaba con drogas y que cerrarían la clínica si no lo impedía.[31]

«Este verano —decía un comunicado del consejo—, la juventud del mundo va a realizar un peregrinaje sagrado a nuestra ciudad, para afirmar y celebrar un nuevo amanecer espiritual.»[32] Y en cierta medida así fue. La gente se drogaba —Timothy Leary, el gran reivindicador del ácido, había pasado por San Francisco a principios de año para participar en el Human Be-In, un festival *hippie* que era el predecesor inmediato del Verano del Amor, y había dejado su huella—, «follar con desconocidos se convirtió en una forma de generosidad», como escribió la periodista de *Vanity Fair* Sheila Weller, y la música estaba en todas partes: aquel verano, solo en San Francisco, actuaron The Who, Jimmy Hendrix y Eric Clapton, eso sin contar con el festival que se celebró en junio en Monterrey, a dos horas en coche de la ciudad, al que asistieron noventa mil espectadores y donde tocaron Janis Joplin, The Grateful Dead, Simon and Garfunkel, Otis Redding o The Mamas & The Papas, entre muchos otros, durante un fin de semana de tiempo radiante.

«Fue un momento mágico [...] ese movimiento de liberación, un tiempo de compartir que fue muy especial», en el que «había mucha confianza», dijo Carolyn Garcia, que sería la esposa de Jerry Garcia, el cantante y guitarrista de The Grateful Dead. «Solo estaba interesado en derrocar al Gobierno y follar. Las dos cosas iban de la mano armónicamente», declaró años más tarde el actor Peter Coyote, un miembro destacado de la comunidad *hippie* de Haight-Ashbury en aquellos años.[33]

Pero a pesar de los esfuerzos de organización, la avalancha de *hippies* recién llegados era imposible de gestionar. El número de visitantes se disparó durante las vacaciones de primavera y aún más cuando terminó la universidad para las vacaciones de verano. Acudieron unas setenta y cinco mil personas a una ciudad cuya población rondaba los setecientos mil habitantes[34] y se produjeron reiterados problemas de superpoblación, falta de alojamiento, enfermedades de transmisión sexual, además de los relacionados con la droga y el alcohol. El barrio se deterioró rápidamente. Los mismos *hippies* que habían acudido sabían que aquel era un momento único y que tenía un final, marcado sobre todo por el fin de las vacaciones y el inicio de las clases en los institutos y las universidades. Para conmemorar el cierre de aquel sueño de liberación, quienes quedaban en el barrio el 6 de octubre celebraron una parodia de funeral llamada «La muerte del *hippie*». Según una de sus organizadoras, Mary Kasper, «queríamos transmitir el mensaje de que aquello era el final, que te quedaras donde estabas, llevaras la revolución a donde vivías y no vinieras aquí porque aquello estaba muerto y enterrado».[35]

El 17 de octubre, pocos días después de que el ejército de Bolivia ejecutara al Che Guevara, tras capturarlo cuando lideraba la guerrilla en el país, se estrenó en Nueva York *Hair*, la gran celebración de la contracultura en forma de musical, en la que un grupo de *hippies* de Nueva York llevan a cabo la revolución sexual mientras se oponen al reclutamiento forzoso para la guerra de Vietnam. El espectáculo fue un éxito, y como tantas veces pasó con la contracultura de los años sesenta, en poco tiempo pasó de ser una obra alternativa a formar parte de la cultura comercial: tras su accidentado estreno de carácter amateur en una pequeña sala del off-Broadway, pasó a representarse en un teatro respetable de Broadway con un libreto y una producción más cuidados, y de ahí saltó a muchas ciudades de Estados Unidos y a Londres.

El 21 de octubre, pocos días después del estreno de *Hair*, algunas de cuyas canciones se convertirían en himnos contra la guerra, se celebró en Washington la manifestación más masiva y trascendente contra la guerra de Vietnam hasta el momento. Logró reunir a unas cien mil personas de toda clase y la participación de estrellas culturales del momento como el poeta Robert Lowell, el lingüista Noam Chomsky, el grupo de folk Peter, Paul and Mary o el escritor Norman Mailer, que poco después publicaría un libro, mezcla de novela y reportaje, sobre la manifestación, *Los ejércitos de la noche*.[36]

Se estaba formando un espectáculo increíble: decenas de miles de personas viajando cientos de millas para asistir a una batalla simbólica. En la capital de la tierra de la tecnología resonaba un tambor primitivo. ¡El nuevo tambor de la Izquierda! Y la Izquierda había sido hasta este año el cómplice secreto e inconsciente de cada aumento del poder de los técnicos, burócratas y líderes laborales que dirigían el complejo militar-industrial gubernamental de la tierra de la supertecnología.

La manifestación había sido organizada por una coalición de activistas llamada el Comité Nacional de Movilización para Terminar con la Guerra de Vietnam (MOBE), y participaron en ella toda clase de agrupaciones, comités, organizaciones y grupos informales. En palabras sarcásticas de Mailer:

> Algunos de ellos eran Demócratas Reformistas, miembros de Sane, o de Mujeres en Huelga por la Paz; mirando por ahí, se veían unas cuantas pancartas: Comité Americano de Amigos del Servicio, CORE, Clubes W. E. DuBois, Movimiento Cristiano Interuniversitario, Compañía Católica de la Paz, Compañía Judía de la Paz, Conferencia de Liderazgo Cristiano del Sur, Estudiantes por una Sociedad Democrática, SNCC, Asociación Nacional de Abogados, La Resistencia, Conferencia Nacional por una Nueva Política...[37]

En realidad, los motivos que tenían para asistir a la manifestación eran dispares. Todos ellos deseaban, por supuesto, que las tropas estadounidenses desplegadas en Vietnam volvieran a casa y que se interrumpiera el reclutamiento de jóvenes —incluso algunos políticos republicanos, hasta entonces los mayores defensores de la guerra, estaban empezando a cambiar de opinión—. Pero también había quien quería iniciar abiertamente una revolución para acabar con el capitalismo en Estados Unidos, como los *yippies*, un grupo informal de jóvenes que consideraban que los *hippies* eran políticamente pasivos y que hacía falta dar un paso más allá en las movilizaciones y las provocaciones. Los participantes eran en su mayoría jóvenes, blancos y de clase media, y en un principio la manifestación tenía «la despreocupación de un picnic de verano».

Pero a la una y media del mediodía, bajo el ruido de los helicópteros del ejército y tras una inmensa pancarta que decía «¡Apoyad a nuestros soldados, traedlos de vuelta a casa!», unas cincuenta mil personas se encaminaron hacia el aparcamiento del Pentágono, como cuenta Charles DeBenedetti en su crónica de la resistencia a la guerra de Vietnam *An American Ordeal: The Antiwar Movement of the Vietnam Era*. Allí, la marcha se fragmentó: muchos manifestantes se dispersaron, otros se sentaron en el suelo del aparcamiento, y unos cuantos, entre ellos un grupo que se hacía llamar el Contingente Revolucionario, decidieron entrar en el edificio y ocupar varias rampas de acceso, de las que fueron expulsados por filas de policía militar. Jerry Rubin, uno de los más destacados líderes de los *yippies*, aseguró que iba a hacer levitar el Pentágono con su energía psíquica. Allen Ginsberg, el más célebre poeta *beatnik* de su generación, trataba de ayudarle entonando canciones tibetanas. Hubo disturbios, carreras y golpes. En total, 647 personas fueron detenidas (entre ellas, Norman Mailer) y 47 hospitalizadas.

Algunos comentaristas defendieron la marcha señalando la diversidad de los disidentes y su sensación de pura desesperación, pero la mayoría de los columnistas, críticos y políticos acusaron a los manifestantes de vulgaridad, de violencia y de sancionar la participación comunista. Robert Kennedy se quejó levemente de que la violencia estaba destruyendo la credibilidad de una disconformidad legítima, aunque defendió la manifestación. Para el comentarista de la NBC-TV David Brinkley, la concentración ante el Pentágono era «un episodio chabacano y vulgar por parte de gente que parecía más interesada en las muestras exhibicionistas que en solventar los agravios»; para Goldwater [republicano del ala derecha del partido] era un «alzamiento de las masas lleno de odio, antiamericano, procomunista y violento» [...]. Los estadounidenses estaban de acuerdo, por un margen de tres a uno, en que las manifestaciones contra la guerra eran «actos de deslealtad contra los chicos en Vietnam», alentaban a los comunistas a «pelear más fuerte» y (por un margen del 70 por ciento) perjudicaban la causa contra la guerra.[38]

Las manifestaciones contra la guerra de Vietnam se sucedieron en lo que quedaba de año, sobre todo en los campus universitarios, pero la manifestación de Washington fue la mayor y, a pesar de sus fallos organizativos y de la existencia de fines contrapuestos entre sus participantes, en cierto sentido la más representativa, tanto por sus logros como por sus carencias.

Hacia finales de 1967, los temas que dominarían los espectaculares acontecimientos de 1968 ya se debatían con aspereza, y eran motivo de fuertes enfrentamientos entre lo que los jóvenes llamaban el viejo mundo y lo que consideraban uno nuevo, aún por nacer. En las universidades, además de los problemas propios de la institución, que los estudiantes veían como un reflejo de la peor burocracia capitalista surgida de la posguerra mundial, se estaba produciendo una renovación del pensamiento marxista. En los mejores casos, esa renovación pasaba también por el rechazo a las brutalidades evidentes del mundo soviético, y en otros parecía entroncar con una vieja tradición romántica que recelaba de la modernización industrial y de las sociedades de masas deshumanizadas por el trabajo mecánico. El progreso capitalista era visto como la sustitución de la naturaleza y sus viejas y sabias leyes en aras de la contaminación y la falta de autenticidad. En buena medida, se estaba produciendo una enmienda a la totalidad del mundo surgido de la Segunda Guerra Mundial. Para muchos ciudadanos de Estados

Unidos y Europa, sobre todo para quienes aún recordaban el sufrimiento y el dolor de la guerra, aquel mundo nuevo podía resultar
satisfactorio. Los años cincuenta habían sido un milagro de recuperación económica y reconstrucción nacional para la mayoría de
los países que habían participado en la contienda. Pero el mundo
salido de 1945 era desconcertante e insatisfactorio para una parte significativa de los jóvenes de clase media. A mediados de los
años sesenta, la Guerra Fría había pasado por su momento más
delicado, la crisis de los misiles de Cuba de 1962, que había estado
a punto de desatar una guerra nuclear entre la Unión Soviética y
Estados Unidos, una de las cosas que más aterraba a esos jóvenes,
y que suscitaba en ellos una respuesta que amalgamaba de manera
perfecta su pacifismo y su ecologismo. Sin embargo, la oposición
entre los dos bloques era tan hostil como siempre y en cierta modo
era vista como el epítome del fracaso de la política tradicional: lo
que se celebraba como la victoria frente al fascismo había dado pie
a nada menos que un enfrentamiento aterrador entre unos suce-
dáneos de libertad —el capitalismo— y de igualdad —el comunismo—.

En todo caso, las revueltas de los años sesenta estaban íntima-
mente vinculadas con la Segunda Guerra Mundial y muchas las
protagonizaron quienes habían nacido durante o inmediatamente
después de la contienda. De hecho, el elemento que aglutinó de
forma global las protestas, la guerra de Vietnam, no dejaba de ser
fruto de los mal digeridos procesos de descolonización que habían
tenido lugar después de 1945. Estos provocaron un fuerte impacto
en la juventud, que empezó a ver, en los territorios que se desco-
lonizaban, un modelo de espiritualidad, conexión con la naturaleza y rechazo al materialismo burgués capitalista y, en muchos
movimientos de liberación nacional, un reflejo de la heroicidad y
los anhelos de libertad. El rechazo a la guerra de Vietnam fue el
emblema global de todo lo que estaba mal en la mirada occidental
hacia el mundo: su militarismo, su avaricia, el dominio de una ge-

neración de hombres blancos de avanzada edad, incapaces de comprender las necesidades, los miedos y los anhelos de los jóvenes, que eran quienes pagaban con su vida.

Francia, Alemania y Estados Unidos, sin embargo, no fueron los únicos lugares en los que se produjeron los hechos que conducirían a lo que hoy conocemos como 1968. Aunque de una naturaleza distinta, las protestas previas al 68 también tuvieron lugar en los países que vivían sometidos a las dictaduras comunistas, en ocasiones por razones análogas, muchas veces claramente más dramáticas, a las esgrimidas por los jóvenes y los manifestantes de los países democráticos. Por ejemplo, en Polonia, desde 1964 se habían ido produciendo numerosas quejas y manifestaciones de estudiantes contra lo que consideraban un sistema político burocrático y elitista que censuraba toda posibilidad de crítica y expresión personal. Los profesores Jacek Kuron y Karel Modzelewski fueron detenidos y condenados a penas de prisión, en buena medida porque habían expresado sus críticas al Estado polaco, aunque fuera en términos impecablemente marxistas (si bien con matices trotskistas, lo que les dejó aún más indefensos). La condena fue recibida con más manifestaciones por parte de los estudiantes. El catedrático Leszec Kolakowski, que luego sería un célebre intelectual exiliado en Occidente, salió en su defensa y atacó al Gobierno polaco por estar incurriendo en todos los errores capitalistas que el comunismo había prometido evitar. Fue expulsado del partido. Veintidós escritores e intelectuales polacos mandaron una carta al Comité Central para defender al «camarada Kolakowski». Fueron expulsados del partido. «Para la primavera de 1967, la incompetente cúpula polaca, enfurecida por las críticas vertidas sobre ella desde la izquierda, había conseguido labrarse una genuina oposición intelectual; y la Universidad de Varsovia se había convertido en un centro de revueltas estudiantiles —en nombre de la libertad de expresión y en defensa, entre otras cosas, de sus profesores protegidos.» En noviembre de 1967, el teatro de la universidad llevaba un tiempo representando *Los antepasados* de Adam Mickiewicz, un clásico polaco escrito en 1832, cuya denuncia de la opresión y su exaltación de la rebeldía sonaba sorprendentemente actual. Las autoridades suspendieron las representaciones, lo que dio pie a más protestas y a un 1968 lleno de disturbios, detenciones y encarcelamientos.[39]

Incluso en España se produjeron hechos parecidos relacionados con el movimiento estudiantil y las ansias de cambio social, que sin duda tenían que ver con las circunstancias políticas concretas españolas, aunque se insertaran en un periodo de rebeldía casi global. El 9 de marzo de 1966, alrededor de quinientos estudiantes se reunieron en el convento de los capuchinos del barrio de Sarrià, en Barcelona, en lo que fue conocido como la *caputxinada*. Su intención era aprobar los estatutos del Sindicato Democrático de Estudiantes de la Universidad de Barcelona (SDEUB). Junto a ellos había treinta y tres invitados, entre los cuales se encontraban intelectuales, artistas y profesores que se habían solidarizado con los jóvenes. La policía cercó el convento con coches y caballos y exigió la salida de los que estaban allí reunidos. A quienes obedecieron se les retiró el DNI. Los que se quedaron dentro decidieron seguir encerrados hasta que se les garantizara que no habría represalias por su acción. Dos días más tarde, la policía irrumpió por la fuerza en el convento y confiscó la documentación a todos los presentes. Aunque el caso no llegó a juicio, los intelectuales fueron sancionados. En respuesta, se produjeron manifestaciones en distintos puntos de España, la prensa internacional se hizo eco de lo sucedido y los estudiantes recibieron muestras de solidaridad —algunas en forma de telegramas, que fueron retenidos por el Gobierno Civil— de grupos estudiantiles israelíes, mexicanos, soviéticos, holandeses y belgas. El asunto creó un enorme revuelo en la prensa nacional, que acusó a los religiosos que habían hospedado a los jóvenes de propiciar no solo que llevaran a cabo actividades políticas ilegales, sino que chicos y chicas no casados pasaran la noche juntos. «A falta de sábanas —decía un informe policial—, una de las estudiantes durmió envuelta en un mantel del altar.»[40]

1968 no surgió de la nada ni fue un acontecimiento súbito, sino la continuación de una tendencia que se había ido formando a lo largo de, por lo menos, la década de los sesenta. Los acontecimientos de 1968 quizá fueron una sorpresa por su magnitud, su sincronía en apariencia concertada y por el hecho de que tuvieran lugar, aunque de distintas maneras, en contextos y sistemas políticos absolutamente diferentes. Sin embargo, por sorprendentes que pudieran resultar los hechos, eran fruto de problemas larvados e ideas asentadas.

EL NACIMIENTO
DE UN MUNDO NUEVO

La esperanza y la violencia

Es 31 de diciembre de 1967 por la noche. Suena música clásica. La cámara muestra un plano general del Palacio del Elíseo y se va acercando a una de sus ventanas iluminadas. Cuando cambia el plano, aparece Charles de Gaulle, sentado en una recargada habitación al parecer dorada —las imágenes son aún en blanco y negro—, tras una mesa con dos micrófonos. Tiene setenta y ocho años y habla con lentitud. «¡Francesas, franceses! Con todo mi corazón deseo un feliz año nuevo a Francia», dice, al principio de su discurso de bienvenida a 1968.

> Creo [...] en general que, a menos que se produzca una grave sacudida que conmocione el universo, nuestra situación seguirá progresando y todo el mundo se percatará de ello. En el orden político, nuestras instituciones serán aplicadas, de modo que no vemos cómo podríamos encontrarnos paralizados por crisis como las que tanto nos han hecho sufrir. Al contrario, podemos esperar que, con el ardor de la renovación abriéndose camino con sus promotores, sobre todo los jóvenes que hacen su trabajo, nuestra república encontrará una cooperación cada vez más activa y amplia [...]. Saludo el año 1968 con serenidad.[1]

De Gaulle se despedía con un «¡Vive la République! ¡Vive la France!». Su optimismo tenía cierto sentido. Las guerras en Vietnam y Argelia ya eran solo un incómodo recuerdo, en los últimos años los salarios habían subido en el país una media superior al 3 por ciento anual y se vendían coches y televisores como nunca antes. Y, por supuesto, cada vez más jóvenes se matriculaban en la universidad, si bien, aunque en ese momento fuera un asunto menor, parecían tener más quejas.[2]

Eso debió de pensar poco después el ministro de Juventud y Deportes, François Missoffe, cuando el 8 de enero visitó la Universidad de Nanterre para inaugurar la piscina y tuvo el enfrentamiento, breve e irritante, con Daniel Cohn-Bendit. Sin esperar siquiera a que Missoffe contestara a la acusación ambigua de que se estaba comportando como un nazi, Cohn-Bendit y sus amigos se marcharon entre carcajadas a la cafetería. Pero el incidente no acabó ahí.

El decano de la facultad, Pierre Grappin, que desde hacía tiempo estaba harto de Cohn-Bendit y de su grupo de alborotadores anarquistas, aprovechó el enfrentamiento con el ministro para contarle a la policía que Cohn-Bendit carecía de la nacionalidad francesa. Pocos días más tarde, el joven recibió una amenaza de deportación de la comisión disciplinaria de la universidad y fue detenido.[3] No obstante el propio ministro, según reconocería más tarde Cohn-Bendit, «disuadió al Gobierno de expulsarle inmediatamente del territorio francés a causa de ese incidente».[4] El problema de que no tuviera la nacionalidad francesa y los intentos de las autoridades de deshacerse de él, sin embargo, no cesaron. Por lo demás, la mera noticia de que existía la intención de expulsar a Cohn-Bendit provocó nuevos altercados en la universidad, que coincidieron con otras manifestaciones en el resto del país. Así se inició el ciclo de protestas que acabaría desencadenando los hechos de mayo en París. En las semanas siguientes se produjeron enfrentamientos entre la policía y los estudiantes en Caen, Rennes, Saint-Etienne y la propia Nanterre, y el 26 de ese mismo mes los agentes entraron en el campus de Nanterre e irrumpieron en una reunión de anarquistas.

Los jóvenes se daban cuenta de que cualquier acción de protesta que llevaran a cabo, por pequeña e inocua que fuera, era respondida con una fuerza y una ostentación innecesarias, y que esa torpeza del Gobierno y de la policía era precisamente lo que estaba dando alas a un movimiento estudiantil que, con toda probabilidad, se habría disuelto si las autoridades lo hubieran ignorado o tolerado. Si en Nanterre los estudiantes pedían espacios mayores para la protesta, porque cada vez acudían más manifestantes, el decano se los negaba, y su respuesta no hacía más que retroalimentar el proceso.[5]

Además, seguían aumentando las muestras de repulsa contra la guerra de Vietnam, que en Francia se sucedían de manera regular por lo menos desde 1966, cuando se fundó el Comité Vietnam Nacional (CVN) con personalidades como Jean Paul Sartre y destacados miembros de la comunidad universitaria. En esos momentos, se estaba produciendo la llamada «Ofensiva del Tet», una serie de ataques del Vietcong a Vietnam del Sur que a finales de enero habían cogido por sorpresa a los estadounidenses, habían provocado numerosas bajas y ponían en tela de juicio la creencia de que Estados Unidos pudiera controlar la guerra. La Unión Nacional de Estudiantes de Francia (UNEF) organizó, con el apoyo del CVN, «Tres días por Vietnam», que tuvieron lugar entre el 19 y el 21 de febrero de 1968. El 19 de febrero hubo reuniones informativas en la Sorbona y en Nanterre. Pero el plato fuerte era el día 21, una manifestación contra la guerra que pretendía conseguir una gran movilización y ocupar el Barrio Latino. «Todo por la victoria —decían los folletos del CVN—. Debemos detener este genocidio. El coraje del pueblo vietnamita exige una movilización en todo momento.»

La manifestación acabó reuniendo a unas cinco mil personas y transcurrió sin grandes incidentes. Se coreó «Yankees go home» y «Johnson asesino» y se rebautizó el bulevar Saint-Michel como «bulevar del Vietnam Heroico». La retórica, la estética y los actos simbólicos eran ya plenamente los que identificamos con mayo del 68, y también lo eran los conflictos, tanto entre los manifestantes y el Gobierno, como entre un sector de los primeros y el *establishment* de la izquierda tradicional francesa. Tanto es así que el Partido Comunista y sus organizaciones juveniles boicotearon las jornadas y no acudieron a la manifestación.[6]

El rechazo a la guerra de Vietnam también tuvo una importante resonancia en Japón. Tras algunos retrasos, en enero de 1968 el *Enterprise*, un buque de guerra estadounidense propulsado por reactores nucleares que se dirigía a Vietnam, se disponía a hacer puerto en la ciudad de Sasebo, en la prefectura de Nagasaki, en el extremo occidental del país. La parada suponía un hito para Japón, que tras haber sido el único país del mundo en sufrir las consecuencias de un bombardeo atómico, había adoptado posiciones muy suspicaces contra todo lo nuclear. No era tan infrecuente que «portaaviones propulsados con energía convencional capaces de transportar armas nucleares visitaran con regularidad Sasebo durante la guerra de Vietnam», cuenta Thomas R. H. Havens en el libro *Fire Across the Sea: The Vietnam War and Japan, 1965-1975*. De hecho, solían hacerlo sin encontrar una gran oposición.

> Lo que era distinto en el caso del *Enterprise* era la combinación de su tamaño gigantesco, el combustible nuclear, su papel fundamental en la guerra y el momento de la llegada al puerto [...]. El caso del *Enterprise* fue un acontecimiento de gran teatralidad para el movimiento contrario a la guerra, un drama que duró una semana y que en Japón es recordado más vívidamente [...] que cualquier otra protesta relacionada con Vietnam [...]. El *Enterprise* ofendió las sensibilidades de muchos japoneses, a los que no les gustaba que los gobiernos de Estados Unidos y Japón irritaran de manera deliberada su innata alergia a lo nuclear. Pocos disfrutaron el hecho de ser despertados a la fuerza del idilio no nuclear que desde Hiroshima y Nagasaki habían creado para sí mismos.[7]

Las manifestaciones estudiantiles no eran algo nuevo en el Japón de posguerra. Durante los años sesenta, los estudiantes habían participado en varias oleadas de protestas sociales motivadas, básicamente, por dos razones. En primer lugar, por la firma en 1960 del Tratado de Seguridad y Cooperación Mutua entre Japón y Estados Unidos, y todo lo que derivaba de él: la guerra de Vietnam, la participación de Japón en las dinámicas de la Guerra Fría y el temor a que el país se viera arrastrado a un conflicto nuclear. Y en segundo lugar, por las condiciones en las universidades. En 1966, las subidas de las tasas provocaron en la Universidad de Waseda una huelga de ciento cincuenta y cinco días que se extendió a otros cuarenta centros de estudios.[8] Aun así no fue hasta octubre de 1967, en un enfrentamiento en el aeropuerto de Haneda, cuando se superaron los niveles de violencia habituales entre la policía y los manifestantes. En Haneda, un grupo de activistas perteneciente a Sanpa, una agrupación estudiantil que se oponía a la asociación juvenil dependiente del Partido Comunista, intentó bloquear el aeropuerto e impedir, con la ayuda de palos de madera y cascos, que el primer ministro volara a Saigón. El resultado fue un estudiante de la Universidad de Kioto muerto, unos setecientos heridos y cincuenta detenciones, según las cifras oficiales. La prensa japonesa debatía si aquellas muestras de descontento eran una simple forma de nihilismo, un exceso de bienestar material o sencillamente riñas entre distintos grupos estudiantiles para mostrarse más radicales que sus rivales. Sin embargo, los estudiantes afirmaban poseer unos objetivos claros que tenían que ver con el antiimperialismo, y también con la renovación de una izquierda que a su modo de ver se había vuelto demasiado complaciente con el *statu quo* japonés.

En ese contexto, la visita del *Enterprise* —que se dirigía a la base estadounidense del golfo de Tonkin para atacar desde allí a Vietnam del Norte— era en extremo peligrosa, porque los estudiantes activistas la consideraban un intento más de arrastrar a Japón hacia la participación activa en la guerra de Vietnam. Las autoridades de Estados Unidos y de Japón, a pesar de que eran perfectamente conscientes del riesgo, confiaban en no tener problemas; la violencia procedía de «un grupo muy pequeño de estudiantes extremistas que no disponen de un apoyo importante», aseguraron los japoneses a los estadounidenses, y además la prensa les criticaría sin piedad. Por encima de todo, la visita fortalecería las relaciones entre los dos países.

A pesar de la aparente tranquilidad, «se movilizaron miles de policías antidisturbios de todo Japón al mismo tiempo que la policía controlaba de cerca las acciones específicas y los movimientos de los líderes estudiantiles y de los miembros más destacados de Beheiren [una coalición de grupos contrarios a la guerra] mientras coincidían en Sasebo». En los días previos a la llegada del portaaviones fueron detenidos centenares de estudiantes que se encaminaban hacia la ciudad portuaria. De hecho, la víspera de la llegada del *Enterprise* se manifestaron unas veintisiete mil personas. El principal temor era que se repitieran los acontecimientos del aeropuerto de Haneda. La prensa había estado preparando a los japoneses para un gran choque violento, y eso fue lo que finalmente sucedió. Como decía un telegrama confidencial estadounidense:

> Mientras centenares de reporteros y cámaras observaban, unos trescientos setenta y cinco estudiantes con cascos de plástico y barras de madera tiraron piedras y cargaron contra los policías antidisturbios, que les cuadruplicaban en número, en un puente que se encuentra justo enfrente de la base naval estadounidense. Después de resistir el primer ataque de los estudiantes, la policía respondió con una carga de porrazos, apoyada por gas lacrimógeno y cañones de agua. El punto álgido del enfrentamiento coincidió a la perfección con los informativos de mediodía y millones de espectadores pudieron ver la rebosante fuerza de la contraofensiva policial en directo por televisión.

Es posible que a la policía se le fuera la mano. Además de numerosos manifestantes, también resultaron heridos meros espectadores y periodistas, a pesar de que iban debidamente identificados con bandas en el brazo. Los periódicos empezaron a cambiar su enfoque y a mostrar una cierta simpatía por quienes habían sido objeto de lo que parecían claros abusos policiales. En un informe del consulado estadounidense de Fukuoka a su embajada en Tokio, los diplomáticos señalaban que las percepciones y las simpatías públicas estaban desplazándose poco a poco en favor de los estudiantes y los heridos. De hecho, las autoridades japonesas anunciaron una investigación y pidieron a los policías destinados en Sasebo que hicieran llamadas de cortesía a los ciudadanos heridos para disculparse.

La violencia continuó al día siguiente con la llegada del portaaviones. Las autoridades estaban desconcertadas porque los participantes en la protesta se vestían como ciudadanos ordinarios y se mezclaban con ellos para, de vez en cuando, soltar una pedrada.[9] Según el *Chicago Tribune* del 22 de enero, finalmente, «después de que los manifestantes de izquierdas se dispersaran», los dos mil setecientos tripulantes del *Enterprise* pudieron bajar a tierra y disfrutar de un breve permiso antes de encaminarse hacia Vietnam.[10] Pero casi más importante que eso fue el giro que se produjo en la percepción pública respecto a lo que estaba sucediendo. Los diplomáticos estadounidenses, asesorados por japoneses de orientación conservadora, señalaron al Departamento de Estado que cuando se producía una situación de conflicto en la cultura japonesa, la gente tendía a solidarizarse con los débiles, y que cada vez estaba más claro que en ese caso eran los estudiantes, aunque utilizaran piedras y barras de madera. «El tumulto de Sasebo generó mucha comprensión hacia los manifestantes y ayudó a restaurar la imagen pacífica del movimiento contrario a la guerra», dice Havens. Aunque las protestas siguieron, la policía adoptó, al menos durante un tiempo, los métodos que la habían caracterizado antes del estallido de la crisis de Haneda, más contenidos. Los afiliados a la coalición contraria a la guerra de Vietnam, Beheiren, se dispersaron y el movimiento estudiantil quedó reforzado. A lo largo del año se produjeron sesenta y siete ocupaciones en las universidades del país.[11]

El 15 de febrero de 1968, en Grenoble, a seiscientos kilómetros de París, sucedió algo anodino para casi todo el mundo. Se estaban celebrando los Juegos Olímpicos de invierno y la selección de Checoslovaquia de hockey sobre hielo ganó a la de la Unión Soviética por 5 a 4. Era un buen resultado para los checoslovacos, puesto que los soviéticos eran los favoritos y llevaban toda la competición invictos. Pero además de eso, suponía un símbolo. En Praga, los ciudadanos celebraron el triunfo con entusiasmo y optimismo. Algunos pensaban incluso que, de haber seguido en el poder Antonin Novotny, habría sido imposible que su país venciera a la Unión Soviética. Novotny era un comunista de la vieja escuela que había llegado el poder en 1953 para aplicar la disciplina ortodoxa y centralizadora del comunismo, y llevar a cabo grandes purgas con el apoyo y el patrocinio de la Unión Soviética. En 1968, las crecientes exigencias de apertura de los checoslovacos se habían vuelto incontenibles, y el 5 de enero Novotny había sido obligado a dimitir como primer secretario del partido (aunque durante unos meses conservó los cargos de presidente del país y miembro del Comité Central del partido). Su sustituto, Alexander Dubcek, despertó aún más ilusiones si cabe que la victoria sobre el hielo ante la Unión Soviética, que era cada vez más vista como un tutor insoportable. De hecho, despertó demasiadas esperanzas para el bien de los checoslovacos y del propio Dubcek.

Dubcek era relativamente joven para los estándares comunistas: tenía solo cuarenta y siete años en el momento de asumir la primera secretaría del partido. Como decía el *Pravda*, el periódico oficial del Partido Comunista soviético, en el anuncio de su nombramiento, el nuevo secretario era hijo de un trabajador progresista que, tras refugiarse en Estados Unidos durante la Primera Guerra Mundial, al regresar a casa se había afiliado al Partido Comunista de Checoslovaquia «inmediatamente después de su creación». En 1925, cuando Alexander tenía solo tres años, su familia formó parte del contingente de trescientos comunistas checoslovacos enviados a la Unión Soviética para trabajar en una cooperativa industrial. Estudió primaria y secundaria en escuelas soviéticas, y a los diecisiete años regresó a su país con su familia y se afilió al aún ilegal Partido Comunista. Junto a su padre y su hermano mayor, había participado activamente en la resistencia contra el Gobierno pronazi de Eslovaquia durante la Segunda Guerra Mundial, por lo que sus credenciales en ese sentido eran impecables. Según la biografía del *Pravda*, que no parecía muy satisfecho con la elección pero quería tranquilizar a los lectores soviéticos, Dubcek había trabajado en una destilería de Trencin (Eslovaquia), había ido ascendiendo en la delegación local del partido y, en los años cincuenta, había sido escogido para acudir a la escuela internacional de Moscú que formaba a la élite de los partidos comunistas, en la que se había licenciado con honores en 1958.[12] Sin duda, pertenecía al ala reformista del partido, pero había sido el líder de este en Eslovaquia, y en todos los sentidos era un *apparatchik*, un hombre de partido, aunque se mostrara dispuesto a prestar atención al malestar social y a buscar la manera de darle respuesta. A priori parecía un líder aceptable tanto para los jóvenes ansiosos de cambio como para los soviéticos, siempre recelosos de cualquier impulso liberalizador en su órbita, que apreciaban su «indiscutible lealtad» al partido.

Desde el principio Dubcek jugó con esa ambigüedad —en parte porque no tenía más remedio: carecía del poder absoluto que había tenido su predecesor, que seguía siendo el presidente y había nominado a muchos de los altos cargos en ejercicio—, pero se mostró firme en su voluntad de reducir el papel de la censura, dar más libertad a los medios de comunicación y analizar a fondo las purgas estalinistas que tuvieron lugar después de la Segunda Guerra Mundial y durante los años cincuenta. Una investigación que afectaba de lleno a su predecesor Novotny, que mantuvo el cargo de presidente hasta su renuncia forzada el 22 de marzo, tras una serie de escándalos publicados por una prensa más libre que nunca y la dimisión de muchos de sus protegidos. Cinco días después de su cese, se aprobó el Programa de Acción del Partido Comunista de Checoslovaquia, subtitulado «El camino checoslovaco al socialismo», un documento de marcado carácter reformista que igualaba el estatus de Eslovaquia con el de Chequia —los eslovacos (Dubcek lo era) siempre habían sentido que se hallaban en posición de inferioridad frente a una élite política en su mayoría checa (Novotny era checo)—, rehabilitaba a las víctimas de las purgas y apuntaba a una democratización del país. Era lo que el propio documento llamaba «un experimento único en el comunismo democrático» o, como se conoció popularmente, el «socialismo de rostro humano».[13] En una de sus primeras comparecencias públicas, en febrero, con motivo del Séptimo Congreso de Cooperativas Agrícolas en Praga, Dubcek había afirmado:

> La democracia no es solo el derecho y la posibilidad de pronunciar las propias ideas, sino también el modo en que se manejan las ideas de la gente, si tienen una verdadera sensación de corresponsabilidad, codecisión, si sienten de veras que están participando en la toma de decisiones y la solución de problemas importantes.

No sonaba a ortodoxia soviética.

Todo este proceso reformista, que por supuesto se enfrentaba a una amplia resistencia en el interior del propio país, era la respuesta a una enorme presión social, procedente sobre todo de los más jóvenes, quienes sin pretender sustituir el modelo comunista por el capitalista, estaban convencidos de la posibilidad de que el primero se abriera y se convirtiera en una verdadera democracia con libertades: «la idea de que existía una "tercera vía", un socialismo democrático compatible con unas instituciones libres, respetuoso con las libertades individuales y las metas colectivas había arraigado en la imaginación de los estudiantes checos», afirmó Harry Schwartz, especialista en países comunistas de *The New York Times* y autor de *Prague's 200 Days*, una crónica de la revolución checoslovaca escrita muy poco después de los acontecimientos, de los que fue testigo. La cuestión no era acabar con el socialismo, sino despojarlo de los vicios estalinistas de su pasado.

> El sistema de control organizativo y de disciplina mediante el cual el Partido Comunista había ejercido su dictadura se estaba desintegrando [...]. Algunos grupos de estudiantes, por ejemplo, abandonaron la comunista Federación Juvenil checoslovaca y comenzaron a formar sus propias organizaciones, una acción que habían querido emprender hacía mucho tiempo. Los periódicos y las revistas empezaron a declararse independientes de sus editores nominales, e incluso a atacarles de vez en cuando. Así, el 12 de marzo los responsables del periódico vespertino *Vecerni Prahai* denunciaron a su editor, el comité del Partido Comunista de Praga. Lo acusaban de, unos días antes, haber obligado al periódico a publicar una afirmación que pretendía «desorientar al público».

Los Jóvenes Pioneros, una organización infantil del Partido Comunista, declararon su independencia. La sección de jóvenes de Svazarm, la institución que formaba militarmente a los civiles, anunció que se convertía en la rama checoslovaca del movimiento de Boy Scouts. Los ingenieros de ferrocarriles comunicaron que iban a crear un sindicato independiente. El 7 de marzo, multitud de checoslovacos rindieron tributo a Tomáš Masaryk, el fundador y primer presidente de Checoslovaquia, que el régimen comunista había intentado hacer olvidar, y el 10 a su hijo Jan, en el aniversario de su suicidio o asesinato, según las versiones, cuando en 1948 era ministro de Asuntos Exteriores y se produjo el golpe que dio el poder a los comunistas.

Además, Praga, que culturalmente siempre había sido la ciudad más occidental de Europa del Este, estaba viviendo una explosión de cultura popular inspirada en Estados Unidos —no era raro que en las manifestaciones apareciera alguna que otra bandera estadounidense— y en Europa occidental. Los vaqueros y el pelo largo se habían convertido, como en el mundo capitalista, en un símbolo de inconformidad y rechazo a las convenciones. El rock y el jazz se consolidaban como la música que reivindicaron los jóvenes y que tocaban en los clubes los grupos nacionales. Más adelante, algunos se convertirían en el emblema de la resistencia, aunque no fueran explícitamente políticos ni tuvieran entre sus objetivos acabar con el sistema político. Como en otras partes del planeta, la cultura pop se había convertido en una especie de símbolo de revuelta masivo.

Dubcek creía que podía liderar ese proceso, aunque él mismo era consciente de que si las reformas se emprendían con excesiva velocidad, Moscú podía intranquilizarse y exigirle que diera marcha atrás. De hecho, como temían los soviéticos, el deshielo checoslovaco estaba contagiando a otros países del bloque: ese mes de marzo, los estudiantes polacos se manifestaban en las calles de Varsovia gritando, entre otros eslóganes, «¡Larga vida a Checoslovaquia!». El ministro del Interior polaco, Mieczysław Moczar, decidió disgregarlos con miles de agentes, gas lacrimógeno y cañones de agua. La brutalidad policial provocó la convocatoria de manifestaciones aún más numerosas que en algunos casos derivaron en disturbios violentos. Las protestas estudiantiles se contagiaron entonces a las demás universidades del país. El Gobierno reaccionó con pánico: expulsó a dos corresponsales checoslovacos que se habían desplazado a Varsovia para cubrir las manifestaciones y Moczar, conocido por su antisemitismo, utilizó los disturbios para iniciar una operación contra los judíos polacos, a los que acusaba de haberse conjurado con los sionistas internacionales para provocar los desórdenes. La prensa polaca inició una intensa campaña de persecución en la que identificaba por su nombre y apellidos a los manifestantes y señalaba que eran judíos. Después pasó a apuntar a los padres de los estudiantes judíos, que en muchos casos eran intelectuales o políticos destacados. La intención era transmitir que los treinta millones de polacos estaban siendo gobernados y manipulados por los apenas veinticinco mil judíos que quedaban en el país. La estrategia funcionó: el antisemitismo latente en el país conectó con la campaña y los disturbios estudiantiles se acabaron. Pero seguía existiendo el riesgo de que el experimento checoslovaco se contagiara a Hungría o Alemania del Este. Los soviéticos estaban cada vez más alarmados.[14]

Los checoslovacos tenían esperanzas de un verdadero cambio y presionaban a Dubcek. La popularidad del Partido Comunista y de su líder aumentaba, pero este tenía que hacer equilibrios entre los deseos de apertura y las presiones de Moscú y de una parte importante del Partido Comunista checoslovaco. Realizó entonces algunos nombramientos ambiguos en los órganos de dirección del partido para tratar de aplacar a los más reticentes a los cambios, y los estudiantes salieron a protestar a medianoche ante la sede del partido. Pidieron a gritos que saliera Dubcek a darles explicaciones por esos nombramientos, que les parecían obsoletos. Este acudió desde su casa y respondió directamente a las preguntas de los estudiantes. «¿Qué garantías tenemos de que los tiempos pasados no volverán?», le preguntaron. «Vosotros, vosotros sois la garantía. Los jóvenes», respondió.

Las manifestaciones se sucedían en todas partes. No eran solo los estudiantes. También los obreros y hasta los granjeros le estaban cogiendo el gusto a escuchar discursos un poco heterodoxos y a discutir en público sobre cuestiones políticas. Además, las concentraciones eran retransmitidas por la radio y la televisión, y relatadas luego por los periódicos. Llegaron a hacerse populares las entrevistas a gente anónima, de cualquier rango y profesión, en las que expresaban con franqueza sus inquietudes y desencantos. Escritores como Vaclav Havel incluso pedían públicamente la legalización de partidos de oposición.

Convencidos de que podían contener y encarrilar el entusiasmo reformista de una parte importante de la población sin romper con el comunismo, Dubcek y el Gobierno checoslovaco anunciaron una serie de medidas destinadas a propiciar una verdadera apertura. El Programa de Acción instaba a relajar los controles oficiales sobre la opinión pública, abolir la censura y conseguir que Checoslovaquia fuera un auténtico país federal, con una «república socialista checa y una república socialista eslovaca».[15] Celebraba los «grandes éxitos históricos» logrados en el país bajo el comunismo, pero criticaba la «supresión de los derechos democráticos y la libertad del pueblo». El objetivo era un «nuevo modelo de democracia socialista». En el que era quizá el mayor desafío a la mano dura soviética, el programa señalaba que el Partido Comunista no debía concentrar de manera monopolística el poder, ni ser el «cuidador universal de la sociedad» ni «el instrumento de la dictadura del proletariado».[16]

> El Partido Comunista —decía el Programa de Acción— goza del apoyo voluntario del pueblo; no desarrolla su liderazgo dirigiendo a la sociedad sino sirviendo devotamente su desarrollo libre, progresista y socialista. El partido no puede imponer su autoridad, sino que esta debe ganarse una y otra vez por medio de la actividad del partido. No puede imponer su línea mediante directivas, sino a través del trabajo de sus miembros, por la veracidad de sus ideales.[17]

Era la Primavera de Praga.

La Conferencia de Liderazgo Cristiano del Sur (SCLC) estaba desorganizada. Su presidente, Martin Luther King Jr., quería que dejara de centrar su actividad en el sur rural y lo hiciera también en las ciudades del norte, donde la población negra había aumentado en los últimos tiempos. Sin embargo, apenas tenía un plan para hacer frente no solo a la pobreza y la delincuencia en los barrios negros, sino a los incendios y los saqueos que estaban provocando los activistas que se desentendían de la no violencia. Además seguía con su campaña contra la guerra de Vietnam, que había desembocado en un enfrentamiento con el presidente Johnson, quien hasta entonces había sido un valioso aliado suyo. Muchos le atacaban por su oposición a la guerra. Varios columnistas de derechas ya le habían reprochado sus supuestos vínculos «subversivos», pero las críticas se multiplicaron en el verano de 1967, después de que Carl T. Rowan, un periodista negro moderado y respetado que había seguido durante años el movimiento por los derechos civiles, afirmara en el *Reader's Digest* que King había dejado de ser el «líder altruista» que era en los años cincuenta y que sobrevaloraba su contribución al progreso racial. Rowan consideraba que su activismo contra la guerra de Vietnam era una «decisión trágica» y la atribuía a dos razones: su prepotencia y la influencia comunista. Con ello, decía Rowan, no solo se había convertido en persona *non grata* para Lyndon Johnson, sino que «ha molestado a muchos de los amigos de los negros y ha dado armas a los enemigos de los negros». Pero al mismo tiempo que le atacaban por un exceso de radicalidad, de cercanía a los subversivos y hasta a los comunistas, una parte de los radicales, blancos y negros, le acusaban de ser un burgués excesivamente moderado y un pactista con el *establishment*.

King estaba agotado debido a los viajes constantes y a los compromisos políticos y sociales. «Han sido días muy difíciles para mí», dijo en un discurso en la convención Nueva Política, un acto al que se arrepintió de asistir, en el que los asistentes se encontraban profundamente divididos ante sus tácticas. Había rechazado la idea de presentarse a las elecciones presidenciales, dijo: «No tengo más ambiciones en la vida que alcanzar la excelencia en el ministerio cristiano [...]. No pienso hacer nada más que seguir siendo un predicador». «Creo firmemente en la inmortalidad [...]. No me preocupa el mañana. De vez en cuando me canso, y entonces el futuro parece difícil y sombrío, pero no me preocupo por ello porque, en última instancia, tengo fe en Dios [...]. A veces me siento desalentado, siento que mi trabajo es en vano, pero entonces el Espíritu Santo reaviva de nuevo mi alma.» Sus relaciones extramatrimoniales no contribuían a apaciguarle y repetía con frecuencia, en sermones y en privado, que era un pecador.

King, frustrado, seguía elaborando tácticas cuyo objetivo muchas veces era, además de los derechos civiles de los negros, una reforma profunda del capitalismo. Nunca fue comunista, pero sí era cada vez más crítico con la distribución del poder en el sistema capitalista. «No soy demasiado optimista —dijo a sus colaboradores en una reunión, poco antes de que empezara 1968—, pero no estoy dispuesto a aceptar la derrota [...]. Debemos formular un programa, y debemos idear nuevas tácticas que no cuenten con la buena voluntad del Gobierno, sino que sirvan para obligar a las autoridades reacias a aplicar los mandatos de la justicia.» Y lo que era casi más importante: había que insistir en el compromiso firme con la no violencia, que cada vez era menos atractivo entre muchos de sus propios seguidores. Tenían que llevarlo a otra categoría: «La no violencia debe adaptarse a las condiciones y los estados de ánimo urbanos. La protesta no violenta debe madurar hacia un nuevo nivel [...], la desobediencia civil masiva [...]. Debe ser algo más que una afirmación frente al conjunto de la sociedad, debe ser una fuerza que interrumpa su funcionamiento en algún momento clave [...]. El negro dirá [...]. "Estoy dispuesto a soportar todos tus castigos, porque tu sociedad no será capaz de soportar el estigma de oprimir violenta y públicamente a su minoría para preservar la injusticia"». La única opción era la desobediencia civil sin incurrir en la violencia y evitando sobre todo los disturbios. La clave era «no pensar en nuestro movimiento como uno que trata de integrar al negro en los valores existentes en la sociedad estadounidense, sino en uno que alterará esos valores básicos».

Todo esto tenía que ver con la Campaña de los Pobres, una iniciativa de King —de la que parte de su equipo recelaba— centrada en la reducción de la pobreza y la creación de puestos de trabajo, una renta mínima y alquileres bajos. El centro de este plan era la «ocupación» de Washington durante la primavera de 1968. Debía ser un acontecimiento espectacular, dramático y agresivo, articulado alrededor de una sola reclamación fácilmente comprensible —treinta mil millones de dólares contra la pobreza— y organizado a la perfección para evitar la violencia. Para ello, King emprendió una inacabable gira por el país para conseguir apoyos entre diversas entidades, convencer a activistas locales para que renunciaran a la violencia o, en todo caso, no interfirieran en la iniciativa, y presentar una y otra vez el proyecto ante la prensa. Pero se sentía exhausto. No estaba claro que fuera a obtener el respaldo necesario ni que fuera capaz de convencer a los radicales sin espantar a los moderados. Tampoco que pudiera cumplir la promesa de que no habría disturbios.

La organización no marchaba bien. Aunque en un principio se había elegido abril para llevar a cabo la gran manifestación, al poco tiempo King pensó en retrasarla e incluso cancelarla, pero en ocasiones recuperaba el entusiasmo. Las críticas se sucedían, incluso entre los suyos. Bayard Rustin, un luchador por los derechos civiles partidario de la no violencia, que había sido fuente de inspiración de King en el pasado, pensaba que la manifestación no serviría para recabar el apoyo del Congreso a la política contra la pobreza ni contribuiría a que mejoraran las leyes de derechos civiles. Lo que había que hacer, decía Rustin, era conseguir que en las elecciones ganaran los demócratas, no armar protestas teatrales.

En cualquier caso, los planes avanzaban, aunque con innumerables problemas. En una rueda de prensa, King anunció que la campaña empezaría con una ronda de presión sobre el Congreso, que se reunía el 22 de abril. Al mismo tiempo —dijo King—, tres caravanas con los primeros voluntarios convergerían en Washington procedentes de Milwaukee, Boston y Mississippi. En coche, a pie y en carros tirados por mulas, el resto de los contingentes llegaría a la capital a principios de mayo. Aunque no lo explicó ante la prensa, el plan era «manifestarse alrededor del Capitolio el 5 de mayo, una manifestación por el día de la Madre el 12 de mayo y un acto sobre la desegregación de las escuelas el 17 de mayo. Y a finales de mes, la SCLC daría la campanada definitiva: una gran manifestación el 30 de mayo si la respuesta del Congreso había sido favorable y, si no, «una escalada de desobediencia civil». Seguirían las protestas en las convenciones de los partidos políticos que tenían lugar ese verano y «King podía convocar un boicot económico nacional», según cuenta David Garrow en *Bearing the Cross,* la biografía de Martin Luther King Jr. con la que ganó el Premio Pulitzer.[18]

La gira para recabar apoyos continuó, con un King cada vez más cansado —«espiritualmente exhausto», dijo un amigo cercano— y con unos interlocutores y un público que le acusaban tanto de comunista como de burgués vendido. Las cosas no iban bien: había menos voluntarios de los esperados y, a pesar de la intensa campaña, la SCLC estaba gastando más de lo que ingresaba. Mucha gente con la que el comité contaba no estaba dispuesta a viajar a Washington para pasar allí un tiempo indeterminado y con la posibilidad siempre abierta de que acabaran produciéndose los temidos disturbios.

El 29 de marzo, King voló de Atlanta a Memphis. Allí, el personal de limpieza negro llevaba semanas en huelga y exigía una mejora de las condiciones de trabajo y de los salarios. Las últimas reuniones entre los representantes del ayuntamiento y los de la Federación Americana de Empleados de los Estados, Condados y Municipios (AFSCME), el mayor sindicato del sector público en Estados Unidos, no habían logrado avances y el conflicto se agravaba. King ya había estado en Memphis diez días antes, pero decidió volver para asistir a una manifestación, a pesar de que las tensiones en el comité de organización de la huelga estaban provocando problemas y cada vez parecía más probable una reacción violenta por parte de los activistas jóvenes.

La manifestación no empezó a la hora prevista, en parte porque el vuelo de King se retrasó. Los organizadores locales tuvieron dificultades para contener a los impacientes manifestantes. Cuando llegó King, poco después de las once de la mañana, era evidente que los participantes más exaltados estaban malhumorados; circulaban rumores de que la policía había herido y quizá matado a un joven negro. La cabecera de la manifestación, donde estaban los organizadores, King y los voluntarios destinados a mantener la disciplina, avanzaba en orden, pero la parte posterior estaba llena de jóvenes que provocaban altercados.

Y fue en esa cola de la marcha donde se iniciaron los disturbios. De repente, muchos se dedicaron a utilizar los palos con los que sostenían carteles reivindicativos para romper escaparates de negocios. «Algunos de los jóvenes, y un puñado de espectadores de la calle, empezaron a robar mercancías de las tiendas y los agentes que vigilaban pidieron refuerzos.»

La policía ordenó a la cabecera, adonde ya habían llegado noticias del tumulto que se estaba produciendo unas manzanas atrás, que se detuviera. King fue llevado rápidamente a un hotel. Estaba estupefacto: la marcha pacífica se había transformado en una revuelta violenta. Y se preguntaba, deprimido, cómo afectaría eso a la campaña que estaba organizando para Washington. ¿Hasta qué punto seguiría siendo creíble que él y su organización eran capaces de mantener la disciplina de los manifestantes? ¿Por qué creer que las grandes manifestaciones pacíficas de Washington no iban a convertirse también en disturbios? Si eso era en definitiva lo que sucedía, ¿cómo afectaría a la causa por los derechos civiles de los negros, a la SCLC y a la reputación del propio King?

Los organizadores de la manifestación de Memphis corrieron a disculparse con King y le explicaron que había sido un pequeño grupo de jóvenes partidarios de la violencia el que había empezado el tumulto. Los acompañantes de King estaban furiosos con los sindicalistas locales por haber permitido que su nombre y el de la SCLC se vieran mezclados con la violencia. King estaba hundido y le dijo a uno de sus correligionarios en la habitación del hotel: «Quizá tenemos que reconocer que el día de la violencia ha llegado, y quizá tenemos que retirarnos y dejar que la violencia siga su curso. La nación no va a escuchar nuestra voz, quizá prestará atención a la voz de la violencia».[19]

Al día siguiente, ante los periodistas, King mostró su mejor cara. Aseguró que los planes para la Campaña de los Pobres seguían adelante y que las protestas en Washington se llevarían a cabo como estaba previsto. Pero en privado reconocía que el plan estaba en peligro y que, después de lo sucedido en Memphis, iba a ser más difícil conseguir voluntarios. Parecía que ya nadie prestaba atención a su discurso contra la violencia. Sin embargo, tras un nuevo cambio de ánimo, King decidió que lo mejor sería que la SCLC y él mismo se concentraran en organizar una segunda manifestación en Memphis. Así podría insistir en su mensaje y, de paso, demostrar que, cuando eran ellos quienes organizaban y controlaban las protestas, estas transcurrían en paz y con disciplina. «Creo que nuestra campaña en Washington está condenada», dijo. King era un «símbolo de no violencia», y tras lo ocurrido en Memphis «todo acabará debilitando al símbolo. Hará que muchos negros tengan dudas. Hará que muchos negros se digan "Bueno, es cierto, Martin Luther King está acabado". Así que tengo que hacer algo que se convierta en un acto poderoso [...] que unifique las fuerzas, que refute lo que ha dicho la prensa». Porque lo que dijo la prensa fue devastador. *The New York Times* afirmó que los disturbios habían sido una vergüenza para King y que este debía cancelar la Campaña para los Pobres.

King regresó a Atlanta. Estaba desolado y perdido. Cuando anunció al personal de la SCLC que se iba a celebrar una segunda manifestación en Memphis y comentó que unos cuantos miembros del equipo debían ir allí cuanto antes para empezar a organizarla e imponer disciplina, no le apoyaron. Algunos de sus principales colaboradores creían que era una mala idea y que, además, había que cancelar la Campaña de los Pobres. King salió de la reunión dando un portazo. Aun así, la Campaña de los Pobres siguió adelante y varios empleados de la SCLC volaron a Memphis para organizar la segunda manifestación, que se programó para el 5 de abril, aunque luego se retrasó al lunes 8. Los representantes de la SCLC se entrevistaron con los miembros más jóvenes y violentos del comité local y negociaron una paz precaria.

King viajó a Memphis con varios días de antelación para reunirse con la comunidad local y se hospedó junto a sus acompañantes en el hotel Lorraine, el que solían utilizar en sus visitas a la ciudad. Algunos funcionarios del ayuntamiento habían acudido a los tribunales para impedir que se celebrara la segunda manifestación. King se reunió con unos abogados de Memphis con los que la SCLC había contactado desde Atlanta y Nueva York, que le asesoraron para que no se metiera en líos legales. No obstante, King insistió en que la manifestación se celebraría, aunque fuera de manera reducida y muy disciplinada, y que en todo caso sería pacífica.

Días antes de la segunda manifestación, volvió a hablar en público en Memphis. Hacía mal tiempo y en el Mason Temple, un enorme santuario de la Iglesia de Dios en Cristo, de pentecostales negros, se había congregado menos gente de la esperada. De hecho, King había pensado en no acudir, pero finalmente lo hizo. En el atril, rememoró buena parte de sus últimos años como activista por los derechos civiles. Diez años antes, recordó, le habían intentado asesinar con un abrecartas en un comercio de Harlem. La herida había sido tan peligrosa que los médicos le dijeron que solo con que

hubiera estornudado, habría podido morir. Y evocó a un niño neo-
yorquino que le había mandado en ese momento una carta en la que
le decía que se alegraba mucho de que no hubiera estornudado.

Y esta noche quiero decir, quiero decir esta noche que yo
también me alegro de no haber estornudado. Porque si hubiera
estornudado no habría estado aquí en 1960, cuando los estudiantes de todo el sur empezaron a hacer sentadas en las cafeterías.
Porque cuando hacían esas sentadas, estaban en realidad levantán-
dose en favor de lo mejor del sueño americano, y llevando a toda
la nación de vuelta a esas grandes fuentes de democracia que los
padres fundadores incluyeron en lo más hondo de la Declaración
de Independencia y la Constitución.

Si hubiera estornudado, no habría estado aquí en 1961, cuando decidimos hacer un viaje por la libertad y terminamos con la
segregación en los desplazamientos entre estados.

Si hubiera estornudado, no habría estado aquí en 1962, cuando los negros de Albany, Georgia, decidieron enderezar sus espaldas. Y cuando los hombres y las mujeres enderezan las espaldas es
porque van a alguna parte, porque nadie puede subirse a tu espalda
a menos que esté doblada.

Si hubiera estornudado, no habría estado aquí en 1963, cuando la gente negra de Birmingham, Alabama, despertó la conciencia de la nación y dio a luz a la Ley de Derechos Civiles.

Si hubiera estornudado, no habría tenido la oportunidad, ese
mismo año, en agosto, de intentar contarle a América un sueño
que había tenido.

[...]

Me alegro tanto de no haber estornudado...

Pero ahora esto no importa. No importa lo que pase ahora.

Y después abordó los temas —el cansancio, la muerte, la tierra
prometida para los negros y su identificación tácita con los profetas
bíblicos— por los que sería recordado este discurso, conocido
como el de «la cumbre de la montaña».

Bueno, no sé qué pasará ahora. Nos esperan días difíciles. Pero eso ahora no me importa, porque he estado en la cumbre de la montaña. Y no me importa. Como a cualquiera, me gustaría tener una larga vida. La longevidad tiene sentido. Pero eso ahora no me preocupa. Solo quiero llevar a cabo la voluntad de Dios. Y él me ha permitido ascender a lo alto de la montaña, y mirar desde ahí, y he visto la tierra prometida. Quizá no llegue a ella con vosotros. Pero quiero que sepáis esta noche que nosotros, como pueblo, alcanzaremos la tierra prometida. Y por eso estoy contento esta noche. No me preocupa nada. No temo a ningún hombre. Mis ojos han visto la gloria de la llegada del Señor.

King sudaba tanto que parecía estar llorando. Sus acompañantes habían oído decenas de veces discursos similares, pero en aquella ocasión, en palabras de su biógrafo, había pasado de «lo sensiblero a lo macabro». Más tarde se fueron a cenar y regresaron al Lorraine ya de madrugada. Al llegar, King descubrió que se habían acercado hasta allí su hermano y algunos amigos, y estuvo hablando con ellos hasta el amanecer. Al final se acostó y durmió hasta mediodía.

Seguían los rumores sobre si la SCLC estaba buscando la manera de ausentarse de la segunda manifestación de Memphis, porque la dedicación a ese asunto hacía casi inevitable posponer la campaña en Washington, prevista ahora el 22 de abril. Los representantes de la SCLC en Memphis continuaban negociando con los sindicalistas locales más proclives a los disturbios (que básicamente querían dinero a cambio de no intervenir en la marcha) y preparando una larga sesión en los tribunales con el objetivo de que el juez autorizara una versión pequeña y muy disciplinada de la manifestación. King se mostraba abatido, ansioso e irritable. Además, no tenía noticias del juzgado. Cuando finalmente llegaron, eran positivas: el juez aceptaba modificar su orden para permitir la manifestación del lunes. King, complacido, animó a los demás a vestirse para la cena a la que el reverendo local Billy Kyles les había invitado. King se arregló mientras hablaban sobre nuevos proyectos. Kyles llamaba a la puerta instándoles a que se dieran prisa porque el coche ya les esperaba. Aún les quedaba un poco. King se puso una camisa, pero le quedaba pequeña —había engordado, y sus acompañantes bromearon sobre su aumento de peso— y buscó otra. Luego se puso la corbata y salió a la galería del segundo piso. El coche, efectivamente, estaba abajo, junto con los demás invitados, que ya estaban listos. Alguien le gritó a King que cogiera un abrigo, porque estaba refrescando. «Ok», respondió este, y poco después se oyó el fuerte estallido. Era un disparo. King cayó al suelo. Cuando sus compañeros llegaron hasta él —al oír el disparo, se habían refugiado en la habitación, en la escalera o tras el coche—, vieron la herida en el lado derecho de la cara. Le hablaron dándole palmadas en el lado izquierdo y pareció que les oía. Incluso movió un poco los labios, pero no llegó a decir nada. Le pusieron una toalla bajo la cabeza. Kyles, el reverendo que les había invitado a cenar, «bajó la mirada y creyó ver que la complexión de King cambiaba de color ante sus ojos. Apartó la mirada y se echó a llorar». King tenía treinta y nueve años. Era el 4 de abril de 1968.[20]

El 11 de abril de 1968 era Jueves Santo. Rudi Dutschke, el líder más visible de la Federación Socialista Alemana de Estudiantes (SDS), había salido de su casa de Berlín para comprar medicamentos para su hijo Hosea-Che, que tenía apenas tres meses. Josef Bachmann, un pintor de brocha gorda de veintitrés años, se le acercó y le preguntó: «¿Es usted Rudi Dutschke?». Cuando este asintió, Bachmann sacó una pistola y le disparó tres veces en la cabeza y en el hombro. Dutschke fue llevado enseguida al hospital y consiguió salvar la vida (aunque moriría once años después a consecuencia de los daños cerebrales que le provocaron los disparos en la cabeza). Su bicicleta quedó tirada en la calle. Y así empezaron los meses más conflictivos de la oleada de manifestaciones y de protestas que tuvieron en vilo a Alemania hasta, por lo menos, bien entrada la década siguiente.[21]

Dutschke era algo mayor que los estudiantes que por aquel entonces se manifestaban con frecuencia contra el Gobierno de Bonn. Había nacido en 1940 en Luckenwalde, en Alemania del Este; era hijo de un empleado del servicio postal y recibió una educación cristiana. Ya de joven mostró su oposición a la militarización del país, se negó a hacer el servicio militar en el Ejército Popular y convenció a unos cuantos para que hicieran lo mismo. Como represalia, el Gobierno le impidió iniciar una carrera universitaria, pero en 1961, justo antes de que se construyera el Muro, huyó a Berlín occidental y allí empezó a estudiar sociología en la Universidad Libre, donde no tardó en convertirse en un líder de la SDS. Walter Jens, un respetado intelectual alemán de la época, dijo de él que era una «persona amante de la paz y mesiánica».

Su actividad política desde esa plataforma a menudo fue frenética. Se opuso a la reforma educativa, a la formación de un Gobierno de gran coalición entre socialdemócratas y democristianos (que llevó al movimiento estudiantil a autodenominarse *Ausserparlamentarische Opposition*, la Oposición Extraparlamentaria), a la proclamación de las leyes de excepción y, por supuesto, a la guerra de Vietnam. Debido a su experiencia, no tenía particular simpatía por la Alemania del Este, pero sí por la Revolución de Octubre en Rusia y por los que él llamaba «los mejores hijos de la revolución», como Trotsky o Bukharin. Durante un viaje a Praga, sus interlocutores, estudiantes que también se estaban rebelando contra su Gobierno, se quedaron estupefactos al oírle decir que la democracia pluralista era la principal enemiga. En un documento presentado en la conferencia de la SDS en Frankfurt en 1967, señalaba que la formación debía transformarse en un «grupo de sabotaje y de desobediencia civil» para, como recogía el *Spiegel*, «proteger a la población del poder y los aparatos de seguridad del Estado». En ese sentido, las guerrillas urbanas eran ideales para «destruir el sistema de las instituciones represoras».[22]

El rechazo de estos jóvenes alemanes al país que les legaban sus mayores era absoluto. Como afirma Tony Judt, «si alguna vez ha existido una generación cuya rebelión se haya asentado realmente en el rechazo a todo lo que sus padres representaban —todo: su orgullo nacional, el nazismo, el dinero, Occidente, la paz, la estabilidad, la ley y la democracia—, esa ha sido la de los "hijos de Hitler", los radicales germanos occidentales de la década de 1960».

Como tantas veces sucedió en la década de los años sesenta, su repulsa se expresaba mediante una combinación de sofisticadas ideas que procedían de la tradición marxista, del psicoanálisis, de la ecología, de la lucha de los independentistas anticoloniales de África, Asia y América Latina, de la cultura pop o de un simple rechazo romántico a la modernidad. Por supuesto, había un trasfondo antinazi, porque esta izquierda extraparlamentaria, airada con los socialdemócratas por haber pactado con la derecha y formado una gran coalición, consideraba que el nazismo no había acabado en 1945, sino que se mantenía por otras vías: muchos consideraban que los estadounidenses eran los nuevos nazis, y Vietnam su Auschwitz; y los estudiantes se sentían los nuevos judíos.

«Una variante característicamente alemana de la confusión cultural de la década de 1960 —afirma Judt—, consistía en considerar el sexo y la política más estrechamente ligados que en ningún otro sitio.»[23] En imágenes propagandísticas, varios militantes de Kommune 1, la comuna maoísta que promovía la promiscuidad como forma de liberación, se fotografiaron desnudos en clara analogía con las imágenes de los campos de concentración, identificando su liberación sexual con la liberación del nazismo. Un nazismo cuyos orígenes muchas veces atribuían a la represión sexual del propio Hitler. «Un miembro de Kommune 1 declaró orgulloso que su orgasmo tenía repercusiones revolucionarias más importantes que Vietnam.» Hasta a Rudi Dutschke, un radical en casi todos los sentidos, le parecía que esas expresiones eran propias de «neuróticos».

Parte de esta obsesión con el sexo tenía que ver con la obra de Herbert Marcuse, uno de los autores más influyentes en la izquierda de los años sesenta. Marcuse pertenecía a la Escuela de Frankfurt, una institución creada en los años veinte, y cerrada luego por el régimen nazi, que había desarrollado una «teoría crítica» de la sociedad siguiendo los principios marxistas. Autores como Max Horkheimer, Theodor Adorno y el propio Marcuse, que se habían exiliado en Estados Unidos, habían desarrollado esa crítica, primero al capitalismo y más tarde a la sociedad occidental en general, acercándose a cuestiones como la racionalidad bajo la que se instrumentaba la dominación de la naturaleza y de los demás seres humanos, la tendencia de la filosofía cientificista a dar pie a regímenes totalitarios y, en el caso de Marcuse, la sexualidad reprimida y la necesaria transformación social para que esta se libere. Así lo había explicado en *Eros y civilización*, publicado en inglés en 1955, que combinaba las herramientas analíticas de Marx y Freud para dar lugar a un lenguaje que dominaría en la nueva izquierda de los años sesenta. Un libro posterior, *El hombre unidimensional*, publicado en inglés en 1964, en 1967 en alemán y en 1968 en francés, fue una de las obras más importantes en las revueltas de 1968, aunque sea difícil saber hasta qué punto fue leída y asimilada por los estudiantes. Ahora bien, el eslogan «¡Marx, Mao, Marcuse!» resonó con fuerza en París.

Marcuse reconocía que «la sociedad industrial avanzada es cada vez más rica, grande y mejor», que mucha gente vivía cómodamente y que era comprensible que los medios de comunicación vendieran esa coyuntura como si, en lugar de responder a los intereses particulares de unos pocos, «lo hiciera a los de todos los hombres sensibles». Porque bajo aquella estructura en apariencia racional, subsistía una sociedad por completo irracional.

Su productividad destruye el libre desarrollo de las necesidades y las facultades humanas, su paz se mantiene mediante la constante amenaza de guerra, su crecimiento depende de la represión de las verdaderas posibilidades de pacificar la lucha por la existencia en el campo individual, nacional e internacional. Esta represión, tan diferente de la que caracterizó las etapas anteriores y menos desarrolladas de nuestra sociedad, funciona hoy no desde una posición de inmadurez natural y técnica sino, más bien, desde una posición externa. Las capacidades (intelectuales y materiales) de la sociedad contemporánea son inmensamente mayores que nunca; lo que significa que la amplitud de la dominación de la sociedad sobre el individuo es inmensamente mayor que nunca. Nuestra sociedad se caracteriza antes por la conquista de las fuerzas sociales centrífugas mediante la tecnología que por el terror, sobre la doble base de una abrumadora eficacia y un nivel de vida cada vez más alto.

La sociedad occidental había alcanzado un elevado grado de bienestar que le permitía reprimir sin excesivos problemas toda posibilidad de poner esa riqueza al servicio de un estilo de vida más libre y carente de opresión, decía Marcuse. «Lo que es falso no es el materialismo de esta forma de vida, sino la falta de libertad y la represión que encubre.» Pero aunque el capitalismo fuera capaz de someter todo intento de revertir esa lógica, «es de una importancia que sobrepasa de lejos los efectos inmediatos, que la oposición de la juventud a la "sociedad opulenta" reúna rebelión instintiva y rebelión política», escribió en el prólogo a la edición francesa.[24]

Con este contexto, en Alemania se discutía arduamente la posibilidad de utilizar la violencia para hacer la revolución. El 2 de abril, Andreas Baader y Gudrun Ensslin «habían intentado prender fuego a las galerías comerciales Schneider en su lucha contra el capitalismo consumista», acción por la que serían condenados a la cárcel. Y el mes siguiente, Ulrike Meinhof publicó en la revista

Konkret el artículo «De la protesta a la resistencia», donde reclamaba una «confrontación directa e incluso violenta con el Estado». En 1970, los tres, junto con el abogado Horst Mahler, fundarían la Fracción del Ejército Rojo, también conocida como la banda Baader-Meinhof, un grupo terrorista que durante los años setenta llevó a cabo atentados con bombas, secuestros, robos de bancos y tiroteos, y que hasta su disolución definitiva en los años noventa mató a treinta y cuatro personas. La RAF, como era llamada por sus siglas en alemán, se declaraba antifascista y antiimperialista, pero también marxista-leninista, lo que en la época equivalía más o menos al maoísmo; muchos jóvenes europeos que participaron en los hechos del 68 estaban fascinados por el proceso político que Mao había iniciado en China en 1966, con el fin de purgar el régimen chino de elementos supuestamente burgueses y reaccionarios. Además, aunque en su retórica estos grupos despreciaban por igual el capitalismo y el comunismo soviético, un buen número, incluida la RAF, estuvieron financiados por la Stasi, la policía política de Alemania del Este, o por Moscú. En todo caso, en 1968 organizaciones de jóvenes como los K-Gruppen, Autonome o el ala más radical de la SDS se mostraban más partidarias de la violencia. Hasta el propio Rudi Dutschke, que en el futuro se alejaría de las posiciones más extremas, en ese momento llegó a transportar dinamita oculta en un cochecito, debajo de su hijo, aunque nunca la utilizó.

Las protestas posteriores al intento de asesinato de Dutschke contribuyeron a radicalizar a los activistas y a que aumentara el uso de la violencia. La misma noche del día 11, unas cinco mil personas (entre ellas, Ulrike Meinhof) marcharon hacia la Kochstrasse de Berlín, donde se encontraba la sede central de Axel Springer, la editora del diario *Bild* —y del *B. Z.*, que tras la muerte de Ohnesorg ya se había declarado en contra de los estudiantes—. El *Bild* era un tabloide sensacionalista que los manifestantes consideraban incitador del intento de asesinato de Dutschke por unos artículos en los que exigía que se detuviera «el terror de los jóvenes rojos ahora mismo» y que se eliminara a los «agitadores». Para tratar de impedir que el periódico saliera al día siguiente, los manifestantes «quemaron camiones de reparto con cócteles molotov [...]. Un grupo particularmente decidido intentó incluso tomar al asalto el edificio. La policía empleó cañones de agua y porras», aunque al final la manifestación no tuvo mayores consecuencias. «Las mismas escenas se repitieron en Frankfurt, Hamburgo, Munich, Hannover, Stuttgart, Esslingen y Heidelberg.» Según el *Spiegel*, se habían producido «batallas campales como no se habían visto en Alemania Occidental desde la República de Weimar». Durante lo que quedaba de Semana Santa se produjeron mil detenciones y cuatrocientas personas resultaron heridas.[25] El Gobierno de gran coalición de Kiesinger aprobó las leyes de emergencia que, si era necesario, le permitían gobernar a golpe de decreto, «y que generaron —en palabras de Tony Judt— el extendido temor de que la República de Bonn estaba a punto de desmoronarse, como le había ocurrido a la de Weimar solo treinta y cinco años antes».[26]

Muchos vieron el ciclo de radicalización y de violencia que se desató a partir de entonces como el final del genuino movimiento estudiantil, e incluso los intelectuales más críticos con el Gobierno de Bonn y el capitalismo de posguerra —Günter Grass, Jürgen Habermas, Hans Magnus Enzensberger— se alarmaron ante la deriva de esa izquierda extremista y fascinada por los mitos guerrilleros latinoamericanos y de Oriente Próximo. Incluso Rudi Dutschke, tras recuperarse del intento de asesinato, se alejó de la violencia y trabajó para la formación del Partido Verde, aunque murió en 1979, poco antes de su fundación.[27]

«Martin Luther King asesinado en Memphis; se sospecha de un blanco; [el presidente] Johnson pide calma», abría la portada de *The New York Times* del viernes 5 de abril de 1968. «El reverendo doctor Martin Luther King Jr., que predicaba la no violencia y la hermandad racial, recibió un disparo mortal anoche, obra de un hombre armado que huyó y escapó», empezaba el largo artículo que recogía las circunstancias de la muerte, las primeras manifestaciones de repudio y las respuestas políticas.

> El gobernador Buford Ellington ordenó el desplazamiento de cuatro mil Guardias Nacionales a Memphis después de la muerte del líder de los derechos civiles, de treinta y nueve años, ganador del Premio Nobel.
>
> Se impuso un toque de queda en la estremecida ciudad de quinientos cincuenta mil habitantes, el 40 por ciento de los cuales son negros.
>
> Según la policía, tras la tragedia se produjeron varios incidentes entre los que hubo tiroteos esporádicos, incendios, ataques con ladrillos y botellas contra los policías y saqueos, que se iniciaron en los distritos negros y después se extendieron al resto de la ciudad.

El obituario de King en *The New York Times*, separado de la noticia de su muerte, decía:

> Para millones de negros estadounidenses, el reverendo doctor Martin Luther King Jr. era el profeta de su cruzada por la igualdad racial. Era la voz de su angustia, su elocuencia en la humillación, su grito de batalla por la dignidad humana. Forjó para ellos las armas de la no violencia que resistieron y desafiaron la ferocidad de la segregación. Y para millones de estadounidenses blancos, fue uno de un grupo de negros que preservaron el puente de comunicación entre las razas.[28]

Muerto King, sin embargo, muchos creyeron que ese puente estaba definitivamente roto. Stokely Carmichael, que el año anterior había abandonado la presidencia del Comité de Coordinación de Estudiantes No Violento (SNCC) para abrazar abiertamente la lucha violenta y utilizaba la expresión «Poder Negro» en oposición a las tácticas de King, afirmó en una estremecedora rueda de prensa el día después del asesinato, el 5 de abril, que este significaba una declaración de guerra y que los negros debían tomar las armas para responder.

> La América blanca mató al doctor King anoche y con eso abrió los ojos de todo hombre negro en este país. [...]. No tenían absolutamente ninguna razón para hacerlo. Era el único hombre de nuestra raza que estaba intentando enseñar a nuestro pueblo a sentir amor, compasión y piedad por lo que la gente blanca había hecho. Cuando la América blanca mató al doctor King anoche, nos declaró la guerra. No lloraremos, no habrá funerales. Las rebeliones que han estado teniendo lugar en las ciudades de este país son poca cosa comparadas con lo que va a suceder. Debemos tomar represalias por la muerte de nuestros líderes. La ejecución de estas muertes no tendrá lugar en los juzgados. Va a tener lugar en las calles de los Estados Unidos de América. Cuando la América blanca mató al doctor King anoche, se lo puso mucho más fácil a un montón de gente negra hoy. Ya no son necesarias las discusiones intelectuales. La gente negra sabe que tiene que hacerse con armas.[29]

La noche anterior, el día de la muerte de King, ya se habían producido incidentes en numerosas ciudades estadounidenses, algunos de los más violentos de la época. El propio Carmichael, que poco después sería nombrado primer ministro honorario de las Panteras Negras, recorrió Washington, una de las ciudades que se vieron más sacudidas por las revueltas, exigiendo a los comerciantes locales que cerraran sus establecimientos como muestra de pésame por la muerte de King. A las pocas horas, se empezaron a romper escaparates y se iniciaron los saqueos. Los disturbios duraron días y Johnson mandó a soldados del ejército y de la Guardia Nacional de Washington en ayuda de la policía local, completamente desbordada por la escalada de los acontecimientos. Pero la medida no fue suficiente para impedir el incendio de edificios, el cierre de las tiendas y una sucesión de enfrentamientos con la policía que llegaron a poca distancia de la Casa Blanca. El centro de la ciudad quedó arrasado. Algo parecido sucedió en las otras dos localidades más golpeadas por los disturbios de la semana, Baltimore y Chicago, si bien también hubo incidentes en Nueva York, New Jersey, Kansas o Cincinnati.

El *establishment* estadounidense había mostrado un cierto recelo hacia la deriva de King en los últimos tiempos, pero tras su muerte no escatimó elogios. Johnson —que había permitido que el FBI le espiara e intentara chantajearle por sus relaciones extramatrimoniales— se dirigió a la nación la misma noche del asesinato pidiendo que rechazara la violencia y la división y respetara la ley.

Un poco más radical fue Robert Kennedy, que estaba en plena campaña de las primarias de su partido y esperaba poder ser el candidato demócrata a las elecciones presidenciales —a pesar de que el presidente Johnson, también demócrata, en principio tenía pensado presentarse a la reelección— acercándose a los jóvenes, poniendo reparos a la guerra de Vietnam y haciendo bandera de los derechos civiles y la lucha contra la pobreza. El asesinato de King le sorprendió en Indianapolis, donde improvisó unas palabras. Sin embargo, fue el día siguiente, el 5 de abril, en Cleveland, donde pronunció su célebre discurso, «La absurda amenaza de la violencia». Se trataba de una fuerte condena de toda forma de violencia; por supuesto, la que había matado a King, pero también la de los disturbios que en ese mismo momento se estaban produciendo en muchas ciudades del país.

> ¿Qué ha logrado la violencia? ¿Qué ha creado? Ninguna causa de ningún mártir ha sido detenida por la bala de su asesino. Ningún mal ha sido corregido mediante los disturbios y los desór-

denes civiles. Un francotirador es solo un cobarde, no un héroe, y una masa incontrolada, incontrolable, es solo la voz de la locura, no la voz del pueblo.

Pero no eran solo los individuos, blancos o negros, quienes se estaban dejando arrastrar por la situación de caos.

> Porque hay otra clase de violencia, más lenta pero igualmente mortal, destructiva como el disparo o la bomba en la noche. Se trata de la violencia de las instituciones; la indiferencia y la inacción y la lenta decadencia. Se trata de la violencia que aflige a los pobres, que envenena las relaciones entre los hombres porque su piel tiene colores diferentes. Se trata de la lenta destrucción de un niño por el hambre, las escuelas sin libros y las casas sin calor en invierno.[30]

La situación política parecía escapar al control de cualquiera. Y en este contexto, el presidente Johnson aceleró el trámite de una ley que llevaba tiempo embarrancada en el complejo sistema legislativo estadounidense. Se llamaba oficialmente Ley de Derechos Civiles de 1968, pero también era conocida como Ley de Vivienda Justa, cuya sección principal prohibía «negarse a vender o alquilar después de la existencia de una oferta de buena fe, o negarse a negociar la venta o alquiler de, o en todo caso negar la disponibilidad o la vivienda a cualquier persona por su raza, color, religión, sexo, estado civil u origen nacional». La ley entró en vigor el 11 de abril, al mismo tiempo que empezaban a controlarse o darse por terminados los disturbios en varias ciudades. Aun así, no hubo paz.[31]

El 12 de abril, en Roma, alrededor de mil estudiantes se manifestaron frente a la embajada de Alemania Occidental. Lanzaron explosivos, destrozaron ventanas y carteles, y prendieron una hoguera en una violenta protesta para condenar el intento de asesinato de Rudi Dutschke el día anterior. Gritaban eslóganes como «El poder burgués ha matado a Dutschke» y «Springer asesino».[32] Por supuesto, aquella no era la primera muestra de rebeldía de los jóvenes italianos, que a lo largo de 1968 habían elevado sus protestas, ocupando universidades y manifestándose contra la guerra de Vietnam y la situación política de su país.

Sin embargo, en el caso italiano no se trataba solo de los estudiantes. El despegue económico que se había dado en países como Francia o Alemania en la década posterior al final de la Segunda Guerra Mundial, en Italia no tuvo lugar hasta más tarde. La ingente migración que se produjo del sur al norte del país a principios de la década de los sesenta había provocado problemas en las ciudades del norte, destinatarias de grandes flujos de personas que procedían de lugares básicamente agrícolas y rurales, cuyas necesidades resultaba imposible cubrir. Las tensiones entre los sindicatos del norte, bien organizados y formados por trabajadores cualificados, y los trabajadores del sur, sin formación y recién llegados, coincidieron con unos movimientos estudiantiles contrarios a un sistema educativo envejecido, al que cada vez se sumaban más estudiantes.[33] Si en el curso 1960-1961 asistían a las universidades italianas 268.181 estudiantes, en el curso 1965-1966 aumentaron a 404.938. Y todo ello redundaba en las críticas a un orden político que desde la posguerra había sido prácticamente dominado por la democracia cristiana y donde nadie tenía demasiados incentivos para llevar a cabo reformas. «Se puede decir —escribe Robert Lumley en *States of Emergency. Cultures of Revolt in Italy from 1968 to 1978*— que los acontecimientos de 1968-1969 [en Italia] tuvieron consecuencias contradictorias: por un lado, la modernización, la democratización y el crecimiento de la sociedad civil; por el otro, el conflicto social endémico, el continuado bloqueo institucional y la polarización de la política hasta la represión y el terrorismo.»

«En noviembre [de 1967] se ocuparon las universidades de Trento, Turín y Génova, y la Católica de Milán, y en diciembre el movimiento estudiantil se extendió hacia el sur con la ocupación de la Universidad de Nápoles. En enero de 1968, se habían ocupado ya treinta y seis universidades» del país. En buena medida, estas protestas manifestaban la oposición a la llamada «ley Gui», que estaba en tramitación y tenía como objetivo restringir la entrada a la universidad mediante el establecimiento de cuotas, aunque existían razones más generales que apelaban a la naturaleza del trabajo y a las relaciones personales bajo el capitalismo.[34] En una conferencia celebrada en marzo de 1968 en Milán, el estudiante de sociología Mauro Rostagno, que el año siguiente fundaría Lotta Continua, uno de los principales grupos de la izquierda extraparlamentaria de la época, lo expresó así:

> La nueva clase de lucha social masiva revela la naturaleza de una nueva clase de sistema social; es un sistema social que tiende a destruir las áreas independientes de actividad, sometiéndolas a un control centralizado, rígido y planificado. Las distinciones entre las superestructuras y las estructuras, entre la economía y la política, entre lo público y lo privado ya no tienen sentido... El estudio, el trabajo, el consumo, el tiempo libre, las relaciones personales... todo ello entra en un esquema de entradas y salidas que permite el conflicto pero no tolerará el antagonismo.[35]

El antagonismo en el que pensaba Rostagno, o el que más le afectaba, era el que se estaba produciendo entre el movimiento estudiantil y el Gobierno debido al intento de reforma de las universidades. Y había cobrado especial relevancia el 1 de marzo, en Roma, cuando varios miles de estudiantes partieron de la plaza de España en dirección a la facultad de Arquitectura de Valle Giulia, al norte de la ciudad, que estaba tomada por la policía. En los días anteriores ya se habían producido enfrentamientos de una dureza mayor a la acostumbrada, sobre todo durante una manifestación en Via Nazionale, junto al Quirinale, la sede de la presidencia italiana. Esta vez, los universitarios pretendían tomar la facultad de Arquitectura, pero los carabinieri respondieron cargando. En ese momento se produjo una novedad: los jóvenes no solo no salieron corriendo, sino que respondieron a la carga policial, mantuvieron un enfrentamiento que duró horas y lograron ocupar la facultad. Poco después fueron expulsados, tras un nuevo ataque de la policía en el interior del edificio. Los agentes se ensañaron con algunos de los estudiantes, que respondieron con pedradas. Las fotos de los violentos ataques, con coches volcados, vehículos militares, cargas de caballos y jóvenes armados con barras de madera, aparecieron en todos los periódicos y causaron un enorme revuelo. En Valle Giulia, los universitarios romanos habían descubierto la violencia. Aunque «en teoría el movimiento siempre había reconocido el derecho al uso de la violencia —dice la *Enciclopedia de 1968* de *Il Manifesto*, el periódico comunista italiano—. La revista *La Sinistra* [...], muy difundida en el movimiento, se publicó con las instrucciones para la fabricación de cócteles molotov en la portada».[36] *La Sinistra* afirmó después de los sucesos:

> La lucha contra el autoritarismo «académico» y «social» está ahora unificada de manera visible; todo el aparato del Estado está detrás de las estructuras académicas no solo culturalmente, sino físicamente. La porra refuerza los conceptos profesorales, el cañón de agua habla por las mayorías parlamentarias y el examen al viejo estilo está detrás de la cortina de gas lacrimógeno.[37]

La batalla de Valle Giulia fue uno de los acontecimientos centrales del 68 italiano, tuvo un inmenso impacto emotivo en el movimiento y una gran influencia en lo que sucedería después en otras ciudades. Así, el 25 de marzo, los estudiantes de la Universidad Católica de Milán, que habían sido expulsados después de ocupar las instalaciones, decidieron recuperar el edificio. «El conflicto anterior había sido siempre no violento; por un lado, la policía trataba a los estudiantes con el respeto que tradicionalmente sentían por las clases medias y el comisario de policía se entendía con los líderes estudiantiles. Por otro lado, los estudiantes utilizaban la resistencia pasiva e intentaban ganarse la simpatía pública para su causa. Sin embargo, en esa ocasión, esas reglas del juego se rompieron y ambas partes recurrieron a la violencia.» Y esta pasaría a estar en el centro de la discusión entre el movimiento estudiantil. Como decía un grafiti, «Un revolucionario pacifista es como un león vegetariano».[38] La revista *L'Espresso* recopiló algunos de los eslóganes más populares del año: «Poder de los trabajadores, armas a los trabajadores», «El Vietcong ganará porque disparará» o «Guerra no, guerrilla sí».[39]

En el movimiento estudiantil, la canción del momento se titulaba «La violencia», aunque también era conocida como «La caza de brujas». Se trataba de un explícito himno de combate para los estudiantes y de una síntesis de sus sueños revolucionarios —que eran políticos, además de amorosos, y estaban impregnados de una épica rebelde—, y por otra parte, de un reconocimiento del importante papel que se otorgaba a la violencia:

> *Hoy he visto en la marcha*
> *tantas caras sonrientes,*
> *la compañera, quince años,*
> *los obreros con los estudiantes.*
>
> *«¡El poder para los obreros!*
> *¡No a la escuela del patrón!*
> *¡Siempre unidos venceremos!*
> *¡Viva la revolución!»*
>
> [...]

He visto el coche blindado
volcado y ardiendo,
tantos y tantos policías
con la cabeza abierta.

La violencia, la violencia,
la violencia, la revuelta;
quien ha dudado esta vez
luchará con nosotros mañana.[40]

Los jóvenes estudiantes se habían convertido en una especie de icono. Si el año anterior, al ocupar la facultad de Arquitectura de Milán, todavía se vestían con traje e iban afeitados, como «el resto de la clase media de la ciudad», en las fotos de 1968 aparecen con barba al estilo cubano y pantalones vaqueros. Habían desaparecido las corbatas y las americanas. Los chicos se ponían un pañuelo al cuello y a veces chaquetas de tipo militar. Las chicas dejaron de maquillarse y de llevar tacones altos, y en muchos casos sustituían los vestidos por pantalones. «El nuevo aspecto cultivado por el movimiento estudiantil era experimentado como una inmensa liberación de las constricciones de la aburrida respetabilidad.»

Por supuesto, esto les creó aún más enemigos. Si los medios de la izquierda tradicional les veían como un exotismo excitante pero difícil de comprender, los de la derecha, como el milanés *Il Corriere della Sera,* contaban historias escandalosas sobre los activistas y se referían a ellos como «i cinesi», los chinos, una verdadera amenaza roja para el país. También entre los comunistas ortodoxos, como sucedería en Francia, los universitarios eran considerados unos frívolos «figli di papa» (hijos de papá, exactamente la misma expresión, «fils à papa», que empleó Georges Marchais, uno de los líderes del Partido Comunista francés, para referirse a los activistas de su país).[41] El escritor y cineasta Pier Paolo Pasolini, un simpatizante del Partido Comunista Italiano (PCI), publicó unos meses después en la revista *L'Espresso* «El PCI a los jóvenes», un poema demoledor con los estudiantes y que, de alguna manera, sintetizaba y daba forma al conflicto que existía en todas partes entre las reivindicaciones clásicas de los trabajadores y los sueños de un mundo distinto de los estudiantes que, en buena medida, procedían de la clase media.

Ahora los periodistas de todo el mundo (incluidos
*   [los de las televisiones)*
os lamen (como aún se dice en lenguaje goliárdico) el culo.
*   [Yo no, queridos.*
Tenéis cara de niños de papá.
Os odio como odio a vuestros papás.
Buena raza no miente.
Tenéis la misma mirada hostil.
Sois asustadizos, inseguros, desesperados
(¡estupendo!) pero también sabéis ser
prepotentes, chantajistas, seguros y descarados:
prerrogativas pequeñoburguesas, queridos.
Cuando ayer en Valle Giulia os liasteis a golpes
con los policías,
yo simpatizaba con los policías.
Porque los policías son hijos de los pobres.
Vienen de periferias, ya sean campesinas o urbanas.
[...]
En Valle Giulia, ayer, se produjo un episodio
de lucha de clases: y vosotros, queridos (si bien estabais de la parte
*   [de la razón) erais los ricos.*[42]

Giorgio Amendola, uno de los líderes del PCI, consideraba que el movimiento estudiantil era una «versión renovada del irracionalismo y el infantilismo, un extremismo anarquista» y contraponía el legado que los comunistas habían «acumulado durante decenas de años de duras luchas» al «peligroso extremismo estudiantil». Y, ciertamente, era peligroso, porque en el futuro inmediato «la violencia, la revuelta» cobrarían fuerza mucho más allá de las tomas universitarias, la ropa extravagante o los enamoramientos fugaces con manifestantes quinceañeras.[43]

Muchas primaveras

El 22 de marzo fue un día importante para el movimiento estudiantil francés. Seis militantes del Comité Vietnam Nacional (CVN) habían sido detenidos tras una nueva oleada de protestas contra la guerra. En respuesta, un grupo de estudiantes se reunieron en Nanterre para protestar, y decidieron ocupar el edificio donde estaba la administración de la universidad. Aunque se ausentaron los representantes de la Unión de Estudiantes Comunistas (UEC), acudieron a la concentración trotskistas, situacionistas, anarquistas y maoístas, además de un buen número de apolíticos (la mitad de los reunidos, según Cohn-Bendit, que por supuesto estaba presente).

El debate sobre cuáles deberían ser los siguientes pasos duró hasta las dos de la madrugada. Muchos considerarían más tarde que aquello había sido el origen más inmediato del mayo francés, su puesta en marcha definitiva después de meses, o años, de asambleas y debates ideológicos. Al final de la larga reunión, se pactó un documento («aprobado por 142 de los estudiantes que ocupaban el bloque administrativo de Nanterre, con 2 votos en contra y 3 abstenciones») del que se imprimieron cinco mil copias. Había nacido el Movimiento 22 de marzo.

ACCIÓN Y REACCIÓN

Después de una manifestación organizada por el Comité Vietnam Nacional, varios manifestantes han sido arrestados en la calle o en sus casas y acusados de organizar ataques contra edificios estadounidenses en París. Una vez más hemos visto cara a cara la represión policial acostumbrada. Después de la invasión de Nanterre y Nantes por polis vestidos de paisano —

LAS LISTAS NEGRAS

Después de la detención y el encarcelamiento de treinta trabajadores y estudiantes en Caen;

Después de continuadas incursiones, redadas y detenciones de estudiantes en el interior de la universidad, un paso más —

la detención de militantes ya no se detiene al final de la manifestación, sino que prosigue con detenciones en el hogar.

Para nosotros esto no es mera coincidencia. Las autoridades han sido arrinconadas, el capitalismo necesita desesperadamente una reparación. Para conseguir este fin, la clase dirigente ha considerado necesario apretar las riendas. Ahora:

—se enfrenta al derecho de asociación de los trabajadores

—mordisquea la seguridad social

—intenta dirigir a la sociedad como un ejército

—introduce técnicas psicológicas en la industria en un intento desesperado de apaciguar los conflictos de clase (algunos de nosotros hemos sido formados para esa tarea).

EL CAPITALISMO YA NO PUEDE OCULTAR SU MANO

Debemos dejar de enfrentarnos al capitalismo mediante técnicas anticuadas.

El socialista Wilson ha tomado medidas drásticas en Inglaterra y ahora De Gaulle está tomando medidas drásticas para nosotros. Es demasiado tarde para la clase de procesión pacífica organizada por el SNEsup (el sindicato de profesores universitarios) el próximo jueves.

Tenemos que discutir largo y tendido los problemas en el seno de la universidad y actuar donde trabajamos.

Te convocamos a transformar el día 29 en un vasto debate sobre

—*El capitalismo en 1968 y las luchas de los trabajadores*
—*La universidad y la antiuniversidad*
—*La lucha antiimperialista*
—*La Lucha de los Trabajadores y los Estudiantes en Oriente y Occidente.*

Del mismo modo, debemos ocupar el Bloque C y dividirnos en varias aulas para las discusiones.

A medida que las autoridades se vayan volviendo cada vez más desvergonzadamente brutales, nosotros nos veremos obligados a volvernos cada vez más militantes. Debemos demostrar nuestra determinación de no echarnos atrás celebrando una manifestación ante la prefectura de Hauts-de-Seine.[1]

Era un documento clásico del movimiento: pretendía hablar en nombre de los trabajadores, denotaba una ambición desmesurada y, en última instancia, emplazaba a persistir una vez más en lo que llevaban meses haciendo, debatir y manifestarse. Al final de la reunión, sacaron las guitarras y, al saber que los detenidos habían sido liberados, cantaron «La Internacional».[2] Sin embargo, habían marcado un hito. Ayudó, por supuesto, que las autoridades universitarias se asustaran al leer el documento, y que, según Cohn-Bendit, entraran en pánico al ver que, para preparar la protesta del 29 de marzo, los estudiantes cubrían la universidad de «panfletos, manifiestos y eslóganes». Se decretó el cierre de la biblioteca para impedir robos y, acto seguido, la suspensión de las clases y del trabajo de laboratorio. Como era de esperar, un nutrido grupo de jóvenes decidió no abandonar las aulas y redactó un manifiesto político. El día 29, al final, se llevó a cabo la protesta. Con la policía rodeando el campus, «quinientos estudiantes se dividieron en grupos de discusión en el césped, frente a las puertas cerradas de la facultad» para tratar «seriamente los problemas fundamentales de nuestro tiempo». Los hechos se precipitaron. El 1 de abril los alumnos de segundo de

Sociología votaron boicotear los exámenes y «aprobaron una resolución que consideraba que la Sociología era un fraude capitalista». Continuaron las reuniones y los manifiestos, solo interrumpidos por las vacaciones de Semana Santa, a cuyo regreso los ánimos se enardecieron aún más porque había llegado la noticia del intento de asesinato de Rudi Dutschke en Berlín.

Los universitarios publicaron de inmediato un panfleto de condena. El responsable del asesinato, decían, no era solo el joven de extrema derecha con problemas mentales que habían detenido:

> Directamente responsables de este asesinato son todos los alemanes que durante meses han estado llevando a cabo una monstruosa campaña de difamación contra los estudiantes que luchaban en favor de la revolución vietnamita. La burguesía alemana está muerta de miedo ante este movimiento. Ha hecho cuanto ha podido para suprimirlo, y en particular para impedir que tres mil jóvenes se manifestaran en Berlín el 18 de febrero por la victoria en Vietnam.

De acuerdo con Cohn-Bendit, los acontecimientos de esos días tuvieron una enorme influencia en la cohesión del movimiento estudiantil y supusieron el final, por el momento, de las luchas entre las distintas facciones ideológicas. Las sobrerreacciones de las autoridades universitarias y políticas, la cobertura televisiva del intento de asesinato de Dutschke, la sensación de que el movimiento juvenil ya no era un fenómeno exclusivamente francés sino internacional, y el establecimiento de una plataforma única, el Movimiento 22 de marzo, desembocaron en el mayo parisino de 1968.

El 2 de mayo, en vista de que proseguían las protestas, las interrupciones de las clases y la circulación de innumerables manifiestos, y de que se celebraba una «jornada antiimperialista», el decano, Pierre Grappin, decidió cerrar Nanterre y llevar a los líderes de los anarquistas ante un comité disciplinario en París el 6 de mayo. Con esa decisión, Grappin provocó que los estudiantes decidieran llevar a cabo sus manifestaciones en el centro de París, en particular en el Barrio Latino y alrededor de la Sorbona, y no en un campus en el extrarradio, donde las protestas resultaban más fáciles de contener y la repercusión mediática era menor.[3]

«3 de mayo. Los estudiantes fotografiados delante de la Sorbona ocupan las primeras páginas de los periódicos», anotó en su diario Mavis Gallant, una escritora canadiense nacida en 1922 que vivía en París desde los años cincuenta.[4] Posteriormente, el diario sería publicado en la revista *The New Yorker* con el título «The Events in May: A Paris Notebook». Se trata de un documento excepcional de una espectadora relativamente objetiva —sin duda más que el Gobierno y los medios de comunicación públicos, y también que los propios estudiantes, quienes más adelante explicarían su versión de los hechos— que durante el mes y medio que solemos llamar «mayo del 68», vio cómo la ciudad se transformaba en una sucesión de atascos imposibles, barricadas, suciedad y rumores acerca de la escasez de productos básicos y de muertes en el lado estudiantil o policial.

Aquel 3 de mayo, viernes, en una decisión inédita, se cerró la Sorbona, que había sido ocupada por estudiantes —entre cuatrocientos y seiscientos dependiendo de las fuentes—, relacionados con el Movimiento 22 de marzo, que afirmaban querer retener la universidad en manos de la izquierda por miedo a que la tomara la extrema derecha. El rector, Jean Roche, decidió recurrir a la policía para que les echara con gas lacrimógeno. Ya en las calles, sobre todo en el cercano boulevard Saint-Michel, una de las vías principales del Barrio Latino, se produjeron choques inusualmente violentos. Los 1.300 policías desplegados detuvieron a 575 estudiantes, aunque la mayoría fueron puestos en libertad esa misma noche; entre los policías, hubo 83 heridos, uno de los cuales quedó en coma por el impacto de un adoquín. «Las octavillas que sobrevivieron a los enfrentamientos (y que llamaban a la manifestación del 6 de mayo) hacían hincapié en hasta qué punto la intrusión de la policía en el territorio de la Sorbona había representado la *profanación* de un espacio considerado exclusivamente de estudio.» La Federación de Estudiantes Universitarios atacó al «rector de París que, por primera vez desde 1940, había osado hacer entrar la policía en la universidad».

Las manifestaciones continuaron durante todo el fin de semana. Y el lunes, 6 de mayo, los acontecimientos volvieron a recrudecerse. La Unión Nacional de Estudiantes de Francia (UNEF) había convocado a la huelga y a una manifestación a las seis y media de la tarde. Sin embargo, desde las nueve de la mañana, hora en que debía empezar en la Sorbona el consejo disciplinario de los líderes estudiantiles de Nanterre, comenzaron a reunirse alrededor de un millar de estudiantes.[5] Deambularon durante toda la mañana por el Barrio Latino, alrededor de la Ópera y el puente del Carrousel, hasta la *rive droit*, porque el acceso a la Sorbona estaba bloqueado por policías con casco, los mismos que salen en la célebre fotografía de Jacques Haillot en la que Cohn-Bendit aparece delante de los agentes con actitud entre risueña, insolente y desafiante. La instantánea se tomó justo antes de que él y sus siete compañeros accedieran a la universidad —cantando «La Internacional»— para someterse al consejo disciplinario que debía valorar su expulsión. Algunos profesores del campus de Nanterre, como Alain Touraine y Paul Ricoeur, habían acudido al consejo para defender a sus estudiantes. La sesión duró cuatro largas horas durante las cuales el ambiente en el exterior se fue caldeando. «Fue muy divertido», recordaría Cohn-Bendit, que no pudo evitar recurrir de nuevo a la provocación. Si varios de sus compañeros optaron por no responder a las preguntas del presidente relativas a sus actividades de protesta en el campus de Nanterre, Cohn-Bendit decidió contestar, según él mismo recordaba, al interrogatorio sobre sus actividades del día 22 de marzo.[6]

—El 22 de marzo, a las 15 horas, ¿estaba usted en Nanterre? —le preguntó el presidente del consejo.

—No —respondió Cohn-Bendit—, no estaba en Nanterre.

—¿Dónde estaba?

—Estaba en mi casa, señor presidente.

—¿Y qué hacía usted en su casa a las 15 horas?

—Hacía el amor, señor presidente. Eso que probablemente usted no haga nunca.[7]

Fuera, la aglomeración de manifestantes crecía y se producían choques continuos con la policía. Las noticias sobre los acontecimientos de los días anteriores que habían aparecido en la radio y la prensa habían disparado el número de participantes que se solidarizaba con los estudiantes, y también el de los curiosos que querían ver en directo qué estaba pasando. Hubo pedradas y gases lacrimógenos. Se avivó el enfrentamiento con las Compagnies Républicaines de Sécurité, los antidisturbios de la policía francesa conocidos como las CRS. Los gritos y las pintadas de «CRS =SS» se multiplicaban. A las seis y media de la tarde, los estudiantes se concentraron en la plaza de Denfert-Rochereau, el origen de la manifestación formal convocada previamente, a una media hora a pie de la Sorbona. Había entre mil y tres mil personas, dependiendo de las fuentes, aunque hay quien asegura que llegaron a ser quince mil. De todos modos, el grueso de los participantes enseguida se fragmentó en grupos más pequeños, que se protegían tras los coches volcados y utilizaban las rejillas de hierro que rodeaban los árboles de las aceras para levantar pequeñas barreras. La policía respondió a los adoquines y a las bolas de acero que les arrojaban los *enragés* con porras, chorros de agua y tales cantidades de gas lacrimógeno que los vecinos del Barrio Latino se quejaban de que ascendía hasta los pisos más altos de los edificios y entraba en las casas, haciendo imposible respirar. Los combates duraron hasta la noche. Fueron detenidos alrededor de cuatrocientos cincuenta estudiantes y corrieron rumores de que la policía se estaba vengando de las derrotas del día abusando de ellos en la comisaría.[8]

Este patrón se repetiría con pocas variaciones durante toda la primera semana de desórdenes. Las protestas eran masivas, pero apenas estaban organizadas o controladas por las asociaciones estudiantiles y con frecuencia eran espontáneas, como lo habían sido muchas de las actividades previas del movimiento. Además, las manifestaciones tenían la Sorbona como centro de gravedad. Las ocupaciones podían llevarse a cabo en distintas calles o plazas, las marchas adoptaban una u otra ruta por azar, pero nunca lejos de la Sorbona y casi siempre con el objetivo de acercarse a ella, de «liberarla».

El 7 de mayo, los líderes estudiantiles establecieron tres objetivos inmediatos e ineludibles para las protestas del día: que se liberara a los estudiantes detenidos, que la policía abandonara el Barrio Latino y que se reabriera la Sorbona. Como las autoridades rechazaron acceder a tales pretensiones, se convocó una nueva manifestación que, una vez más, arrancaría a las seis y media de la tarde de la plaza de Denfert-Rochereau. El prefecto de policía, Maurice Grimaud, que se ganaría la reputación de hombre dialogante, evitó que se desencadenaran graves disturbios. Decidió no prohibir la marcha, pero sí impidió el paso de los estudiantes por el boulevard Saint-Michel, que llevaba directamente a la Sorbona. Ante esta eventualidad, los jóvenes decidieron alejarse del Barrio Latino y cruzar el río. Lo hicieron de forma pacífica, en compañía de algunos miembros del Sindicato Nacional de Profesores de Enseñanza Superior (SNEsup), que marchaban con sus propias pancartas. Los manifestantes coreaban irónicos lemas para mofarse de los medios y de los políticos que decían que aquel movimiento no tenía particular importancia, como «Somos un grupúsculo», «Una decena de *enragés*» (es posible que ese día alcanzaran las decenas de miles), pero también otros más serios como «¡Liberad a nuestros camaradas!», «¡Abajo la represión!» y «¡La Sorbona para los estudiantes!».

La manifestación llegó hasta los Campos Elíseos y finalizó en el Arco del Triunfo, donde ya de noche, tras más de tres horas de marcha, los estudiantes cantaron «La Internacional» no muy lejos de la tumba del Soldado Desconocido, lo que entre algunos grupos de derecha se tomó como una ofensa que merecía una respuesta firme. En realidad, había sido una decisión improvisada. Una vez disuelta la concentración, un grupo de «estudiantes considerados prochinos, decepcionados por no haber arrastrado a la masa hacia la violencia», deshicieron el camino y emprendieron «lo que será la batalla ritual de las noches de mayo en el Barrio Latino: coches incendiados, granadas lacrimógenas, manifestaciones».[9]

El 8 de mayo se repitieron los hechos. La manifestación, de unas diez mil personas, se inició en la facultad de ciencias de la Halle aux Vins a las ocho de la tarde y recorrió los bulevares Saint-Germain y Saint-Michel para llegar a la plaza Edmond Rostand rodeando la Sorbona. Tanto los organizadores como la policía se esforzaron para evitar incidentes: los profesores se colocaron en la cabecera y dos cordones de manifestantes con cascos encuadraron en todo momento la marcha. La tranquilidad de las protestas de ese día, con todo, generó controversia entre los propios participantes. El Movimiento 22 de marzo y los trotskistas de las Juventudes Comunistas Revolucionarias (JCR) querían intentar de nuevo la toma de la Sorbona y, si era necesario, repetir los enfrentamientos policiales, pero el SNEsup y la UNEF, a fin de cuentas organizaciones de carácter sindical acostumbradas a la negociación, preferían utilizar la posición de fuerza, que se habían ganado gracias a varias jornadas de protestas multitudinarias, para negociar las reivindicaciones planteadas el día anterior. En el Consejo de Ministros que se acababa de celebrar, De Gaulle había afirmado, con respecto a los acontecimientos protagonizados por los estudiantes en los últimos días, que «una asonada es como un incendio, se combate durante los primeros minutos». En la Asamblea Nacional, François Mitterrand había concluido su interpelación al Gobierno diciendo que «aunque la juventud no siempre tiene razón, la sociedad que se ríe de ella, que la menosprecia y que la golpea siempre está equivocada». Una parte de los estudiantes se negó a seguir la disciplina y se enfrentó también esa noche a la policía.[10]

Al día siguiente, el jueves 9, a las dos de la tarde, el rector Jean Roche anunció que se reanudaría el curso académico progresivamente, a medida que las circunstancias lo permitieran, y pidió a estudiantes y profesores que hicieran lo posible para retomar el trabajo cuanto antes y sin incidentes.[11] En París, los estudiantes y los profesores en huelga volvieron a reunirse y de nuevo surgieron divergencias. Los sindicatos eran partidarios de continuar negociando y de acercarse a otras centrales sindicales para hacer crecer el movimiento y el número de huelguistas. De hecho, ese día se reunieron con representantes de la Confederación General del Trabajo (CGT) y de la Confederación Francesa Democrática del Trabajo (CFDT), dos de los principales sindicatos, para llevar a cabo «una acción sindical común». Mientras, el Movimiento 22 de marzo y otras agrupaciones estudiantiles de izquierdas, lideradas por Cohn-Bendit, querían seguir con las manifestaciones espontáneas, los intentos de tomar la Sorbona y cualquier cosa que improvisadamente pudiera surgir durante las marchas de recorrido incierto. A las ocho, las JCR se reunieron en el centro de congresos La Mutualité en un acto abierto a todos los manifestantes. La mayor parte de los asistentes apoyaron una moción según la cual «es necesario poner fin a las acciones dispersas y asegurar la cohesión del movimiento», que ya no se limitaba a la comunidad de educación superior ni a París: los estudiantes de instituto se habían sumado a las protestas, que también tenían lugar en ciudades de provincias como Rennes o Dijon.

Los estudiantes de Nanterre habían ido a protestar al centro de París cuando su facultad cerró; sin embargo, cuando el viernes 10 de mayo reabrió sus puertas, decidieron permanecer en el Barrio

Latino en solidaridad con los estudiantes de la Sorbona, que seguía clausurada. Los alumnos de los institutos de la ciudad pusieron piquetes en las puertas de sus centros para impedir la entrada de otros estudiantes, y el sindicato de profesores de enseñanza media se sumó a la huelga. Por primera vez, los dirigentes de la CGT, la CFDT y otros sindicatos de trabajadores industriales se unieron al SNEsup y a la UNEF en la denuncia de la represión policial, y juntos convocaron marchas en toda Francia el 13 de mayo «por la amnistía de los manifestantes condenados y las libertades sindicales y políticas».

La manifestación de protesta del 10 de mayo se congregó en la plaza de Denfert-Rochereau, donde a partir de media tarde se reunieron entre veinte mil y treinta mil estudiantes de educación media y superior, y también grupos de obreros jóvenes. Ya entrada la noche, se produjo un intento de acuerdo sobre los tres puntos que los manifestantes exigían para retirarse. Alain Geismar (SNEsup), Jacques Sauvageot (UNEF) y Cohn-Bendit (Movimiento 22 de marzo) dialogaron, con la intermediación del rector Jean Roche, con el ministro de Educación Alain Peyrefitte. Fue un fracaso. A la una de la madrugada, Cohn-Bendit salió del rectorado y anunció la ruptura de las negociaciones.[12]

Las decenas de miles de estudiantes reunidos en Denfert-Rochereau habían decidido con antelación tomar el Barrio Latino. Y la policía recibió entonces órdenes de impedirlo y cargar. Se produjeron los ya habituales enfrentamientos con adoquines, coches volcados, gases lacrimógenos y cañones de agua, pero por primera vez aparecieron las barricadas propiamente dichas —de hecho, esa noche se conoce como la «noche de las barricadas»—, fabricadas con el empedrado de la calle, farolas, rejas y casi cualquier cosa que estuviera a mano. La violencia se desbocó. Los jóvenes rompieron escaparates y lanzaron cócteles molotov. Los agentes intentaron desbaratar las barricadas y cargaron con fuerza hasta que, casi al amanecer, recuperaron el control de las calles. Los pocos manifestantes que quedaban se dispersaron después de que Cohn–Bendit, que se pasó la noche improvisando estrategias de resistencia y ataque, se lo pidiera por la radio. Fue, hasta el momento, la protesta más larga y violenta. Hubo 367 heridos, 460 detenciones y 60 coches destruidos por las llamas.[13]

Después de los acontecimientos del viernes 10, la unanimidad sindical fue casi absoluta. Circulaban pasquines mecanografiados con multitud de siglas —CGT, CFDT, UNEF, FEN (Federación de la Educación Nacional), SNEsup— llamando a la huelga. Había que manifestarse el lunes 13 de manera masiva para hacer frente a la represión y celebrar la unidad de los estudiantes y los obreros (idea que cada vez iba cobrando más fuerza). Pero más allá de las tres reivindicaciones que en apariencia habían motivado los sucesos de los últimos días, ¿cuál era el fin de esta oleada de marchas y protestas y de la imprevista escalada de violencia? ¿El derrocamiento del Gobierno? ¿O simplemente su humillación pública? ¿O acaso podía ser de veras el principio de una revolución? Ni siquiera sus participantes lo sabían.

El ejemplo parisino, además, se estaba extendiendo a las ciudades de provincias. Lo que en un principio había sido un movimiento de estudiantes universitarios se había ido ampliando a los profesores de enseñanza superior, luego a los estudiantes y profesores de instituto, y ahora parecía que hasta los obreros, pese a la abierta renuencia del Partido Comunista, se sumaban a él. El Gobierno empezaba a sospechar que todo aquello no podía ser una improvisación, fruto del ingenio y la desmesura de un puñado de veinteañeros, sino más bien el resultado de una cuidadosa organización con ramificaciones internacionales. Sin duda, pensaba, el movimiento francés tenía que estar coordinado, por lo menos, con el alemán (a fin de cuentas, si a Cohn–Bendit le llamaban *le rouge* era porque a Dutschke, al que además conocía, le llamaban también «el rojo»). Todo parecía coreografiado: cada día aparecían más estudiantes, se les respondía con más agentes, más organizaciones se solidarizaban con los manifestantes y se sumaban a las convocatorias. El desarrollo del movimiento parecía un plan maestro que alcanzaría su punto culminante en la manifestación del lunes 13, dentro de una huelga general de veinticuatro horas que se prepararía intensamente durante todo el fin de semana.

Pero lo cierto es que no se había organizado nada. Todo se estaba decidiendo en caóticas reuniones en lugares improvisados, y los líderes, aunque aceptaban su papel, carecían por completo de unos objetivos claros y de una estructura jerárquica que les diera poder. Por faltar, en cierto sentido, al movimiento incluso le faltaba una ideología definida o que el resto de la sociedad pudiera entender con facilidad. Lo veían con buenos ojos personalidades como el filósofo Jean-Paul Sartre o el poeta Louis Aragon, a pesar de que eran simpatizantes o miembros del Partido Comunista, así como casi todo el espectro cultural e intelectual francés del momento, con pocas excepciones, como la del filósofo liberal Raymond Aron, que más tarde diría que aquello había sido solamente un «psicodrama». En las manifestaciones, los jóvenes enarbolaban banderas rojas y negras. Y, para su propia sorpresa, estaban utilizando la violencia. No era algo raro en la tradición revolucionaria francesa —la propia Revolución Francesa de 1789, y luego las fracasadas de 1848 y 1871, habían sido muy violentas— de la que los estudiantes se sentían herederos y continuadores. Aun así, se trataba de una agresividad creciente que sorprendió a todo el mundo y a la que la policía, que sin duda cometió abusos, respondió con cuidado: nadie quería matar a un chico de clase media. En realidad, la sociedad rígida que denunciaban les protegía como no lo había hecho con los africanos que en el pasado habían participado en protestas por la guerra de Argelia.

Los jóvenes insistían cada vez más, por otra parte, en su unión con los trabajadores. Se trataba de un mensaje clásico de la tradición revolucionaria y probablemente uno de los que menos relación guardaba con la realidad. La escisión entre las vanguardias intelectuales y los movimientos obreros ya se había producido en 1917, con la Revolución rusa, pero los estudiantes pertenecían a una línea del marxismo elitista y minoritaria que, a diferencia del obrerismo clásico, tenía una fuerte influencia romántica. En ese momento, además, los trabajadores franceses parecían más interesados en los aumentos de sueldo y en las mejoras de las condiciones de trabajo que en destruir los valores burgueses. En muchos sentidos, eran más conservadores que los estudiantes, a los que, con profundo recelo, veían como unos hijos de papá de clase media que no entendían las complejidades de la realidad obrera y jugaban a hacer la revolución. Por lo visto, los obreros pensaban que esos jóvenes acabarían siendo, inevitablemente, sus jefes, mientras que los estudiantes tenían una imagen idealizada de los trabajadores. Transcurridos los días, los sindicatos formales se acabaron sumando a las protestas, en parte porque estaban hartos de De Gaulle y sentían rechazo ante la actitud política de su Gobierno y la violencia policial, pero también por mero oportunismo: no estaban dispuestos a no participar, y por lo tanto a no capitalizar, de un fenómeno de izquierdas como aquel.

Los acontecimientos parisinos estaban despertando curiosidad en todo el mundo. Sobre todo porque los medios de comunicación internacionales estaban ya en París: en unos días iban a iniciarse allí las conversaciones entre Estados Unidos y Vietnam del Norte para encontrar una salida a una guerra embarrancada e inútil. «He mandado un mensaje a Hanói informando de que la fecha del 10 de mayo y la sede de París son aceptables para Estados Unidos», había dicho el 3 de mayo el presidente Johnson en una comparecencia pública. Finalmente las conversaciones se iniciaron el día 13, el mismo de la gran manifestación.[14]

Las negociaciones serían un fracaso a corto plazo, quizá porque Richard Nixon intentó sabotearlas para que su eventual éxito no le impidiera ganar las elecciones presidenciales de noviembre de ese mismo año. Sin embargo, su mera celebración impulsó las protestas en París y, a escala global, la oposición de innumerables jóvenes a la guerra y su solidaridad con los vietnamitas y los demás pueblos oprimidos. La televisión tuvo un papel clave. Los jóvenes eran fotogénicos, sus imágenes llegaban a casi todos los hogares de los países ricos y el espectáculo conjunto de los estudiantes parisinos, alemanes, italianos y estadounidenses tomando las universidades —en el caso de los primeros, incendiando las calles— resultaba adictivo. Y las autoridades empezaban a entenderlo.

De hecho, el sábado 11, tras volver de una visita oficial a Afganistán, el primer ministro Georges Pompidou, la figura más visible del gabinete porque De Gaulle apenas daba señales de vida en público, se dirigió al país mediante un comunicado televisivo algo dramático cerca ya de la medianoche. «He decidido que la Sorbona quedará libremente abierta a partir del lunes [...]. A partir del lunes, de la misma manera, el tribunal de apelaciones podrá, en conformidad con la ley, pronunciarse sobre la liberación de los estudiantes retenidos.» Las preparaciones para la gran manifestación continuaron el domingo 12 de mayo.[15]

En la semana siguiente al asesinato de Martin Luther King Jr., los disturbios dejaron 39 muertos, 21.000 detenidos y más de 2.600 heridos.[16] Se sucedieron los altercados, no solo en las comunidades negras, sino también en las universidades mayoritariamente blancas, en las que los estudiantes, por lo general de clase media, se solidarizaban con los negros. Mientras, algunos jóvenes —los *hippies*— prolongaban un «Verano del Amor» que poco a poco se iba apagando y otros desdeñaban la pasividad y el utopismo *hippie* y lo sustituían por la acción política directa y, en ocasiones, por una incipiente violencia.

En la Universidad de Columbia, en Nueva York, aunque los problemas se remontaban al año anterior, fue la muerte de King lo que terminó de descontrolar las protestas por la construcción del gimnasio en Morningside Heights, la implicación de Estados Unidos en Vietnam y la relación de la propia universidad con el Instituto de Análisis de Defensa (IDA), además de por las reglas que imperaban en el campus. Los activistas de los Estudiantes para una Sociedad Democrática (SDS) y de la Sociedad de Estudiantes Afro (SAS), que en principio compartían objetivos pero eran incapaces de superar las barreras raciales para coordinarse y pactar estrategias, lideraban las quejas. La delegación local de los SDS estaba presidida por Mark Rudd, un muchacho judío de clase acomodada cuyo padre, exoficial del ejército, había hecho fortuna en el negocio inmobiliario en New Jersey. Mark siempre había sido un buen lector y había mostrado interés por la política, y ya era un miembro destacado de los SDS cuando recibió una invitación para ir a Cuba y conocer de primera mano la revolución. Volvió fascinado por el país y su política y, sobre todo, por la figura del Che. Poco después de regresar del viaje, interrumpió un sobrio acto universitario en homenaje a Martin Luther King Jr. tachándolo de hipocresía, puesto que, al mismo tiempo que se celebraba al líder de color, en Harlem se desahuciaban negros para construir edificios universitarios. Probablemente, Mark Rudd sería el rostro más visible de los acontecimientos en Columbia.

A medida que las protestas crecían en el campus, el presidente de la universidad, Grayson L. Kirk, un impecable liberal del *establishment* preocupado por el racismo y la guerra de Vietnam, pero incapaz de entender el quebrantamiento del orden o los disturbios, impidió las manifestaciones en las instalaciones de la universidad. Como venía sucediendo con buena parte de los movimientos estudiantiles en todo el mundo, la prohibición fue un acicate más para que los manifestantes repitieran y aumentaran la intensidad de sus protestas. El 23 de abril, un grupo de jóvenes se reunió en el centro del campus, junto a un reloj de sol utilizado habitualmente como punto de encuentro, con la intención de dirigirse a la biblioteca Low, en el edificio donde tenía el despacho el presidente

Kirk, y allí pronunciar varios discursos —Rudd había preparado el suyo durante toda la noche anterior—. Pero mientras estaban leyéndose los primeros alegatos, las autoridades universitarias cerraron con llave la biblioteca. Los estudiantes, con Rudd al frente, decidieron dejar los discursos a medias y tomar el edificio por la fuerza. Como no lo consiguieron, se dirigieron hacia el solar en el que se estaba construyendo el gimnasio de la discordia, donde fueron recibidos a porrazos por la policía. Huyeron hasta llegar al edificio administrativo Hamilton Hall, lo ocuparon y retuvieron allí al decano Henry S. Coleman con la idea de liberarle cuando se cumplieran sus peticiones. Aunque para eso antes había que pensar cuáles eran esas peticiones. Todo era improvisado y Rudd admitió más tarde que, cuando esa noche se tumbaron en el suelo para dormir en las salas y pasillos del edificio universitario y llegaron rumores de que estaban llegando grupos de negros armados, pasó miedo.

Los problemas raciales emergieron enseguida. Los blancos preferían mantener el edificio abierto para que todo el mundo pudiera sumarse a los continuados debates —en las primeras horas de ocupación, debatieron largamente sobre la guerra de Vietnam, los matices de la revolución bolchevique y la lucha de clases—, pero los negros querían cerrarlo a cal y canto y atrincherarse en él, y les pidieron que se marcharan. Los blancos abandonaron el edificio de madrugada, apesadumbrados y cansados, y se reubicaron en la biblioteca Low, tras forzar la puerta. A pesar de la retórica (sobre todo blanca) de que blancos y negros harían juntos la revolución, el entente cada vez parecía menos probable.[17] El 24 de abril *The New York Times* magnificó lo ocurrido el día anterior: dio por sentado que se trataba de una protesta coordinada con las de otras universidades y sugirió que Rudd lo tenía todo astutamente planeado.[18]

Con el paso de los días, los estudiantes —no solo de Columbia, sino también de otras universidades—, y los que no eran estudiantes pero se habían sumado a la protesta, se hicieron con el control de tres edificios universitarios más: Avery Hall, Mathematics Hall y Fayerweather. Parecía un plan maestro, pero era un caos; de hecho, cada edificio ocupado funcionaba con autonomía, era una comuna en sí mismo, y no existía coordinación entre ellos, por mucho que *The New York Times* insistiera en identificar a Rudd como el líder y autor intelectual de todo lo sucedido en el transcurso de la semana.

El viernes 26 de abril, la dirección de la universidad anunció su cierre y la interrupción de la construcción del gimnasio. También dio por terminada la colaboración con el IDA. El consejo rector se quejó de que una minoría de estudiantes tuviera secuestrada a toda la institución. Las autoridades universitarias y los estudiantes, representados por Mark Rudd y otros líderes, intentaron negociar, pero fue imposible. Rudd sostenía que los alumnos habían tomado la universidad, que ahora esta se encontraba bajo su control, y que por lo tanto debían tener acceso a sus finanzas y su administración. O, cuando menos, debían ser amnistiados. El consejo de la universidad se negó de plano. El caos no disminuyó y el campus se convirtió en un centro revolucionario que visitaban jóvenes de ideas afines y curiosos, personajes ilustres como el filósofo Herbert Marcuse, el poeta británico y veterano de la Guerra Civil española Stephen Spender o Tom Hayden, uno de los fundadores de los SDS y estrella de la nueva izquierda radical estadounidense (y marido de Jane Fonda).

La ocupación llegó a su fin cuando, la madrugada del 30 de abril, la policía entró en los edificios ocupados por los blancos. La mayoría de los agentes llevaba cascos y porras, pero también los había vestidos como estudiantes. La carga fue innecesariamente violenta; la policía golpeó a discreción, estuvieran dormidos o despiertos, y les arrastró fuera de la biblioteca hasta los furgones en los que se amontonaban los detenidos, que al final fueron setecientos veinte. El desalojo de Hamilton Hall, donde estaban los estudiantes negros, fue completamente pacífico; la policía no quería crear un nuevo agravio entre los vecinos de Harlem, y los estudiantes negros estaban siendo asesorados por veteranos de la lucha por los derechos civiles. «La solución violenta sigue al fracaso de las negociaciones», tituló en portada el *Columbia Daily Spectator*, el periódico de la universidad.[19]

La violencia empleada contra los jóvenes blancos fue sin duda excesiva, si bien no era comparable a la que en otras ocasiones se había desplegado contra los manifestantes negros o contrarios a la guerra de Vietnam. Sin embargo, los estudiantes se quedaron estupefactos. Inmediatamente después, con el apoyo de algunos profesores, se declararon en huelga y dejaron de asistir a las clases oficiales. Las sustituyeron organizando «contraclases» o «clases de liberación», que se desarrollaban al aire libre, en el césped y en los patios del campus, con títulos como «Ciencia social radical activista», «Alienación de Hegel a Columbia» o «Imperialismo y educación».[20] El 6 de mayo, The Grateful Dead acudió al campus para tocar como muestra de solidaridad. Los estudiantes querían la dimisión del equipo directivo de la universidad, pero no lograban ponerse de acuerdo en las tácticas a emplear. Los SDS parecían empeñados en destruir la institución de arriba abajo porque consideraban que el sistema universitario estaba completamente podrido y era irrecuperable, pero otro sector de los estudiantes creía que era posible una reforma, así que rompieron con el comité de coordinación de la huelga y formaron los Estudiantes por una Universidad Reestructurada (SRU).

Los SDS decidieron trasladar las reivindicaciones fuera del campus y llevarlas a la ciudad. El 17 de mayo ocuparon un bloque de pisos propiedad de la universidad en la calle Ciento catorce para protestar contra su política de expansión inmobiliaria. Hasta su «liberación», decía la edición del día siguiente del *Columbia Daily Spectator*, el inmueble estaba siguiendo el camino de «muchos edificios en Morningside que Columbia compra, vacía de inquilinos y derriba». En uno de los editoriales se reconocía que «la ocupación del bloque de pisos de la calle Ciento catorce, aunque puede tener efectos dañinos, servirá para dramatizar las quejas sofocadas de la comunidad. Lamentablemente, la administración ha sido puesta contra la pared durante las últimas semanas y tal vez no estará dispuesta siquiera a escuchar más demandas». En efecto, no lo estaba y quizá esta vez sí calculó bien. El 21 de mayo, los estudiantes de los SDS volvieron a ocupar Hamilton Hall en protesta porque Mark Rudd y otros tres miembros del grupo habían sido sancionados por no presentarse a una reunión con el vicedecano. A Rudd le parecía «ridículo» asistir a un encuentro que tenía como fin valorar sus faltas disciplinarias. Los cuatro estudiantes fueron inmediatamente suspendidos y los cien jóvenes que habían ocupado el edificio fueron desalojados y detenidos. La policía, por lo general miembros de la clase trabajadora, estaba empezando a hartarse de la fanfarronería y el desprecio de esos muchachos de clase media. Después de desalojar Hamilton Hall, trataron de vaciar el resto del campus, en el que se habían construido improvisadas barricadas y provocado incendios para intentar evitar su entrada, que seguía siendo considerada una aberración incluso por los alumnos y los profesores que mantenían una posición abierta a la conciliación. Fue una «noche de caos, violencia y destrucción inédita desde que los estudiantes ocuparon por primera vez los edificios de Columbia el 23 de abril», afirmó el *Columbia Daily Spectator*.[21] El curso se retomó con una actividad bajo mínimos. El apoyo a los radicales había disminuido. Los SDS empezaron a sufrir disputas internas entre quienes querían una acción más abierta —y potencialmente violenta— y quienes preferían las reformas graduales. Rudd siempre se posicionaba en el lado de los más duros. Incluso creó una facción dentro de los SDS que exigía acciones más contundentes. Pero tampoco le pareció suficiente. En 1969 participaría en la fundación de los Weathermen, un grupo ya abiertamente terrorista (el nombre procedía de un verso de

Bob Dylan, «no hace falta un hombre del tiempo para saber de qué lado sopla el viento»), de inspiración marxista, cuyo fin era derrocar al Gobierno de Estados Unidos, y que llegó a cometer varios atentados.

Lo sucedido en abril en Columbia llamó la atención de los medios de comunicación, en especial de *The New York Times*, que adoptó una postura muy crítica con los estudiantes. A pesar de su progresismo, estaba perplejo ante la deriva que estaban adoptando la contracultura y las ideas de la nueva izquierda. Sin embargo, aquello era un reflejo de lo que estaba sucediendo en las universidades de todo el país, en las que las manifestaciones contra la guerra de Vietnam (como en Berkeley, con una larga tradición de protesta y organización estudiantil), los conflictos raciales (como en la Northwestern University de Chicago, donde los estudiantes negros ocuparon la administración de la universidad en protesta por las condiciones de sus residencias) y la oposición a las colaboraciones entre algunas universidades y el Pentágono (como en Stanford) eran constantes y amenazaban con frecuencia las relaciones tradicionales entre estudiantes, profesores y la administración, que los primeros y parte de los segundos consideraban autoritarias y anticuadas.

Pero las protestas no se daban solo en las universidades. A pesar de los disturbios producidos tras el asesinato de Martin Luther King Jr., los más violentos que se recordaban en mucho tiempo, la Conferencia de Liderazgo Cristiano del Sur (SCLC), ahora bajo la dirección del reverendo Ralph Abernathy, decidió seguir adelante con la Campaña de los Pobres. El 12 de mayo, el día de la Madre, Coretta King, la viuda del líder negro, encabezó la primera de las marchas en Washington, a la que se sumarían otras procedentes de distintos puntos del país. Uno de los objetivos de la campaña era establecer en el National Mall —una avenida ajardinada situada entre el Capitolio y el monumento a George Washington, a poca distancia de la Casa Blanca— una «ciudad» provisional de tiendas y barracones en la que vivirían durante más de un mes hasta tres mil personas. El movimiento por los derechos civiles de los negros no compartía muchas de las técnicas de protesta ni de los fines de los movimientos contraculturales, pero el funcionamiento de Resurrection City, que es como se llamó a esas seis hectáreas de terreno de construcciones precarias, tuvo algo de utopía colectivista. Aunque se construyeron un ayuntamiento, una tienda y una clínica —la ciudad temporal tuvo hasta su propio código postal—, Resurrection City pronto se convirtió en un lodazal a causa de la lluvia y el calor primaveral. La organización había sido dirigida por negros, pero se habían sumado indios, blancos pobres, latinos, sindicalistas, *hippies*, Panteras Negras y simples oportunistas. Esa pequeña sociedad, algunos de cuyos miembros acudían diariamente a las distintas sedes del Gobierno en Washington para presentar sus exigencias sobre el alivio de la pobreza, demostró tener las mismas dificultades para convivir de una manera tolerante y eficiente que la sociedad en general. La prensa criticó la precariedad e insalubridad de aquel campamento instalado en el centro político de Washington, y destacó su escasa operatividad política. «Los pobres de Resurrection City —afirmó *The New Yorker*— han venido a Washington para mostrar que los pobres en Estados Unidos están enfermos, van sucios y se encuentran desorganizados y sin poder, y son criticados a diario por estar enfermos, ir sucios y encontrarse desorganizados y sin poder.» Sin embargo, recibió el apoyo de algunos líderes políticos de la izquierda, como el senador Eugene McCarthy, candidato en las primarias demócratas que se estaban celebrando entonces, y de numerosos famosos que visitaron Resurrection City, como Sidney Poitier, Marlon Brando y Barbra Streisand.[22]

Finalmente, la Campaña de los Pobres, a la que con tanta intensidad se había dedicado King durante los últimos meses de su vida fracasó en la mayor parte de sus objetivos y no se tradujo en medidas políticas concretas, ni mucho menos en los treinta mil millones de dólares de inversión contra la pobreza que él había pensado exigir. Pero a su modo sí fue un pequeño éxito: con la excepción de un cóctel molotov que explotó en el campamento y que provocó la entrada de la policía —creía que el incidente procedía de su interior, mientras que los organizadores aseguraron que lo había lanzado desde fuera un provocador— y el desalojo y desmontaje de lo que quedaba de ciudad, el 24 de junio, mucho más tarde de la fecha que se había marcado para el final del experimento, transcurrió sin incidentes graves ni violencia. Fue un caos, como lo era todo el país en ese momento de confusión y perplejidad ante tantas novedades. Pero al menos no fue violento, a pesar de que se habían acercado unos cuantos Panteras Negras, que seguían manteniendo como objetivo no solo mejorar la condición de los negros, sino, abiertamente, hacer la revolución.

Más allá de la política oficial, en ningún momento estuvo más claro que algo pasaba en Praga que durante las celebraciones del 1 de mayo. En la mayoría de los países de la órbita soviética, el día del Trabajo era motivo de inacabables desfiles militares, aunque en Praga siempre había conservado alguna reminiscencia de los viejos ritos asociados a la primavera. Incluso en tiempos de Novotny, los *hippies* y los estudiantes eran presencias habituales en las celebraciones: en 1965, el poeta beatnik estadounidense Allen Ginsberg había sido nombrado Rey de Mayo y había sido paseado por toda la ciudad con una corona, para luego ser expulsado del país por las autoridades.[23] Aun así, el 1 de mayo de 1968, el primero desde la llegada de Dubcek al poder, iba a ser especial. Desfilaron los Boy Scouts —cuyos uniformes estaban prohibidos apenas unas semanas atrás—, los gimnastas del Sokol —un movimiento deportivo y nacionalista que había sido censurado por el comunismo— y unos cuantos *hippies*, además, por supuesto, del Ejército Popular. Pero si esta mezcla era rara, más lo eran algunas de las pancartas que se vieron: «Menos monumentos y más pensamiento», «Haz el amor y no la guerra», «Democracia a toda costa», «Dejad vivir a Israel» (en los países vecinos del ámbito soviético, como Polonia, se estaba produciendo una oleada creciente de antisemitismo fomentada, en buena medida, para tratar de ocultar la ineficacia de los regímenes) o «Me gustaría aumentar nuestra población, pero no tengo piso». Un grupo llevaba orgullosamente una bandera de Estados Unidos. Cientos de personas rodearon a Dubcek con la intención de darle la mano o conseguir un autógrafo. El caos generado fue tal que el secretario del partido en Praga, Bohumil Šimon, cogió el micrófono y se disculpó ante el público: había prometido que no recurriría a la policía para mantener el orden, pero rogaba a las masas que entendieran que un poco de disciplina era imprescindible. Esa noche, treinta estudiantes protestaron ante la embajada polaca en Praga por la violencia contra los jóvenes y los judíos en Polonia.

El día 3 de mayo, «miles de estudiantes y adultos se reunieron en la estatua de Jan Hus —un sacerdote reformista checo del siglo XIV que fue quemado en la hoguera por hereje— en la plaza de la ciudad vieja de Praga para una reunión autorizada que rápidamente se convirtió en una inmensa manifestación anticomunista». Expresos políticos denunciaron torturas, se leyeron textos contra el comunismo y se exigió una democracia plena. Esa misma noche, los líderes del partido, encabezados por Dubcek, volaron a Moscú, donde permanecieron apenas veinticuatro horas. Los checoslovacos confirmaron sus temores: las autoridades soviéticas consideraban que lo que estaba pasando en Praga era del todo inadmisible. Dubcek, consciente del malestar que reinaba en su país, concedió de inmediato una entrevista que se publicó el 6 de mayo (más tarde se supo que él y su equipo habían escrito las preguntas y las respuestas, y que luego la habían mandado a los medios). Algunos párrafos eran de una retórica conciliadora abiertamente alarmante.

Nuestros amigos soviéticos han recibido con comprensión nuestras explicaciones sobre las medidas destinadas a un mayor desarrollo de la democracia socialista y el fortalecimiento del Partido Comunista como su fuerza líder. Han expresado la convicción de que el Partido Comunista de Checoslovaquia, que goza del apoyo de una abrumadora mayoría del pueblo checoslovaco, será capaz de implementar con éxito sus objetivos. Es habitual entre los buenos amigos no ocultarse bajo la educación diplomática sino hablar abiertamente como iguales. Fue con este espíritu que nuestros camaradas soviéticos expresaron su preocupación de que el proceso de democratización en nuestro país sea utilizado en contra del socialismo.

Por supuesto, todo era una farsa. Entre los soviéticos había cierta división sobre las medidas a tomar en Checoslovaquia —aunque cada vez menos creían que hubiera que confiar en el buen juicio de Dubcek—, pero en los días siguientes se puso en marcha una guerra soterrada entre los medios de comunicación y los gobiernos de la Unión Soviética y de Checoslovaquia. Si el presidente checoslovaco Ludvík Svoboda había ofrecido una corona funeraria en la tumba del fundador del país, Tomáš Masaryk, dentro de la tenue campaña nacionalista que buscaba sus propios referentes más allá de los de toda la órbita soviética, el periódico del Sóviet Supremo, *Sovetskaya Rossiya,* acusó a Masaryk de «sinvergüenza» por haber intentado asesinar a Lenin. Funcionarios checoslovacos respondieron anunciando que se daría el nombre del primer presidente a una de las principales calles de Praga. Los medios locales recuperaron la vieja idea de que el hijo de Tomáš Masaryk, Jan, no se había suicidado, sino que había sido asesinado por órdenes soviéticas. El *Pravda* lo negó con aspavientos. Cuando las autoridades polacas, en un intento de reprimir las protestas universitarias que también estaban teniendo lugar en su país, despidieron a cuatro prominentes académicos por sus supuestas actividades contrarias al Gobierno, la Universidad Carolina de Praga se ofreció a contratarles, lo que se consideró una provocación impropia de un país hermano.

El conflicto era obvio y estaba poniendo nervioso a todo el mundo. Hasta tal punto que, el 17 de mayo, el primer secretario soviético Alekséi Kosygin —un hombre de mentalidad más abierta en comparación con el resto de los líderes de la Unión Soviética— llegó a Praga junto a un grupo de militares encabezado por el ministro de Defensa, el mariscal Andréi A. Grechko. Aparentemente, la visita era una muestra de amistad, y Kosygin aprovechó para tomar las aguas en Carlsbad, un célebre balneario de Bohemia, y mostrarse risueño ante la prensa. Por supuesto, también se reunió en numerosas ocasiones con las autoridades del país y es posible que consiguiera que Dubcek decidiera frenar un poco. Se habló de créditos soviéticos a cambio de concesiones políticas. De hecho, durante la estancia de Kosygin en Checoslovaquia, las autoridades advirtieron que no permitirían la creación de partidos políticos de oposición, presionaron a la prensa para que dejara de atacar a las naciones comunistas y anunciaron que su territorio sería el escenario de unos ejercicios militares conjuntos del Pacto de Varsovia, acuerdo que con anterioridad se había considerado una amenaza tácita a la soberanía del país.

Pero no todo salió bien. El 18 de mayo, con Kosygin todavía en el país, «miles de estudiantes desfilaron gritando eslóganes anticomunistas, antisoviéticos y prodemocráticos. Al mismo tiempo, bebían cerveza, hacían explotar petardos y lo pasaban muy bien», contaba el periodista Harry Schwartz. La manifestación de los estudiantes tenía un «espíritu carnavalesco» y en ella había pancartas burlonas como «Con la Unión Soviética para siempre, pero ni un día más» o «Larga vida a la Unión Soviética, pero por su cuenta y riesgo».[24] La policía no actuó. No obstante, el Gobierno sabía que tenía que hacer algo para calmar a quienes en el interior del país veían todo aquello como una potencial pérdida de poder para los comunistas y quienes, desde fuera, lo consideraban una provocación al orden del bloque soviético.

El 13 de mayo, día de la huelga general en toda Francia, se manifestaron en París entre seiscientas mil y un millón de personas, entre las que había estudiantes de universidad y bachillerato, profesores de enseñanza media y superior, y también obreros y sindicalistas, que se habían sumado de manera definitiva —aunque no sin recelos— al movimiento de protesta. Las pancartas reclamaban la solidaridad entre todos esos grupos sociales, reivindicaban «las universidades para los estudiantes, las fábricas para los obreros» y protestaban por la represión policial. La marcha partió una vez más de la plaza de Denfer-Rochereau y transcurrió en orden hasta que, hacia las ocho de la tarde, un nutrido grupo de jóvenes se encaminó hacia la Sorbona, que había sido reabierta ese día, y volvió a ocuparla. La policía no intervino. A no mucha distancia, en la plaza de l'Étoile, un millar de simpatizantes del grupo de extrema derecha Occident exigía «Francia para los franceses» y pedía el fusilamiento de Cohn-Bendit. Y, al mismo tiempo, se iniciaban las conversaciones entre los diplomáticos norvietnamitas y estadounidenses para negociar un tratado de paz entre las partes en guerra. Las manifestaciones de estudiantes y obreros se reprodujeron también en las ciudades de provincias. Los jóvenes que habían sido detenidos en los altercados de los días previos fueron liberados.

Los acontecimientos de la jornada cambiaron por completo la dinámica de lo que había estado sucediendo en las semanas anteriores. Hasta entonces, se había tratado de un problema estudiantil, hasta cierto punto novedoso e improvisado, cada vez más violento, que el Gobierno no había sabido manejar: las autoridades universitarias habían alentado su crecimiento con medidas represivas y torpes, y el presidente De Gaulle básicamente había delegado la gestión del problema en el primer ministro Pompidou, quien, con el paso de los días, acabaría aceptando la mayor parte de las reclamaciones concretas de los estudiantes. La policía había cometido abusos evidentes, y al mismo tiempo Maurice Grimaud, el prefecto, había conseguido que no se produjeran víctimas mortales y que los alborotos no se descontrolaran más y se circunscribieran al Barrio Latino.

Pero el lunes 13 las cosas se complicaron. Lo que había sido un estallido estudiantil se convirtió en un abierto conflicto social a gran escala en el que participaban unos sindicatos enormemente poderosos, que dominaban el sector industrial y de los servicios y, por lo tanto, la economía nacional. Los obreros y sus representantes sindicales eran mucho más disciplinados que los chicos que ocupaban clases, campus o calles de manera improvisada, y además estaban acostumbrados a negociar con los poderes económicos y políticos. La patronal y el Gobierno bien podían llegar a acuerdos con los sindicatos sobre mejoras de salarios y ampliación de las vacaciones para los trabajadores —como en efecto acabaron haciendo—, pero no les podían prometer a los estudiantes la refundación o el fin del capitalismo, o la eliminación de las costumbres burguesas. El Gobierno se enfrentaba a una paradoja: las protestas estudiantiles contaban con relativamente pocos participantes y no amenazaban a la economía del país, pero eran un fenómeno nuevo al que no sabía enfrentarse y cuya falta de objetivos lo hacía imprevisible; la suma del movimiento obrero y de casi todos los sectores productivos a la huelga resultaba mucho más peligrosa para la estabilidad, pero al mismo tiempo el Gobierno sabía bien cómo encarar unas negociaciones con sindicatos y estaba dispuesto a ser generoso.

En tales circunstancias, De Gaulle, un hombre con un extraordinario instinto político pero que parecía no acabar de entender lo que estaba sucediendo, decidió emprender un viaje a Rumanía el martes 14, tal como tenía previsto. Rumanía estaba tratando de alejarse de la órbita soviética y el general, siempre empeñado en hacer de Francia un tercer polo de poder que se opusiera a las dos grandes potencias, Estados Unidos y la Unión Soviética, quería atraer a quien quisiera distanciarse de ellas. De Gaulle fue criticado incluso por alguno de sus ministros. «Este viaje es extremadamente importante para la política exterior francesa y para la distensión en el mundo —respondió a los críticos—. En lo que se refiere a la revuelta estudiantil, no vamos a concederle más importancia de la que merece.»[25]

El martes 14, sin embargo, Pompidou compareció ante la Asamblea Nacional. Centró su intervención en los altercados estudiantiles, no en las huelgas convocadas por los sindicatos. Su percepción sobre la revuelta juvenil era la propia de un tecnócrata conservador de cerca de sesenta años. Pero reflejaba algo más: su descripción de lo que estaba sucediendo era la expresión genuina y contenida del sentir de una parte importante del país, que estaba completamente estupefacta ante los acontecimientos de los días anteriores y no podía entender el desprecio a la prosperidad y el orden de aquellos jóvenes privilegiados. Después de explicar que De Gaulle se había planteado suspender el viaje, pero que al final había decidido seguir adelante y darle a él, el primer ministro, todos los poderes previstos en la Constitución en ausencia del presidente, Pompidou prometió que intentaría ser breve y que trataría de «abordar los acontecimientos recientes y los problemas de fondo». Fue un discurso solemne, aunque el primer ministro parecía un poco conmovido.

> Nada sería más ilusorio que creer que los acontecimientos que acabamos de vivir son un estallido sin futuro. Nada sería más ilusorio que creer que puede darse con una solución válida y duradera a partir del desorden y la precipitación. El camino es largo y difícil. Solo mediante la colaboración de todo el mundo se podrá lograr el objetivo. El Gobierno, por su parte, está dispuesto a reunir opiniones, estudiar las sugerencias, sacar conclusiones para tomar una decisión. Pero pide que se valoren las dificultades de la tarea.

> No se trata solo de reformar la universidad. A través de los estudiantes, lo que se plantea es el problema mismo de la juventud,

de su lugar en la sociedad, de sus obligaciones y derechos, su propio equilibrio moral. Tradicionalmente, la juventud cultivaba la disciplina y el esfuerzo en nombre de un ideal, de una concepción moral, la que fuese.

La disciplina, en buena medida, ha desaparecido. La intrusión de la radio y la televisión ha puesto en contacto a los jóvenes desde la infancia con la vida exterior. La evolución de las costumbres ha transformado las relaciones entre padres y niños, así como entre maestro y alumno. El progreso tecnológico y el estándar de vida han suprimido en muchos la idea de esfuerzo. Qué sorpresa, en fin, si la necesidad del hombre de creer en algo, de tener sólidamente anclados en sí mismo algunos principios fundamentales, se ve contrariada por el cuestionamiento constante de todo aquello en que la humanidad ha confiado durante siglos: la familia con frecuencia se disuelve, o se relaja, la patria es cuestionada, con frecuencia negada, Dios ha muerto para muchos y la propia Iglesia se interroga por las vías a seguir y subvierte tradiciones.

Bajo estas condiciones, la juventud, no tanto quizá la de clase trabajadora o campesina, que sabe lo que cuesta el pan y conoce la ardua necesidad de esforzarse, sino la que está más preocupada que nadie por su futuro profesional, la juventud universitaria, en todo caso, se siente desamparada. Los mejores se interrogan, buscan, se angustian, reclaman un objetivo y unas responsabilidades. Otros, que no son siempre los peores, optan por la negación, el rechazo total y el gusto de destruir.

¿Destruir qué? Primero lo que tienen más a la mano, y para los estudiantes eso es la universidad. Y después la sociedad, no la sociedad capitalista, como cree el señor Juquin [Pierre Juquin, sindicalista y miembro del Partido Comunista francés] (si es así, que pregunte la opinión de los estudiantes de Varsovia, Praga o incluso Moscú), sino la sociedad como un todo, la sociedad moderna, materialista y carente de alma.

[...]

A estas alturas, créanme, no solo tiene que ver con el Gobierno, ni con las instituciones, ni siquiera con Francia. Es nuestra civilización en sí misma. Todos los adultos y todos los responsables, todos los que pretenden guiar a los hombres deben pensar en ello, padres, maestros, dirigentes profesionales o sindicales, escritores y periodistas, sacerdotes y laicos. El objetivo es crear un marco de vida aceptable para todos, conciliar el orden y la libertad, el espíritu crítico y la convicción, la civilización urbana y la personalidad, el progreso material y la idea de esfuerzo, la libre concurrencia y la justicia, el individualismo y la solidaridad.

Pompidou acabó su discurso tendiendo la mano a los estudiantes y afirmó que, tras ponerse de acuerdo con De Gaulle, el Gobierno iba a buscar el «apaciguamiento» y a «hacer los gestos necesarios».[26]

Sin embargo, la situación acabaría complicándose mucho más antes de llegar a una solución. «Por lo visto —escribió Mavis Gallant en la anotación de su diario correspondiente al 14 de mayo—, todo el mundo ha disfrutado tanto en la huelga general que nadie ha vuelto al trabajo.»[27] La gente pareció dar por sentado que la huelga se alargaría indefinidamente. En las calles del Barrio Latino y en el interior de la Sorbona continuaban las manifestaciones, las sentadas y las pintadas —en La Sorbona se procedía a la elección de un Comité de Ocupación de la universidad que se renovaría todos los días—. Numerosas instituciones de enseñanza media y superior del país se paralizaron y en ocasiones fueron ocupadas por sus estudiantes. Al mismo tiempo, cerca de Nantes, los obreros de la Sud-Aviation, una empresa estatal dedicada a la construcción de aviones, que llevaban semanas en huelga por motivos salariales, asaltaron la fábrica de una manera no muy distinta a como lo hacían los estudiantes cuando tomaban las facultades y las aulas. Fue la primera fábrica ocupada, y a partir de entonces se produjeron acciones parecidas por toda Francia y en toda clase de lugares de trabajo: se pararon las factorías petroquímicas, las fábricas de Renault de los alrededores de París, muchos empleados de la televisión y la radio pública francesas se declararon en huelga o en insumisión porque sus superiores les impedían informar de lo que estaba pasando de acuerdo con su propio criterio. También se detuvieron buena parte de los transportes públicos de París y de los ferrocarriles nacionales. Lo que en un principio había sido, según Raymond Aron, un «inmenso desahogo», una «colosal liberación de sentimientos reprimidos», se estaba convirtiendo en un viejo problema de orden social: el país se estaba paralizando, en París circulaban rumores constantes sobre la posible escasez de productos de primera necesidad y una cierta apariencia de anarquía iba cubriendo la vida cotidiana.[28] No solo el Gobierno parecía no controlar el país, sino que los sindicatos apenas controlaban a los manifestantes y la oposición de izquierda en la Asamblea se rebelaba torpe y oportunista al presentar una moción de confianza. Nadie entendía por qué un país rico y seguro iba camino de una paralización económica —y moral, habrían añadido muchos de los votantes del general De Gaulle— que no parecía tener justificación posible, aunque hasta los mandatarios estuvieran dispuestos a reconocer que convenía dar algo más de autonomía a las universidades y que había margen para mejorar las condiciones de trabajo en las grandes fábricas. Llegados a ese punto, los estudiantes acudían a las fábricas en huelga, llevaban comida a los trabajadores y escenificaban su solidaridad, aunque a veces ni siquiera les dejaran entrar en las plantas porque no querían su compañía. El 16 de mayo por la noche, la televisión ofreció la primera entrevista a quienes habían sido los líderes de la revuelta desde su inicio: Alain Geismar (SNEsup), Jacques Sauvageot (UNEF) y Cohn-Bendit (Movimiento 22 de marzo). Cohn-Bendit, como de costumbre, se mostró brillante, locuaz y un poco ofensivo con sus entrevistadores, tres periodistas de mediana edad trajeados y rígidos que contrastaban con su mezcla de ironía y aplomo.[29]

Mientras tanto, en París y en las ciudades de provincias seguían las marchas, las sentadas y las ocupaciones. El día 15, los jóvenes tomaron el teatro del Odéon y lo convirtieron en un lugar de reunión de estudiantes, artistas y obreros. «Desde esta mañana, la bandera negra y la bandera roja cuelgan en la fachada del Odéon», anunció sobriamente la radiotelevisión pública, que trató de explicar, con imágenes de las butacas del teatro repletas de gente discutiendo, que el hasta entonces teatro nacional iba a dejar de ser, según los estudiantes, un teatro burgués.[30] La Sorbona se había convertido en el lugar perfecto adonde ir después de cenar, una atracción del «París la nuit», en palabras de Mavis Gallant. «Un río incesante de gente entra y sale del edificio. Hay instalado un tenderete con montones de libros rojos de Mao, a la venta por un franco veinte [...]. Las paredes están empapeladas con carteles y periódicos murales al estilo de la China Popular; incluyen algunas citas de Harpo Marx. Un gentío variopinto, todo tipo de personas, las mismas que se ven en cualquier restaurante parisino, va y viene por el edificio.»[31]

De Gaulle pareció reaccionar. Regresó de Rumanía el sábado 18 de mayo, un día antes de lo previsto. Según informó *Le Figaro*, el periódico conservador, en el aeropuerto le esperaban Pompidou y otros ministros, que le pusieron al día sobre la situación de las protestas universitarias. Al día siguiente, domingo, se celebró una reunión de ministros en la que el presidente pronunció una de las frases más sorprendentes y célebres de unas jornadas en las que abundaron las frases sorprendentes que se harían célebres. El general dio inicio a la reunión afirmando enfáticamente «La réforme, oui! La chienlit, no!». Era una expresión extraña y anticuada, y mucha gente —empezando por los redactores de *Le Figaro*, que así lo publicaron— tuvo que acudir a los diccionarios. Según el periódico, tanto el Larousse como el Robert daban una acepción común: *chienlit* era un cortejo de máscaras o carnaval, pero interpretaban que en ese momento hacía referencia a situaciones de desorden y caos. Etimológicamente, sin embargo, *chienlit* significaba, «cagarse en la cama» (*chier en lit*).[32]

Ese mismo día, debía proyectarse en el festival de cine de Cannes, que había comenzado el día 10, *Peppermint Frappé*, la película de Carlos Saura, pero la sesión se canceló a petición de un nutrido grupo de directores franceses que habían llegado de París la noche anterior —y en casos como el de Jean-Luc Goddard y François Truffaut, habían participado en las protestas— y habían solicitado la cancelación del festival como muestra de solidaridad con los estudiantes y obreros. Se produjo una fuerte discusión en una de las salas de la sede del certamen, atestada de gente que intentaba ser escuchada. A Roman Polansky le parecía que no había por qué interrumpir el pase de las películas; a fin de cuentas, con todo lo que estaba ocurriendo, a nadie le importaba ya aquel festival. Pero Truffaut fue contundente: «Minuto a minuto, la radio anuncia que las fábricas están ocupadas, que tal y tal cierra, que se ha parado el tren, ahora paran el metro y los autobuses. Si se anunciara que el Festival de Cannes continúa sería un completo ridículo».[33] El cierre del festival se precipitó y la ceremonia de clausura se adelantó al día 19.

El país ya estaba prácticamente paralizado. En París faltaban productos básicos y los conductores hacían colas interminables en las gasolineras. Estaba en huelga hasta la banca, y el valor del franco caía. Los partidos de izquierdas, los sindicatos y los grupos trotskistas bailaban una especie de vals imposible: reclamaban unidad, incluso un Gobierno de frente popular, y ensalzaban la solidaridad entre obreros y estudiantes, pero los recelos eran inmensos. Occident, el grupúsculo de extrema derecha, desfilaba por el centro de la capital afirmando que el comunismo no vencería. Jean-Paul Sartre daba una charla en una desbordada sala de la Sorbona y sostenía que el movimiento estudiantil estaba marcando el verdadero camino a la revolución, mientras que la Confederación General del Trabajo (CGT) hacía puro seguidismo. Se celebraron manifestaciones en solidaridad con los estudiantes franceses en Bruselas —el Gobierno belga había prohibido la entrada de Cohn-Bendit en el país—, Londres, Berlín y Pekín. La moción de censura contra el Gobierno presentada por los partidos de izquierdas fracasó. Se veían carteles con el perfil de De Gaulle junto a la frase «La *chienlit* es él».

Y el 21 de mayo las autoridades francesas hicieron realidad el deseo que algunos albergaban desde hacía más de un año: expulsar a Cohn-Bendit de Francia con el pretexto de que carecía de la nacionalidad francesa. Fue una mala decisión por muchos motivos: por un lado, como pensaba el prefecto Grimaud, aunque Cohn-Bendit fuera un provocador, era un interlocutor claro con quien las autoridades sabían que podían hablar y que ejercía una gran influencia sobre el resto de los estudiantes. Pero incluso dejando de lado las cuestiones estratégicas, la idea de deportar a un judío a Alemania apuntaba a un inmenso error de cálculo. En ese momento todo el relato de la derrota y la resistencia francesa al nazismo estaba siendo profundamente cuestionado y, ya antes de la expulsión de Cohn-Bendit, los *enragés* identificaban a la policía con las SS y a De Gaulle con Hitler. El 22 de mayo, el Movimiento 22 de marzo, la UNEF y el SNEsup convocaron una nueva manifestación en Denfert-Rochereau contra la orden y en apoyo de Cohn-Bendit, una concentración a la que la CGT y el Partido Comunista se opusieron, hartos como estaban de que aquel niñato hubiera adquirido tanto protagonismo mediático, y así rompieron definitivamente con el movimiento estudiantil. El grito de guerra era un ominoso «Todos somos judíos alemanes». Miles de personas acudieron ese día y los siguientes al Barrio Latino, donde se repitieron las escenas de violencia: los manifestantes arrojaban adoquines, levantaban barricadas y quemaban la basura, y la policía respondía con gas lacrimógeno, cañones de agua y porrazos, aunque cada vez, reconocían, con la conciencia más intranquila. Los sindicatos tradicionales aseguraron que estaban dispuestos a entablar negociaciones formales con la patronal y el Gobierno y a abandonar la huelga si les concedían las mejoras de las condiciones laborales que reclamaban. Las manifestaciones continuaban en provincias y los agricultores se congregaban en París para protestar. Pero la gente tenía dificultades para informarse, porque a la huelga de los trabajadores de la radio y la televisión públicas ahora se sumaba la de los quiosqueros. Cohn-Bendit, que ya había abandonado el país, intentaba seguir presente en Francia mediante declaraciones explosivas a la prensa desde Alemania, y acercándose a la frontera para cerciorarse de que no le dejaban volver a entrar (y de que la prensa informaba al respecto).

De Gaulle cometió un nuevo error, impropio de un hombre con su talento político. El viernes 24 de mayo anunció en un discurso televisivo, con aspecto cansado pero con énfasis, que «teniendo en cuenta la situación excepcional en la que nos encontramos, y a propuesta del Gobierno, he decidido someter al voto de la nación un proyecto de ley según el cual os pido que deis al Estado, y en primer lugar a su jefe, mandato para una renovación».

> Reconstruir la universidad, no solo en función de sus costumbres seculares, sino de las necesidades reales de la evolución del país y las oportunidades reales de la juventud estudiante en la sociedad moderna. Adaptar nuestra economía, no a las categorías diversas, los intereses particulares, sino a las necesidades nacionales e internacionales, mejorando las condiciones de vida y de trabajo, los servicios públicos y las empresas, organizando su participación en las responsabilidades profesionales, abordando la formación de los jóvenes, asegurando su empleo, poniendo en acción las actividades industriales y agrícolas en el marco de nuestras regiones. Esa es la tarea que la nación debe imponerse.

El mensaje resultaba vago, pero quizá no sonara mal a los partidarios de que el Gobierno renovara su mandato y se sintiera legitimado para abordar reformas que en ese momento no se veía con fuerzas de llevar a cabo. Sin embargo, como quedó claro al final de la solemne declaración, todo se refería a De Gaulle, un simple plebiscito sobre sí mismo, el padre de la Quinta República, que parecía esencialmente decepcionado ante la actitud infantil de buena parte de sus conciudadanos, como si no estuvieran a su altura.

> Francesas, franceses, en el mes de junio, os pronunciaréis con un voto. En caso de que vuestra respuesta sea «no», huelga decir que dejaré de asumir por más tiempo mi función. Si se produce un sí masivo, expresión de vuestra confianza, con los poderes públicos y, espero, con la ayuda de todos los que quieran servir al interés común, abordaré el cambio donde sea necesario, en las estructuras estrechas y envejecidas, y abriré aún más el camino de la sangre nueva de Francia.[34]

Los jóvenes celebraron el anuncio como una victoria parcial: quizá no conseguirían fundar una utópica sociedad nueva, pero al menos estaban humillando al viejo general y con un poco de suerte iban a hacer caer a su detestado Gobierno. El país se deslizaba hacia el caos; incluso De Gaulle había citado en su discurso la amenaza de una guerra civil. El padre benevolente que durante la década anterior había guiado a los franceses hacia el orgullo nacional y la prosperidad se mostraba viejo, débil y desorientado. Además, después del discurso televisivo, el general volvió a desaparecer por completo de la vida pública. El vacío de poder era inmenso. Pierre Mendès France, un viejo político de la izquierda radical que había sido presidente por un tiempo breve durante la Cuarta República, y François Mitterrand, presidente de una federación de izquierdas que incluía a varias formaciones, se preguntaban si la izquierda podría aprovechar la coyuntura para hacerse con el poder.

Los jóvenes intentaron prender fuego a la Bolsa de París y prosiguieron con los disturbios, aunque el Movimiento 22 de marzo veía con preocupación el auge de la violencia y pidió recuperar la calma. En el Ministerio de Asuntos Sociales, los sindicatos, el Gobierno y la patronal iniciaron las negociaciones de un acuerdo que parecía viable. Ese gesto irritó enormemente a los estudiantes, que sintieron que los obreros se habían subido al tren que ellos habían puesto en marcha y vieron que en apenas unos días sus representantes eran recibidos por el primer ministro Pompidou para negociar lo que, sin duda, acabaría siendo un trato generoso. En cualquier caso, continuaban las manifestaciones en toda Francia, que entraba en su segunda semana de paros e inactividad económica.

El 18 de mayo de 1968, Raimon, uno de los representantes más conocidos de la *nova cançó* catalana, dio un recital en la facultad de Políticas y Económicas de la Universidad Complutense de Madrid. Nadie, empezando por el propio Raimon, entendió muy bien por qué el decano de la facultad, Ángel Vegas, permitió que se celebrara. Más tarde, cuando tras el enorme revuelo provocado por el concierto, las autoridades le interrogaron, Vegas afirmó que pensaba que se trataba de un simple acto cultural y que el dinero recaudado se destinaría a los comedores universitarios (de hecho, fue a parar a los obreros de la Pegaso, que estaban en huelga, y a otras causas antifranquistas). Al concierto asistieron unas seis mil personas y, asombrosamente, entre el apretado público aparecieron pancartas que pedían «Democracia popular» y el fin de la oligarquía, retratos del Che Guevara y banderas rojas. Hacía calor en el auditorio y llovían las octavillas. Años más tarde, Raimon afirmaría que no recordaba con seguridad con qué canción abrió el recital, pero que quizá fuera «Al vent», un canto a la libertad que había compuesto con dieciocho años y cuyo éxito le había permitido, a principios de aquella década, emprender una carrera profesional.[35] La canción era una rabiosa exaltación de la libertad y de la superación del miedo y el dolor, teñida de existencialismo. Y, aunque no tenía un contenido explícitamente político, sin lugar a dudas podía interpretarse en esa clave, como una alusión a las circunstancias que rodeaban a la dictadura española.

Al vent,
la cara al vent,
el cor al vent,
les mans al vent,
els ulls al vent,
al vent del món.

I tots,
tots plens de nit,
buscant la llum,
buscant la pau,
buscant a déu,
al vent del món.

La vida ens dóna penes,
i al nàixer és un gran plor,
la vida pot ser eixe plor,
però nosaltres al vent.[36]*

El acto suponía un claro desafío a la censura política, pero también era un homenaje a los estudiantes franceses, que en aquel momento se enfrentaban a la autoridad de De Gaulle, y una celebración de la hermandad de los pueblos de España. El clandestino Sindicato Democrático de Estudiantes de Madrid, que había organizado el concierto, imprimió las letras de Raimon en catalán y en castellano para que todo el mundo pudiera entenderle. Estaba previsto cerrar el acto cantando «La Internacional», pero el intento se abortó rápidamente porque casi nadie se la sabía, ni siquiera Raimon.

---

* Al viento, la cara al viento, el corazón al viento, las manos al viento, los ojos al viento, al viento del mundo. Y todos, todos llenos de noche, buscando la luz, buscando la paz, buscando a dios, al viento del mundo. La vida nos da penas, y al nacer es un gran llanto, la vida puede ser ese llanto, pero nosotros al viento.

Después del recital, según lo acordado, Raimon salió por una puerta trasera —«en esos años, a la hora de preparar un recital nos preocupaban más las vías de escape que el sonido», contó en una entrevista en *El País*— y de inmediato se organizó una manifestación.[37] Varios miles de estudiantes se encaminaron desde Moncloa, por la calle Princesa, hacia el centro de Madrid coreando «¡Democracia popular!», «¡España socialista!» y «¡Abajo Franco!», según cuenta Paul Preston. Se tiraron unos cuantos cócteles molotov, hasta que la policía disolvió la manifestación «con bastante brutalidad».[38]

Raimon recordaría esa jornada con una canción, «Divuit de maig a la Villa».

> *I la ciutat era jove,*
> *aquell 18 de maig.*
> *Sí, la ciutat era jove,*
> *aquell 18 de maig*
> *que no oblidarem mai.*
> *Per unes quantes hores ens vàrem sentir lliures,*
> *i qui ha sentit la llibertat*
> *té més forces per viure.*[39]*

Hacía tiempo que la universidad española era una fuente de profundas molestias para el régimen franquista. En 1956, se había hecho público un manifiesto firmado por estudiantes como Javier Pradera (más tarde jefe de Opinión del diario *El País*), Enrique Múgica (futuro ministro del PSOE) y Ramón Tamames (que sería miembro del Comité Ejecutivo del PCE, el Partido Comunista Español, y catedrático de Economía), que pedía una ruptura con

---

* Y la ciudad era joven, aquel 18 de mayo. Sí, la ciudad era joven, aquel 18 de mayo que no olvidaremos nunca. Durante unas cuantas horas nos sentimos libres, y quien ha sentido la libertad tiene más fuerzas para vivir.

el Sindicato Español Universitario (SEU), el sindicato de estudiantes franquista, y la creación de una estructura realmente representativa y democrática. Como consecuencia, ya entonces se produjeron enfrentamientos violentos en el centro de Madrid, se cerró la universidad, los redactores del manifiesto y otros universitarios fueron detenidos, el rector de la Complutense, Pedro Laín Entralgo, dimitió y Franco destituyó al ministro de Educación, Joaquín Ruiz-Giménez. Desde entonces, los conflictos no cesaron; de hecho aumentaron a medida que los estudiantes dejaron de lado el SEU y empezaron a organizarse de maneras alternativas.[40]

En los años sesenta, la universidad española presentaba rasgos comunes con las de otros países europeos. Si en 1964 había en España 80.000 estudiantes universitarios, en 1968 sumaban ya 135.000, y a la muerte de Franco 385.000. Por supuesto, el número era menor que en otros países desarrollados (en 1968, en Estados Unidos había 3.500 estudiantes por cada 100.000 habitantes, frente a los 600 de España), pero la tendencia era clara e iba en línea con un momento en que la prosperidad del país aumentaba y la sociedad se transformaba.[41] Como cuenta Santos Juliá:

> Desde que la Ley de Ordenación Económica de 1959 —llamada de otra forma Plan de Estabilización— echó las bases del I Plan de Desarrollo, la economía y la sociedad españolas atravesaban un proceso de profunda y acelerada transformación: el fin de la agricultura tradicional, el éxodo rural, una urbanización desbocada, el crecimiento industrial, la elevación del nivel educativo, la llegada de mujeres al mercado de trabajo, un rápido proceso de secularización, la palpable mejora en las comunicaciones, las salidas al extranjero.

Por supuesto, eso también significaba que partes importantes de las clases obrera y media empezaban «a sentir como una camisa de fuerza la pervivencia de un sistema político que no reconocía los derechos fundamentales de libertad de reunión o de expresión».[42]

La universidad era un reflejo más del clima de cambio. Las protestas estudiantiles se producían de forma intermitente desde 1956. Desde 1962, la policía había tomado de forma casi permanente algunas facultades. En 1966, habían sido expulsados de sus cátedras Enrique Tierno Galván, José Luis López Aranguren y Agustín García Calvo por apoyar las protestas estudiantiles y, según la acusación del Gobierno, incitarlas. El año siguiente se había producido *la caputxinada*, y en 1968 el recelo del régimen hacia la universidad era máximo. «Al fin y al cabo, no solo se educaba a los estudiantes para ser los futuros funcionarios del Estado y los empresarios de la industria española, sino que, además, muchos de los revoltosos que caían bajo las porras policiales eran hijos e hijas de las clases medias acomodadas, e incluso de veteranos funcionarios franquistas».[43] Haciéndose eco de ello, Torcuato Luca de Tena, un partidario del régimen franquista relativamente moderado, en febrero de 1968 escribió en *ABC* sobre lo que se percibía como un intolerable deterioro de las universidades y de las ideas y las costumbres de sus estudiantes:

> Unos padres que mandan a sus hijos a la capital para que se hagan hombres de provecho, ignorantes de que les mandan a centros de subversión, escuelas de malas artes, espejos de chapucerías, donde podrán seguir si les place, con no poco aprovechamiento, cursos de holganza, revueltas y guirigayes para acabar doctorándose brillantemente en ineptitud. Cuando el día de mañana las empresas seleccionen a sus técnicos, el Estado a sus políticos, los hospitales a sus médicos, el foro a sus letrados y las sociedades a sus expertos, habrá que buscarlos, si Dios no lo remedia, en las promociones anteriores o posteriores a las que hoy día se forman —perdón, deforman— entre unas paredes que de Universidad... no tienen más que el nombre.

Luca de Tena denunciaba además a «los decanos que no exigen a los profesores un plan de estudios, los profesores que no van a clase, los alumnos que organizan "sentadas", las cargas indiscriminadas a tirios y troyanos, las asambleas libres, las asambleas autorizadas, las listas que recibe y publica la prensa de estudiantes marxistas, las grotescas huelgas de hambre».[44]

Durante todo el año se habían ido produciendo incidentes «casi a diario en una universidad u otra: sentadas, huelgas, barricadas, boicots a las clases, asambleas libres», afirma Preston. En parte por ello, el ministro de Educación, Manuel Lora-Tamayo, había sido destituido el 14 de abril. El 24 de abril, el vicepresidente Carrero Blanco había afirmado ante los oficiales del Estado Mayor: «Que nadie, ni desde fuera ni desde dentro, abrigue la más mínima esperanza de poder alterar en ningún aspecto el sistema institucional, porque aunque el pueblo español no lo toleraría nunca, quedan en último extremo las fuerzas armadas».

Además de los constantes altercados en las universidades de todo el país, «el 30 de abril y el 1 de mayo se produjeron manifestaciones de protesta organizadas por Comisiones Obreras», sindicato cuyo número de afiliados crecía a una gran velocidad y que en muchas fábricas ya operaba *de facto* en las negociaciones entre patronos y trabajadores. La policía cargó a caballo contra las manifestaciones de Madrid, Bilbao y Sevilla, y «en la capital, se ocupó militarmente el barrio de Atocha durante el día entero».[45]

«A la luz de los acontecimientos de otros países, sobre todo de Francia e Italia», en España «el Gobierno siguió con intensa preocupación las manifestaciones estudiantiles».[46] Los periódicos españoles, desde *Arriba* hasta el órgano clandestino del PCE, *Mundo Obrero*, contaban lo que estaba sucediendo en París. Al principio de los altercados, Manuel de Agustín, el corresponsal en París de *Arriba* y *La Nueva España*, perteneciente a la cadena de periódicos del Movimiento franquista, relataba con ironía los primeros incidentes entre la policía y los estudiantes: «resulta que entre esos ingenuos, buenos, nobles, entusiastas, generosos estudiantes, los había que estaban armados con bombas, pistolas, explosivos, cadenas de hierro y cachiporras de acero y caucho. Total, que puede afirmarse haber descubierto entre esa juventud una verdadera brigada de choque de saboteadores y revolucionarios». Después de los graves sucesos de la noche del 10 de mayo en París, esos mismos periódicos reprocharon a De Gaulle su supuesta pasividad: «Su reacción es incomprensible, puesto que llevamos ocho días de revuelta [...]. Un día por un pequeño incidente la biblioteca de la Universidad de Nanterre fue incendiada. Otro, los muros de los recintos universitarios se llenaron de carteles de vivas al comunismo y de amenazas contra la burguesía y el orden de Occidente, después aquí y allá izaron la bandera roja [...]. Y suponer que podría terminar el hecho [de otra manera que no fueran los incidentes violentos] es tanto como creer que los puñales pueden servir de plumas para acariciar la tez». También *ABC* o *Informaciones* consideraban que los hechos eran graves, aunque a diferencia de los periódicos del régimen, que parecían dar por hecho que el Partido Comunista estaba detrás de todo aquello, no se mostraban tan desfavorables con los estudiantes. *La Vanguardia* dejó claro que los jóvenes y el Partido Comunista no solo no estaban coordinados, sino que mantenían una relación hostil: «El Partido Comunista ha levantado la voz y, a través de las páginas de *L'Humanité*, ha calificado a Dany el "Rojo" de anarquista, ha llamado seudorrevolucionarios a los miembros del "Movimiento 22 de marzo", ha sentenciado que las tesis de estos hacían reír y ha declarado que esos jovencitos no tenían por qué dar lecciones al movimiento obrero». Con el tiempo, todos los medios mostraron su estupefacción ante la creciente violencia, y hasta la más cauta *La Vanguardia* denunció que «el análisis de las reivindicaciones no justifica ni la amplitud ni la calidad de la subversión violenta con que se reclaman».

El 30 de mayo, el Gobierno español cerró por dos meses, que luego serían prorrogados, el diario *Madrid*. Rafael Calvo Serer, su editor, había publicado en sus páginas un editorial titulado «Retirarse a tiempo» que, en apariencia, criticaba duramente a De Gaulle por su falta de iniciativa política, pero que las autoridades españolas interpretaron como un ataque directo a Franco. «Si estamos o no en los comienzos de una nueva Revolución francesa, el tiempo lo dirá. Pero lo que ha quedado claro es la incompatibilidad de un Gobierno personal y autoritario con las estructuras de la sociedad industrial y con la mentalidad democrática de nuestra época en el contexto del mundo libre. Se ha encontrado ya anciano y queriendo mantenerse en el Gobierno con una crisis que puede acabar con él sin haber abordado a tiempo ni la organización del partido que pueda continuar su obra ni la preparación adecuada del posible sucesor», decía Calvo Serer con una ambigüedad evidente. «Triste sino de los gobernantes que se hacen viejos en el poder. Son sus mismos éxitos los que les traicionan, porque se aferran a lo que en otras ocasiones les fue favorable, aun contra la opinión de quienes les rodeaban. Pero al cambiar las circunstancias, ese inmovilismo resulta funesto.»[47]

Incluso Franco se pronunció sobre los altercados estudiantiles y sobre el temor a que lo que estaba sucediendo en el mundo aumentara los problemas ya existentes en la universidad española. Fue en un discurso en Sevilla el 22 de junio: «Yo creo en la juventud, en la juventud que es noble, generosa y justa. Lo que hay que hacer es abrir el diálogo, porque hay en ella muchas cosas aprovechables; pero no hay que dejarnos vencer por el pesimismo, ni por los agentes extranjeros». Unos días más tarde, el 5 de julio, cuando pronunciaba un discurso de carácter económico en Burgos, añadió que el crecimiento «no hubiera podido realizarse sin una política: esto requiere unidad y autoridad, requiere disciplina y unidad; disciplina porque es necesario no dejarnos influir por las campañas internacionales y las compras de conciencias. Ya dije hace unos días que creía en la juventud, porque toda mi vida he trabajado con la juventud [...]. Pero es necesario conservar el ideario político del Movimiento, sin el cual no caben ni son posibles las empresas». El 10 de julio, Carrero Blanco envió una nota a Franco con el título «Así no se puede seguir». «Todos los escaparates de las librerías están, y las casetas de la Feria del Libro estuvieron, abarrotadas de obras marxistas y de las novelas de erotismo más desenfrenado», decía.

> Por otra parte, el crecimiento de la inmoralidad de los espectáculos públicos ha sido tremendo en los últimos tiempos. El daño que se está haciendo a la moral pública es grave y hay que ponerle fin. Si la legislación actual no permite corregir esta situación, habrá que dictar nueva legislación, pero así no se puede seguir. Primero, porque España es un país católico y segundo porque el quebrantamiento de la moral del pueblo es la mejor manera de favorecer la acción subversiva que el comunismo fomenta. Ha sido comprobado en varios casos de agitadores universitarios, su previa ruina moral mediante drogas, etc., antes de iniciarles en el maoísmo.

En noviembre, cuando las autoridades universitarias impidieron la celebración de un homenaje a León Felipe, los estudiantes ocuparon el decanato de la facultad de Derecho y quemaron un retrato de Franco. El caudillo, como dejó traslucir en el discurso de fin de año que se emitió el 30 de diciembre, estaba sin duda preocupado:

> Aun a conciencia del carácter minoritario de algún pequeño sector juvenil contagiado por las ideologías negativas o enrolado en el comercio de la subversión, no queremos dejar de señalar cuánto lamentamos sus errores, que, aunque afortunadamente no alcancen las dimensiones trágicas que se dan en otros países, son suficientes para entorpecer el derecho de una gran mayoría de jóvenes y de sus familias a que la educación y formación profesional puedan desarrollarse con adecuado rendimiento.[48]

Quien no parecía en absoluto alarmado era el PCE, cuya fuerza no paraba de aumentar gracias, en buena medida, al crecimiento de Comisiones Obreras. La clase obrera se estaba volviendo además, como en otros países europeos, reformista, y estaba más preocupada por la mejora de los sueldos y las condiciones de trabajo que por hacer la revolución.

Mientras todo esto sucedía, en España, como en Italia, Alemania o Estados Unidos, algunas organizaciones se cuestionaban su verdadera capacidad revolucionaria. Aunque en ocasiones provocaran disturbios, la mayoría de ellas, al menos nominalmente, continuaba siendo partidaria de la no violencia. Con todo, hubo quienes empezaron a dudar de si debían responder a lo que consideraban violencia del Estado con una violencia inspirada en las guerrillas latinoamericanas. Como tantas otras organizaciones, ETA, acrónimo de Euskadi Ta Askatasuna («País Vasco y Libertad»), llevaba una década debatiendo la legitimidad del recurso de la violencia para conseguir su objetivo, que era un País Vasco independiente y socialista. Como era habitual en la época, en su ideología ejercía una fuerte influencia la retórica y la teoría de la liberación de los pueblos que habían emergido en la década anterior gracias a la independencia de Argelia, la Revolución cubana y la guerra de Vietnam. El libro más influyente y emblemático de ese movimiento era *Los condenados de la tierra*, del médico y filósofo martiniqués Frantz Fanon. Fanon, que había luchado con el ejército francés contra los nazis en la Segunda Guerra Mundial, escribió posteriormente sobre la experiencia no solo de la colonización física y militar de los territorios, sino de la colonización psíquica impuesta a los conquistados, que empezaba por la obligatoriedad de una lengua. Él mismo era un ejemplo: había asimilado la cultura francesa, ascendido en su escala social hasta ser psiquiatra e interiorizado o normalizado el racismo (era negro). Después de trabajar durante un tiempo en un hospital de Argelia, se unió al Frente de Liberación Nacional y dejó escrito, para su publicación póstuma en 1961 —murió muy joven por causas naturales—, el libro que sería determinante para la creación de las organizaciones terroristas nacidas de los acontecimientos de los años sesenta. *Los condenados de la tierra* era un alegato anticolonial y un estudio sobre la explotación que podía leerse perfectamente como una reivindicación de la violencia como medio, si no deseable, sí inevitable para conseguir deshacerse de toda forma de sujeción externa. Sartre, autor del prólogo de la edición francesa, así lo daba por hecho.

ETA tenía rasgos particulares dentro de la serie de organizaciones terroristas que surgieron en los años sesenta y setenta. Por supuesto, España era una dictadura, y eso la hacía distinta de Italia, Francia o Estados Unidos, pero ETA tenía además unas ineludibles raíces católicas, que enfatizaban la idea de expiación y de sufrimiento por una causa superior. Es posible que la primera víctima mortal de ETA fuera la pequeña Begoña Urroz Ibarrola, que murió en 1960 víctima de la explosión de una bomba en una consigna de la estación de Amara, en San Sebastián. Pero su primer asesinato deliberado tuvo lugar el 7 de junio de 1968. José Antonio Pardines Arcay, un guardia civil de veinticinco años, estaba sirviendo en un control de carretera de la N-I Madrid-Irún en Villabona, Guipúzcoa. Hizo parar a un Seat 850 coupé y solicitó la documentación a sus ocupantes, Txabi Etxebarrieta e Iñaki Sarasketa. Según contaría el segundo años después, Pardines Arcay se dirigió a la parte posterior del coche y se acuclilló para mirar el motor. Cuando regresó para decirles que algo no coincidía con la documentación, Etxebarrieta le disparó en la cabeza, y luego le remató con varios disparos en el pecho. La Guardia Civil salió al encuentro de los terroristas y, en un tiroteo en Tolosa, Etxebarrieta fue herido de gravedad; murió más tarde en el hospital. Sarasketa fue detenido y condenado a muerte, aunque luego esa pena le fue conmutada por cadena perpetua y en 1977 quedó en libertad gracias a la amnistía. El 2 de agosto a las tres y cuarto, Melitón Manzanas, jefe de la Brigada Social de San Sebastián, volvía a su casa en Irún para comer. Su trabajo había sido cuestionado reiteradamente y se le acusaba de torturar a los miembros de la oposición antifranquista. Subió las escaleras y su esposa abrió la puerta. «Vienes mojado», le dijo. Justo entonces alguien le disparó por la espalda y, aunque la mujer forcejeó con el asesino, este consiguió disparar todavía siete veces más. La hija de Manzanas se asomó a la ventana y pidió ayuda, pero nadie pudo salvar a su padre ni detener al terrorista. El Gobierno declaró el estado de excepción.[49]

El 28 de mayo, el primer ministro francés Georges Pompidou hizo pública la dimisión de su ministro de Educación, Alain Peyrefitte. Pompidou llevaba tiempo pensando que la gestión de su colega había exacerbado los ánimos de los estudiantes y que le había faltado destreza. En un gesto elocuente, no nombró a ningún ministro de Educación, sino que asumió él mismo las competencias de manera interina, al mismo tiempo que creaba un grupo asesor compuesto por «universitarios eminentes cuya autoridad es reconocida por todos, también los estudiantes».[50] La decisión era una muestra más de que el primer ministro quería ser visto como un hombre conciliador que hacía concesiones generosas para intentar acabar de una vez por todas con aquella situación. Aunque los estudiantes llevaban desde el principio de la crisis pidiendo la dimisión de Peyrefitte, y sin duda vieron aquel gesto como una victoria más, el hecho no pareció afectar en nada al compás de espera en el que se encontraba el país entero. Hasta el Folies Bergère, el célebre cabaret parisino, había declarado la huelga. Ese mismo día, además, se hizo explícito lo que ya era evidente: la izquierda oficial quería utilizar los últimos errores de De Gaulle y la dudosa convocatoria de un referéndum personalista para echarle del poder y sustituirle. Era un acto de oportunismo, pero también una solución pragmática, y una vez más ponía de manifiesto que nadie, excepto un puñado de los estudiantes que seguían en las calles del Barrio Latino, estaba pensando en hacer la revolución. François Mitterrand, el presidente de la FGDS (Federación de la Izquierda Democrática y Socialista), celebró una rueda de prensa en la que dio por hecho que en el referéndum previsto para el 16 de junio ganaría el no y que De Gaulle presentaría la dimisión. En ese caso, habría que crear un Gobierno provisional que podría liderar él mismo o Mendès France, el viejo radical, quizá con la incorporación del Partido Comunista. En la reunión que se había celebrado ese mismo día para explorar tal posibilidad, el único resultado fue un anodino comunicado en el que las formaciones se comprometían a consultar a sus respectivas organizaciones y proseguir con los trabajos, cuyas conclusiones se irían anunciando en los días siguientes. Según Mitterrand, bajo ese Gobierno provisional, la Asamblea se disolvería y habría elecciones en octubre. Y seguramente, aunque no lo dijo, él ya estaba pensando en ellas y en el voto de los jóvenes de izquierdas. En la misma rueda de prensa, le preguntaron por la expulsión de Cohn-Bendit y el líder socialista afirmó que era «lamentable que el Gobierno, que ha negociado con él, le trate tan mal. Ese estudiante, aunque tenga la nacionalidad alemana, es parte de la comunidad francesa, porque nació en nuestro territorio y ha sido estudiante aquí. El Estado, a pesar de su enfrentamiento con él, no debería tratarlo como si no fuera de los nuestros. Se trata de un hecho político y un hecho humano».

Al periodista que interpeló a Mitterrand sobre su opinión acerca de la deportación de Cohn-Bendit le habría resultado más fácil de lo que sospechaba conocer también la del joven revolucionario. Esa noche, en el gran anfiteatro de la Sorbona, se estaba celebrando una nueva y caótica reunión que empezaba a desmadrarse. De repente, un estudiante saltó al estrado, cogió el micrófono y dijo: «Creo que ahora podemos hablar seriamente de política con el camarada que va a tomar la palabra... Nuestro camarada Cohn-Bendit». Había vuelto a entrar en Francia desde Alemania cruzando la frontera por una región boscosa. Los asistentes le recibieron coreando su nombre y él se defendió de las acusaciones de los comunistas, que estaban hartos de él: «Yo no soy siempre anticomunista, sino contrario a la burocracia, y no soy un agente extranjero, sino que formo parte de una internacional revolucionaria». Después de la asamblea, adicto como era a la atención pública, y a pesar de estar ilegalmente en el país, dio una conferencia de prensa.[51] Años más tarde, él mismo reconocería que su expulsión a Alemania le había salvado la vida al obligarle a alejarse de las cámaras y a vivir sin el protagonismo que le había rodeado aquellas semanas. Sin embargo, ni en ese momento ni durante el resto del año pudo evitar seguir siendo un provocador con un inusitado talento para el espectáculo mediático.

El día después, el 29 de mayo, *L'Humanité*, el órgano de comunicación del Partido Comunista, abrió su portada con el enorme titular: «La exigencia de los trabajadores: Gobierno popular y de unión democrática con la participación comunista». Para la fecha había convocada una gran manifestación de la Confederación General del Trabajo (CGT) «de la Bastilla a Saint-Lazare». El sindicato había consultado a sus bases, aseguraba el periódico, y «en toda Francia, los trabajadores se han pronunciado con conocimiento de causa. Para la inmensa mayoría, la respuesta está clara: las concesiones patronales y gubernamentales son notoriamente insuficientes. La huelga continúa».[52] A la manifestación asistieron Jean-Luc Godard y Louis Aragon.

De todos modos, aquel no iba a ser el acontecimiento más importante de la jornada. Como cada semana, el Consejo de Ministros estaba convocado para las diez de la mañana, pero a las nueve y cuarto el secretario general del Gobierno informó al primer ministro Pompidou de que la reunión se posponía al día siguiente. El general De Gaulle iba a ausentarse veinticuatro horas. Sin más detalles.

Algunos ministros, que no sabían que el consejo se había suspendido, llegaron a presentarse en el Elíseo, donde fueron informados, y extrañados, se dieron media vuelta. Pompidou estaba realmente alarmado. Consciente de ello, De Gaulle le llamó. Le confesó que necesitaba pensar y que en ningún lugar lo hacía mejor que en Colombey-les-Deux-Églises, en el nordeste del país, donde tenía una residencia familiar a la que ya se había retirado en sus años de alejamiento de la política, cuando escribió sus memorias de la Segunda Guerra Mundial. La noticia desconcertó a Pompidou. ¿A qué venía esa reacción melancólica? ¿Estaba pensando en retirarse? De Gaulle le insistió en que no se preocupara, que solo necesitaba encontrarse consigo mismo unas horas, y que se verían al día siguiente en el Consejo de Ministros, que se celebraría a las tres de la tarde. Según algunas versiones, se despidió de Pompidou mandándole un infrecuente y afectuoso «abrazo». Eso no sirvió para tranquilizar al primer ministro, ni de hecho a nadie. Los rumores que a partir de ese momento empezaron a circular, y que se prolongaron más de veinticuatro horas, fueron frenéticos y apuntaban en todas las direcciones imaginables. Parecía claro que el general se retiraba y que había que empezar a pensar en una Quinta República sin él.

A las once y media, justo después de la conversación con el primer ministro, De Gaulle abandonó el Elíseo en helicóptero. Pero como se descubriría después, no se dirigía a Colombey; cuando a las dos Pompidou fue informado de que el presidente no se encontraba en su refugio, entró en pánico. Durante la tarde, el miedo se contagió a todo el entorno del general y a su Gobierno. Quizá tuviera sentido, para quienes comprendían la psicología de De Gaulle, que se retirara a meditar unas horas a su casa familiar en la Francia rural, incluso que planeara dirigirse al país desde allí para comunicar su renuncia. Pero ¿desaparecer?

En realidad, el helicóptero había llevado a De Gaulle a Baden-Baden, una base militar francesa en territorio alemán en la que se reunió con el general Jacques Massu, un viejo militar que se había enfrentado al Gobierno francés durante la guerra de Algeria porque lo consideraba blando, y que había contribuido al regreso al poder de De Gaulle y otros militares. Allí, muy posiblemente, el presidente quiso asegurarse de que contaba con el apoyo del ejército en caso de que fueran necesarias medidas más drásticas, aunque más tarde se rumoreó que se había llegado a plantear opciones tan inverosímiles como un autogolpe. Fuera como fuese, a media tarde De Gaulle voló en helicóptero, finalmente, hacia Colombay, desde donde llamó a Pompidou para decirle que había llegado a su destino, lo que alivió enormemente al primer ministro. Le confirmó que al día siguiente habría reunión del Consejo de Ministros. Al margen de lo que pasara durante la visita a los jefes militares en Baden-Baden, de la que en ese momento casi nadie tenía noticia, lo cierto es que el día 30 De Gaulle regresó a París completamente transformado y decidido a resistir a toda costa. No tenía intención de dimitir. Ni de llevar a cabo el referéndum tal como estaba previsto. Durante la celebración del Consejo de Ministros, anunció su intención de disolver la Asamblea. Tras el consejo, se dirigió al país en una alocución radiofónica (la televisión estaba en huelga):

> Francesas, franceses, siendo el titular de la legitimidad nacional y republicana, he considerado durante veinticuatro horas todas las eventualidades, sin excepción, que me permitirán mantenerla. He tomado mis decisiones. En las circunstancias presentes, no me retiraré. Tengo un mandato del pueblo y lo cumpliré. No cambiaré a un primer ministro cuyo valor, solidez y capacidad merecen el homenaje de todos. Él me propondrá los cambios que puedan ser útiles en la composición del Gobierno. Disuelvo hoy la Asamblea Nacional. Le propuse al país un referéndum que daba a los ciudadanos la ocasión de prescribir una reforma profunda de nuestra economía y de nuestra universidad y, al mismo tiempo, de decir si mantenían o no su confianza en mí por el único camino aceptable, la democracia. Constato que la situación actual impide sustancialmente que se proceda con él, por lo que se cambiará su fecha. Por lo que respecta a las elecciones, tendrán lugar en los tiempos previstos por la Constitución, a menos que se pretenda amordazar al pueblo francés por completo y se le impida expresarse y al mismo tiempo vivir, de la misma manera que se impide a los estudiantes

estudiar, a los enseñantes enseñar, a los trabajadores trabajar. Los medios utilizados para ello son la intimidación, la intoxicación de la tiranía ejercida por grupos organizados con largas ramificaciones, y por un partido que tiene fines totalitarios, aunque en ese aspecto ahora tenga rivales. Si, por tanto, esta situación de fuerza se prolonga, para mantener la República deberé tomar, de acuerdo con la Constitución, otras vías distintas del sufragio inmediato del país. En todo caso, desde ahora mismo y en todas partes, es necesario que se organice la acción civil. Y debe hacerse para ayudar al Gobierno, en primer lugar, después a nivel local, con los prefectos convertidos o tornados de nuevo en comisarios de la República, cuya tarea consistirá en preservar, en la mayor medida posible, la vida de la población e impedir la subversión en todo momento y lugar. Francia, en efecto, sufre la amenaza de una dictadura. Hay que obligarla a renunciar a un poder que se impondría sobre la desesperanza nacional; dicho poder sería entonces evidente y esencialmente el del vencedor, es decir, el del comunismo totalitario. Naturalmente, para empezar lo han coloreado con una apariencia engañosa utilizando la ambición y el odio de políticos despechados. Después, esos personajes no valdrán más que su peso, que no será mucho. Y no, la República no abdicará. La gente se recuperará. El progreso, la independencia y la paz la conducirán a la libertad. ¡Viva la República! ¡Viva Francia![53]

En cierto sentido, ese discurso, de unos cuatro minutos, terminó con el mayo del 68 francés. Fue un regreso del De Gaulle taimado, capaz de conectar con los franceses y sus miedos, y en posesión de una inteligencia táctica superior a la de sus adversarios, que en este caso se habían confiado en exceso y creído que, esta vez sí, estaba acabado. Quizá el discurso televisivo del día 24, en el que pálido y cansado había anunciado la celebración del referéndum, así lo indicaba. Pero la izquierda que se manifestaba en las calles se había equivocado al pensar que, si bien la revolución no era una cosa inmediata, al menos se habían cargado al viejo general —«la *chienlit* es él», seguían diciendo los carteles—, y la izquierda más institucional se había engañado a sí misma al creer que el poder estaba a su alcance, quizá en forma de un histórico Gobierno de unidad popular. Ese mismo día por la tarde, a las seis, alrededor de un millón de personas se manifestaron en París, entre la plaza de la Concordia y los Campos Elíseos, para apoyar a De Gaulle. «No está solo», coreaban, y proferían abiertos insultos a los comunistas y a Cohn-Bendit mientras agitaban banderas francesas. Esa derecha en marcha, que con pequeñas excepciones había cedido la calle a la izquierda durante las semanas anteriores, parecía querer decir que se había terminado la fiesta y que había que recoger los cascotes de aquel raro periodo sin reglas y regresar a la normalidad, que era básicamente el estudio, el trabajo y la responsabilidad. Para ello, había sido necesario ceder: al final, los acuerdos con los trabajadores implicaron una subida del 35 por ciento del salario mínimo y alrededor de un 10 por ciento de la media salarial, entre otras concesiones, como la ampliación de las vacaciones. Pero eso había bastado.

Por supuesto, los incidentes no terminaron de repente. De hecho, una parte relevante de lo que llamamos el «mayo francés» tuvo lugar en junio: el franco siguió inestable, los tanques acecharon París, los servicios de transporte y de correos y el suministro de gasolina se fueron reanudando pero con lentitud, a medida que se desconvocaban las huelgas en diversos sectores, tanto privados como públicos. Se produjeron más disturbios en el Barrio Latino y la noche del 11 al 12 de junio fue, de nuevo, una noche de barricadas en la que volaron los cócteles molotov y la policía reprimió a los estudiantes con fuerza. Los agentes tuvieron que desocupar el Odéon y la Sorbona y el Gobierno disolvió varias organizaciones izquierdistas que declaró extremistas, entre ellas el Movimiento 22 de marzo. Además, en lo que parecía una cesión al ejército, —quién sabe si para ganarse su lealtad absoluta en caso de necesidad—, el Gobierno sacó de la cárcel a catorce militares miembros de la OAS

(Organización del Ejército Secreto) que a principios de la década habían sido condenados a largas penas por el asesinato de altos cargos argelinos y franceses para intentar frenar la independencia de Argelia.[54] El caos, la violencia y las huelgas no desaparecieron de un día para otro, pero después del discurso de De Gaulle entraron en una manifiesta fase descendente. En el país murieron tres personas a causa de los disturbios. Las elecciones legislativas se convocaron el día 23 (primera vuelta) y el día 30 (segunda vuelta) de junio. El partido de De Gaulle, la Unión por la Defensa de la República, obtuvo 294 diputados. La Federación de la Izquierda Democrática y Socialista, 57. El Partido Comunista, 34.

El verano del descontento

El 4 de junio, Robert Kennedy ganó las primarias para la candidatura presidencial del Partido Demócrata con un 45 por ciento de los votos, a pesar de que el inicio de su campaña había sido poco prometedor. El 16 de marzo había comunicado que se presentaría a las primarias contra Johnson, el presidente demócrata en ejercicio, lo cual era una verdadera osadía. Sin embargo, un par de semanas después, Johnson anunció que no pensaba competir y que renunciaba a intentar siquiera renovar su mandato. A partir de entonces, lo que parecía un exceso de ambición se convirtió en un objetivo viable. Kennedy, un buen orador de aspecto patricio, hizo campaña enarbolando causas del lado más izquierdista del Partido Demócrata. No era puro oportunismo: como fiscal general durante la interrumpida presidencia de su hermano, había demostrado su compromiso con los derechos civiles, y más tarde, siendo senador, se había declarado a favor de limitar la tenencia de armas, denunciar el Apartheid en Sudáfrica y terminar de manera negociada la guerra de Vietnam. Ya en 1968, mientras decidía si se presentaba contra Johnson, se había reunido con el todopoderoso y excéntrico sindicalista californiano César Chávez, que estaba en huelga de hambre para promover la no violencia, y siempre se había mostrado partidario de la justicia económica, el fin de la política exterior agresiva y la lucha por los derechos civiles y contra la pobreza. Su objetivo era conectar con los jóvenes que percibían que Estados Unidos envejecía y no les escuchaba. Había algo de oportunismo en su propuesta, sin duda, y quizá también la sensación de que debía terminar lo que su hermano había empezado, pero era cierto que en ese momento un candidato demócrata joven (tenía cuarenta y tres años) y escorado a la izquierda tenía todo el sentido del mundo. Incluso desde fuera del sistema, algunos de los promotores de políticas más radicales veían con miedo a ese hombre renovador que podía volver a decantar a los jóvenes hacia las instituciones.

Poco después de la medianoche del 5 de junio, Kennedy dio un discurso en The Ambassador Hotel de Los Ángeles para celebrar la victoria. Cada vez parecía más posible que se convirtiera en el candidato demócrata, y eso sucedería al cabo de un par de meses, cuando se celebrara en Chicago la convención del partido. «Y ahora toca Chicago; vayamos a ganar allí», dijo en la sala atestada y caótica, mientras era interrumpido constantemente por los gritos y los aplausos de sus seguidores. Cuando terminó, había tanta gente que no pudo salir por la puerta prevista y decidió atajar pasando por la cocina. Allí, un hombre armado le disparó en la cabeza. Kennedy cayó al suelo y aún pudo balbucear unas palabras a los miembros de su equipo, pero perdió el conocimiento. Fue llevado a un hospital de Los Ángeles y murió allí el 6 de junio.

El asesino de Robert F. Kennedy tenía veinticuatro años y se llamaba Sirhan Sirhan y era (es, en el momento de escribir esto sigue cumpliendo cadena perpetua en California) un palestino de nacionalidad jordana que ni durante el juicio ni más adelante dio una explicación clara de por qué había cometido el crimen, aunque en varias ocasiones se enzarzara en confusas diatribas sobre el conflicto político en Oriente Medio y el apoyo de Kennedy a Israel. También afirmó que estaba borracho y furioso cuando le mató. Es probable que fuera simplemente el acto de una mente perturbada.

El funeral fue un acontecimiento multitudinario. Apenas hacía dos meses que habían asesinado a Martin Luther King Jr., y cinco años a su hermano John. Al parecer, toda figura progresista con capacidad para arrastrar a las masas era susceptible de morir de forma violenta. Miles de personas hicieron cola desde el 7 de junio para visitar la capilla ardiente de Kennedy, que se había instalado en la catedral de Saint Patrick de Nueva York, y rendirle un último homenaje. El 8, sábado, se celebró una ceremonia. Leonard Bernstein dirigió una sinfonía de Mahler y se cantó el himno preferido de Kennedy, «The Battle Hymn of the Republic» —«¡Gloria! ¡Gloria! ¡Aleluya!»—. Su hermano menor, Edward, senador por Massachusetts, pronunció el discurso fúnebre con la voz temblorosa. Según dijo, Robert debería ser recordado

> simplemente como un hombre bueno y decente, que veía injusticias y trataba de solventarlas, que veía sufrimiento y trataba de aliviarlo, que veía una guerra y trataba de ponerle fin [...]. Como él dijo muchas veces, en muchos lugares de esta nación, a quienes tocaba y a los que trataban de tocarle: «Algunos hombres ven las cosas tal como son y dicen: "¿Por qué?". Yo sueño con cosas que nunca han existido y digo: "¿Por qué no"?».[1]

Al final de la ceremonia, el ataúd fue sacado de la catedral ante miles de personas que esperaban en el exterior, y llevado hasta el tren funerario que le llevaría a Washington para ser enterrado en el cementerio de Arlington, a pocos metros de donde estaba su hermano. A lo largo del trayecto, centenares de miles de personas, muchas de ellas negras, se apostaron junto a las vías o en las estaciones por las que debía pasar el tren —que avanzó lentamente, haciendo sonar el grave silbido— para despedirse por última vez de Bobbie.

El asesinato de Kennedy no solo fue un golpe más a un país desmoralizado por la violencia interior y la guerra en Vietnam, sino que contribuyó al caos político que había provocado la renuncia de Johnson a la reelección. Las convenciones de los dos partidos eran unos espectáculos políticos extraños y teatrales en los que los compromisarios que los candidatos habían ido sumando con los resultados de las primarias se reunían y votaban a su preferido para la presidencia. Pero cuando había más de dos candidatos, nada aseguraba que el ganador de las primarias lograra la nominación, como ocurría entonces. Ambas reuniones debían celebrarse en agosto, y resultaba difícil predecir su resultado. Después del asesinato de Kennedy, que tras las votaciones de California tenía bastantes posibilidades de ser el ganador de las primarias, la legitimidad de la convención demócrata era cuestionable. En todo caso, Chicago iba a ser un caos, y el escenario de algunas de las más extravagantes alteraciones del orden dentro de un año proclive a la extravagancia y las alteraciones del orden.

En junio de 1968, para eludir los problemas de rivalidad entre los diferentes grupos y movilizar a los estudiantes que no estaban afiliados a ninguno de ellos, se crearon sendas Zenkyoto en la Universidad de Nihon, la mayor institución educativa superior de Japón, y en la de Tokio, la universidad de élite del país. Zenkyoto es una abreviatura japonesa de los llamados Consejos Universitarios Conjuntos para la Lucha, unos grupos que acogían a cualquier estudiante, se organizaban mediante un esquema horizontal, y celebraban encuentros abiertos en el campus.[2] Este movimiento implicaba la construcción de barricadas en los campus y enfrentamientos constantes con las autoridades universitarias y la policía para impedirles el paso. Como afirmó uno de sus líderes, Yamamoto Yoshichika, un estudiante de Físicas de veintisiete años, los Zenkyotos pretendían llevar a cabo una «negación de la universidad que produce hombres para servir al capital como si fuera una fábrica, y también una negación de la existencia de los estudiantes cuyo único futuro es ser simples piezas en la maquinaria del poder». En un principio, los Zenkyotos, que se fueron extendiendo con rapidez a las universidades de todo el país, no eran particularmente ideológicos; no pretendían tanto influir en la política nacional o internacional como mejorar la vida de los jóvenes en unas instituciones educativas muy jerárquicas y autoritarias, impedir decisiones arbitrarias y criticar las condiciones de «producción en masa» de estudiantes.[3] Se valían de cascos y barras de madera para evitar que los agentes accedieran a los campus y así permitir que siguieran siendo, como ellos los llamaban, «zonas liberadas». Aun así, las octavillas publicadas durante los primeros meses de actividad no exigían mucho más que «reforma» o «democracia», aunque los estudiantes no rehuyeran ciertas tácticas violentas y se produjeran graves choques en los recintos universitarios y fuera de ellos. Quienes participaban de manera activa en el movimiento de los Zenkyotos eran pocos, probablemente alrededor de un 20 por ciento del total de los estudiantes japoneses, en un país en el que la tasa de matriculación universitaria era también de alrededor de un 20 por ciento.[4] Pero a medida que transcurría el año, ese pequeño grupo que en principio no estaba muy politizado fue atrayendo la atención de la nueva izquierda, una corriente revolucionaria mejor coordinada y con ambiciones de liderar un movimiento de carácter nacional, que se oponía al entonces bien implantado Partido Comunista japonés y al Gobierno conservador del momento, y que se caracterizaba por sus críticas a la guerra de Vietnam y al Tratado de Seguridad entre Estados Unidos y Japón. Además, parte de esa nueva izquierda exigía una revolución de inspiración marxista e incluso miraba con simpatía la Revolución Cultural de Mao que había tenido lugar en la vecina —y siempre enemiga— China. El Gobierno estaba preocupado porque temía, con razón, que ese movimiento fuera capaz de aglutinar y vertebrar el amplio sentimiento antiestadounidense que existía en el país. Se recordaba a los estudiantes, sobre todo a los que habían conseguido entrar en las instituciones de élite del país, que con las huelgas y los enfrentamientos con la policía ponían en riesgo su acceso y pertenencia a las capas superiores de la sociedad. Estos, en respuesta, afirmaban haber desarrollado una ideología de negación del yo que les llevaba a renunciar voluntariamente a cualquier privilegio individual y a someterse a lo que consideraban el bien común. Según se incrementaba la crisis, los miembros de los Zenkyotos empezaron a librar una guerra sin tregua contra los de la organización estudiantil del Partido Comunista, situación que conduciría a un paulatino aumento de la violencia.

El 27 de junio, cuatro periódicos checoslovacos publicaron un artículo del escritor Ludvík Vaculík, firmado también por otras setenta personas, algunas de las cuales eran científicos, escritores, deportistas o artistas de renombre, titulado «Dos mil palabras». Comparado con los textos políticos que circulaban entre los estudiantes franceses, los *yippies* estadounidenses o los revolucionarios italianos, esas «dos mil palabras» constituyen un admirable ejemplo de moderación política. Sus firmantes, simplemente, tenían la sensación de que las reformas que Dubcek había iniciado a principios de año estaban encontrando cada vez más resistencia por parte de los conservadores, que en ocasiones lograban incluso sabotear lo ya conseguido. Además, percibían que los rusos estaban cada vez más nerviosos.

> Desde principios de este año estamos experimentando un regenerador proceso de democratización.
> [...]
> En este momento de esperanza, aunque de esperanza aún amenazada, apelamos a vosotros. Pasaron varios meses antes de que muchos de nosotros creyéramos que era seguro alzar la voz; muchos de nosotros todavía creemos que no es seguro. Pero alzamos la voz para exponernos, en la medida que no tenemos más opción que completar nuestro plan para humanizar al régimen. Si no lo hacemos, las viejas fuerzas infligirían una cruel venganza. Apela-

mos a todos aquellos que hasta ahora han esperado a un lado. Se está acercando el momento en el que se decidirán los acontecimientos de los próximos años.

[...]

Recientemente se ha producido una gran alarma ante la posibilidad de que fuerzas extranjeras intervengan en nuestro desarrollo. Enfrentados a su fuerza superior, lo único que podemos hacer es permanecer humildemente en nuestras posiciones, comportarnos de forma decente y no iniciar nada. Podemos manifestar a nuestro Gobierno que le apoyaremos, con armas si es necesario, si hace aquello para lo que le hemos dado mandato.

[...]

Esta primavera, una vez más se nos dio una gran oportunidad, como sucedió tras el final de la guerra. Una vez más tenemos la posibilidad de tomar en nuestras manos la causa común, que por motivos prácticos llamamos socialismo, y darle una forma que haga justicia a nuestra antigua buena reputación y a nuestra pasada autoestima. La primavera ha terminado y nunca volverá. En invierno lo sabremos todo...

El artículo generó un inmenso escándalo político en Praga. Se convocó de inmediato una sesión extraordinaria del Presidium del Partido Comunista, que adoptó una resolución de condena al manifiesto. El secretario del partido, Alois Indra, mandó telegramas a todas las organizaciones locales del partido advirtiendo contra las «incitaciones contrarrevolucionarias». Dubcek mostró su «gran preocupación». El primer ministro Oldrich Cernik denunció ante la Asamblea Nacional a quienes provocaban inquietud. Era difícil saber si las duras reacciones por parte de los mismos que habían iniciado el proceso aperturista defendido en el artículo habían sido fruto de la prudencia o, simplemente, de las amenazas recibidas desde Moscú.[5] Una sensación de abatimiento recorría el país, no solo porque la llamada a renovar el empeño regeneracionista era un reconocimiento explícito de que estaba siendo cuestionado, sino por un hecho aún más preocupante: se había ocultado a los checoslovacos que iban a entrar en el país decenas de miles de soldados polacos, soviéticos, alemanes del Este y húngaros con tanques y aviones para llevar a cabo maniobras acordadas en el Pacto de Varsovia. Y en junio se había ido corriendo la voz. A finales de mes, el semanario *Kulturny Zivot* lo confirmaba: «La obra se ha desarrollado de acuerdo con las estrictas reglas del drama. En primavera se dijo que ni habría ni se contemplaba maniobra alguna. En el segundo acto se reconoció tentativamente que se estaba preparando un pequeño y ordinario ejercicio militar [...]. La verdadera obra empezó cuando el secretario de prensa del Ministerio de Defensa nos recordó que los ejercicios militares requerían soldados de transmisiones, estimados en alrededor de un batallón. Después, en una rápida sucesión, se añadieron las llamadas unidades de seguridad y de evaluación, después tanques y aviones, y todo el reluciente reparto estaba ya en el escenario». Era probable que Dubcek no hubiera tenido más remedio que aceptar esas maniobras, pero aquello suponía una señal de su debilidad creciente ante los soviéticos, que transmitían un nerviosismo histérico ante la creciente libertad de prensa en Checoslovaquia y lo que veían como intolerables ataques a la ortodoxia comunista y a su papel preponderante. Y por si fuera poco, la economía checoslovaca estaba hecha trizas y necesitaba ayuda de quien se la pudiera dar. Pero ningún país de la órbita comunista lo iba a hacer gratis.

Fuera como fuese, a principios de julio se estaba creando un consenso en Moscú: había que terminar de una vez por todas con las excéntricas medidas políticas de los últimos meses en Checoslovaquia y para tal fin cualquier medio era aceptable. Lo idóneo, por supuesto, era que el propio Dubcek deshiciera lo andado y asumiera que no podía volver a desviarse del camino marcado. Pero si eso no sucedía, el Gobierno de Moscú se mostraba abierto a llevar a cabo un golpe de Estado en Praga que permitiera a los conservadores del partido recuperar el poder. También estaba dispuesto a invadir el país.

Por el momento, la estrategia era evidente. El plan de contingencia iniciado meses antes estaba listo, cuenta Harry Schwartz en su relato de lo sucedido ese año en Praga, y se habían desplegado miles de soldados en los países limítrofes de Checoslovaquia, formando un arco a su alrededor. Alemania del Este y Polonia habían cumplido con las órdenes de Moscú, y a última hora lo había hecho hasta la reticente Hungría. Su primer ministro, Janos Kadar, había ascendido al poder gracias a su apoyo a las medidas soviéticas contra la tentativa de apertura húngara en 1956 de su predecesor Imre Nagy (según algunas fuentes acusado de traición y ahorcado en 1958 por orden de Kruschev, entonces presidente del Consejo de Ministros soviético, para aleccionar a los líderes de la órbita soviética con intenciones aperturistas). Kadar se reunió el 3 de julio en el Kremlin con Leónid Bréznev, el secretario general del Comité Central de la Unión Soviética en ese momento. Ambos líderes se mostraron de acuerdo en que «Estados Unidos estaba convulsionado por el asesinato político, la revuelta de los negros y los jóvenes, la Campaña de los Pobres en Washington y la disensión surgida por la guerra de Vietnam», explica Schwartz. La estadounidense era una «sociedad podrida», una «sociedad degradada», una «sociedad que se desintegra». Las declaraciones transmitían, por supuesto, cierto regocijo al ver que el archienemigo pasaba por un momento de caos, violencia y discordia. Pero el mensaje realmente importante, aunque sutil, era también evidente: Estados Unidos tenía tantos problemas que no iba a intervenir en Europa del Este pasara lo que pasase, por lo que la Unión Soviética podía hacer con Checoslovaquia poco menos que lo que quisiera. Y Bréznev tenía claro cómo se debía proceder con los «apologistas [checos] del orden burgués dispuestos a presentarse bajo ropajes seudosocialistas» que querían «debilitar los lazos fraternales entre los países socialistas». La Unión Soviética, dijo Bréznev, «no puede ser y nunca será indiferente respecto al destino de la construcción socialista en otros países». Según Kadar, los comunistas húngaros «expresan plena solidaridad con los comunistas, con los que defienden el poder de la clase trabajadora, la causa del socialismo contra las usurpaciones de los dogmáticos, revisionistas, el enemigo de clase. Comprendemos el sentido de la lucha y estamos preparados para extender ayuda internacional por todos los medios».[6] La decisión estaba tomada. El Pacto de Varsovia, liderado por la Unión Soviética y sustentado incluso por quienes habían albergado dudas o hasta sentido cierta simpatía por el aperturismo checoslovaco, iba a impedir que este se abriera paso. Al principio del verano solo quedaba decidir cómo y en qué momento intervendría.

Sin embargo, la intromisión del Gobierno de Moscú y sus aliados —voluntarios o forzosos— en los asuntos internos checoslovacos empezó enseguida. Dubcek recibió cartas urgiéndole a asistir a una nueva cumbre comunista para revisar la amenaza que podían representar las «Dos mil palabras» para el poder comunista en Praga. Dubcek y el resto de los dirigentes comunistas checoslovacos se negaron a participar, aunque sabían perfectamente que ese desafío a Moscú carecía de precedentes. Era un acto de enorme valentía, pero que sin duda desataría una grave crisis. Muestra de ello era que, además de las fuerzas del Pacto de Varsovia que estaban creando un cerco alrededor del país, las que se encontraban en su interior no se marchaban, a pesar de que las supuestas maniobras que les habían servido de excusa para entrar habían terminado hacía ya días, el 30 de junio.

Había algo tragicómico en la sucesión de anuncios oficiales en Praga durante julio sobre cuándo se marcharían las «tropas aliadas» —cuenta Schwartz— y en las torpes explicaciones posteriores de por qué no se habían ido como se había prometido con anterioridad. Al principio, los mandos soviéticos dijeron que su equipo tenía que ser reparado antes de sacarlo del país, y las «tropas de reparación» adicionales entraron en Checoslovaquia. Después se dijo que habían surgido las habituales dificultades para conseguir las partes necesarias y que los soldados estaban agotados y tenían que descansar antes de partir. Más tarde, los mandos soviéticos desarrollaron una diligencia desconocida con respecto al flujo de tráfico en las carreteras checoslovacas e insistieron en que sus vehículos solo podían moverse de noche y con lentitud para evitar accidentes. Finalmente, se sugirió que los puentes y las carreteras por las que el equipamiento pesado soviético había entrado en Checoslovaquia eran muy inseguros y tenían que ser reforzados antes de que los vehículos volvieran a pasar por ellos.

Varios mandos soviéticos afirmaron también que su personal permanecía en el país porque el entrenamiento de los soldados checoslovacos en las maniobras había sido muy deficiente y habría que llevar a cabo nuevos ejercicios de entrenamiento. Por supuesto, todo era una farsa. Algunas fuentes diplomáticas llegaron a afirmar que los líderes checoslovacos habían pedido formalmente que los soldados extranjeros salieran del país. Pero ni siquiera entonces se marcharon. Si aquello no era una invasión, se le parecía mucho.

Aun así, en Moscú todavía esperaban que Dubcek se retirara o que se produjera un golpe para evitar intervenir de forma directa bajo la mirada de todo el mundo. El 11 de julio, el *Pravda* publicó por primera vez sin ambages la analogía entre lo que estaba sucediendo en Praga y lo que había sucedido en Hungría en 1956 bajo el titular «Ataque contra los fundamentos socialistas de Checoslovaquia». Y señaló que quienes habían apoyado el artículo «Dos mil palabras» eran contrarrevolucionarios vinculados al imperialismo extranjero. Algunos pertenecían a los círculos más elevados del Gobierno, sugería el *Pravda*.

Dubcek y los checoslovacos no parecieron asustarse, o en cualquier caso decidieron contraatacar. El 15 de julio, el teniente general Václav Prchlík, alto cargo del Comité Central, ofreció una rueda de prensa en la que exigió una reorganización del Pacto de Varsovia para que todos sus miembros gozaran de igualdad real y estuvieran protegidos frente a las posibles alianzas entre varios de ellos. Por supuesto, era una alusión a los países que, bajo el liderazgo soviético, estaban conspirando contra el Gobierno checoslovaco. El tratado original, afirmó Prchlík, ya mencionaba específicamente el respeto por la soberanía de los demás firmantes y el principio de no interferencia en sus asuntos internos; por supuesto, dijo, el tratado no permitía desplegar soldados en el territorio de un país sin que este lo hubiera autorizado antes. Además, el Mando Conjunto del Pacto de Varsovia estaba formado en exclusiva por altos cargos militares soviéticos, y el resto de los países apenas tenían representación en forma de cargos intermedios sin verdadera capacidad de decisión. Eso tenía que cambiar.

La osadía de los checoslovacos resultaba asombrosa. No se trataba solo de Dubcek o de su Gobierno, que se mostraban dispuestos a salvar la dignidad y la soberanía de su país, sino del país mismo. Checoslovaquia había sido creada solo cincuenta años antes y siempre había habido rencillas entre sus dos nacionalidades principales y sus distintas aspiraciones políticas. Y, además, estaba acostumbrada a estar sometida por sus vecinos: antes de su fundación durante la Primera Guerra Mundial, había sido parte del Imperio Austro-húngaro; durante la Segunda Guerra Mundial había formado parte de Alemania, y desde el inicio del mandato comunista había sido objeto de la influencia y la manipulación soviéticas. No tenía precisamente un brillante historial de enfrentamiento a las grandes potencias. Y la conexión entre gobernantes y gobernados nunca había gozado de excesiva confianza. Pero en ese momento el país parecía dominado por una unidad y un rebrote del nacionalismo asombrosos, y también por una calma que parecía impropia de un país que, en cierto sentido, estaba siendo sometido a una invasión.

El 18 de julio, el Partido Comunista de Checoslovaquia recibió la carta procedente de la reunión restringida del Pacto de Varsovia que se había celebrado los días 14 y 15 con representantes soviéticos, polacos, húngaros, búlgaros y alemanes del Este, en la que se hacía explícito el ultimátum soviético. La carta insistía en que Checoslovaquia estaba siendo manipulada por agentes imperialistas y contrarrevolucionarios, y aunque afirmaba que se trataba de un asunto interno del país y que nadie pretendía inmiscuirse en él, hacía exactamente lo contrario amenazando con llevar esa intromisión hasta las últimas consecuencias. El bloque comunista de Europa del Este había avanzado hasta el corazón de Europa, decía la carta, y ese progreso no podía ponerlo en riesgo uno solo de sus países.[7]

No era ni es nuestra intención interferir en asuntos que son de carácter puramente interno de vuestro partido o Estado, o violar los principios de respeto a la independencia y a la igualdad en las relaciones entre partidos comunistas y países socialistas.

[...]

Pero al mismo tiempo no podemos estar de acuerdo con que fuerzas hostiles empujen a vuestro país fuera de la senda socialista y amenacen con apartar a Checoslovaquia de la comunidad socialista. Ya no es solo asunto vuestro. Es una causa común de todos los partidos y estados comunistas y de trabajadores, que están unidos por la alianza, la cooperación y la amistad. Es la causa común de nuestros países, que se han unido en el Pacto de Varsovia, salvaguardar su independencia, preservar la paz, mantener la seguridad en Europa y erigir una barrera inexpugnable frente a las intrigas de fuerzas imperialistas agresivas y vengativas.

[...]

Nunca aceptaremos que el imperialismo, utilizando vías pacíficas y no pacíficas, cree un agujero en el sistema socialista, desde el interior o el exterior, y altere la correlación de fuerzas en Europa en favor del imperialismo.

[...]

Cada uno de nuestros partidos es responsable no solo de su clase trabajadora y su gente, sino también de la clase trabajadora internacional y del movimiento comunista mundial, y no podemos evadir las obligaciones que se derivan de esto [...]. Esta es la razón por la que creemos que el rechazo firme a las fuerzas anticomunistas y los esfuerzos decisivos para la preservación del sistema socialista en Checoslovaquia no son solo vuestra tarea, sino también la nuestra.[8]

El mensaje era claro: Checoslovaquia tenía que complacer a sus compañeros de bloque reinstalando la censura, recentralizando el poder y organizando una purga contra las «fuerzas antisocialistas», o si no los países firmantes tendrían que sacrificarse y ayudar a los pobres checoslovacos a deshacerse de su indeseable Gobierno. O como dijo el *Pravda*: «Los comunistas, todos los trabajadores de Checoslovaquia, pueden tener la confianza de que el Partido Comunista de la Unión Soviética, el Gobierno soviético y nuestra gente están dispuestos a prestarles toda la ayuda necesaria en defensa de las conquistas socialistas».

Era casi una invitación al sector más conservador del Partido Comunista checoslovaco a dar un golpe de Estado a sabiendas de que los soviéticos estarían de su lado.

Dubcek respondió a estas amenazas con una mezcla de valor y prudencia. Y sorprendentemente, por el momento, las cosas se quedaron como estaban y los soviéticos decidieron no intervenir. Por un lado, es probable que entre ellos estuvieran divididos y no existiera un consenso sobre la idoneidad de una solución militar al problema, por lo que prefirieron seguir insistiendo en la búsqueda de una solución política. Además, los dirigentes soviéticos sabían a ciencia cierta que en el mundo muchos comunistas miraban con simpatía lo que estaba sucediendo en Checoslovaquia, y no solo en países de la órbita soviética como la Rumanía de Nicolae Ceaucescu o la Yugoslavia de Tito, sino en países como Francia o Italia, donde el Partido era fuerte. Y también había que sopesar, por supuesto, el enorme apoyo que Dubcek y su proyecto liberalizador tenían entre los checoslovacos.

Para seguir buscando una solución que no implicara medidas

militares, Moscú propuso un encuentro insólito en el mundo comunista: el Politburó del Partido Comunista soviético al completo se reuniría con todo el Presidium del Partido Comunista checoslovaco. Sugirió que la reunión tuviera lugar en la Unión Soviética, pero los checoslovacos temieron que, una vez allí, se les retuviese y se produjera un golpe en Praga, por lo que aceptaron la propuesta de reunión, pero exigieron que se celebrase en su territorio. El 22 de julio, las partes se pusieron de acuerdo. El encuentro sería en Checoslovaquia.

Pero antes de que se celebrara, los países del bloque que estaban amenazando a Checoslovaquia hicieron lo posible por amedrentar a los líderes del país y poner nerviosos a sus ciudadanos. La prensa les atacaba sin cesar, se suspendían las visitas de turistas a Checoslovaquia y se producían extraños movimientos de tropas. A pesar de ello, asegura Schwartz, que en ese momento se encontraba en el país, el ambiente era tranquilo. «La imperturbabilidad del pueblo checoslovaco nunca fue más útil. Praga era la más normal de las ciudades.» En su crónica, el periodista afirma que no se daban muestras de pánico ni acaparamientos de comida, que los hoteles estaban llenos de turistas y que no era raro que por las calles uno se encontrara con ciudadanos de países vecinos y se debatiera con ellos sobre la situación política. Y también destacaba, significativamente, que, con toda normalidad, «los *hippies* locales vendían tabloides que ensalzaban las virtudes de cantantes y grupos pop locales», algo muy poco probable en los demás países socialistas, donde la cultura pop y la contracultura no habían penetrado tanto como en Checoslovaquia. Con todo, continuaban las tensiones: los soviéticos provocaban con artículos en el *Pravda*, a los que seguían las reacciones nacionalistas checoslovacas, contenidas pero orgullosas.

Actuad, explicad, pero con unidad y sin concesiones defended
la carretera que hemos tomado y de la que nunca nos alejaremos

con vida —pedía a los miembros del Presidium la revista literaria *Literarni Listy* el viernes 26 de julio en un número especial—. En los próximos días seguiremos vuestras conversaciones con suspense, hora a hora. Esperamos con impaciencia vuestras informaciones. ¡Pensad en nosotros! Escribid en nuestro nombre una página trascendental de la historia de Checoslovaquia. Escribidla con cuidado, pero sobre todo ¡con valentía![9]

Las conversaciones entre el Politburó soviético y el Presidium checoslovaco se iniciaron el lunes 29 de julio en la pequeña ciudad de Čierna nad Tisou, en el sudeste de Eslovaquia, muy cerca de la confluencia de las fronteras con la Unión Soviética y Hungría. De hecho, los líderes soviéticos regresaban cada noche al lado soviético de la frontera para dormir allí. Las reuniones tuvieron lugar en un club de trabajadores de ferrocarril que fue completamente remodelado los días previos. Hasta el 1 de agosto, se conocieron pocos detalles del transcurso de las conversaciones, que duraron cuatro días, en los que el *Pravda* siguió atacando a las autoridades checoslovacas (y recordándoles que una parte inmensa de su economía dependía de la Unión Soviética) y circularon toda clase de rumores sobre los desencuentros entre las dos partes. Los checoslovacos estaban nerviosos y sus autoridades supieron que debían tranquilizarlos. Así lo hizo Dubcek el 2 de agosto en una intervención radiofónica.

Os digo con sinceridad que podéis estar completamente satisfechos con los resultados y el espíritu de las negociaciones. Hemos mantenido las promesas que os habíamos hecho y regresamos con la misma convicción con la que partimos para las conversaciones: seguir con coherencia el camino que el Partido Comunista de Checoslovaquia y toda nuestra gente tomó el pasado enero [...]. Cabe señalar sinceramente la buena voluntad y los esfuerzos de los amigos soviéticos para comprender nuestros problemas, y también el respeto a nuestras condiciones específicas y al derecho inalienable de cualquier lugar a resolver sus asuntos de manera independiente. Los camaradas soviéticos pudieron sentirse satisfechos durante las conversaciones en el sentido de que estamos defendiendo los principios del socialismo juntos y que nuestro deseo es contribuir al fortalecimiento del movimiento socialista. Es nuestro deber internacional seguir demostrando con nuestra conducta que nunca vamos a desviarnos del camino del socialismo [...]. De regreso del aeropuerto me preguntaron si nuestra soberanía está amenazada. Dejadme decir con franqueza que no.

El discurso de Dubcek fue el propio de un político hábil que probablemente creía que la Unión Soviética no iba a tomar medidas drásticas mientras Checoslovaquia permaneciera en el Pacto de Varsovia —Hungría lo había abandonado en 1956, y eso había precipitado su invasión— e insistía, de puertas afuera, en su fidelidad a la ortodoxia socialista y en su amistad con la Unión Soviética. Aun así es difícil saber en qué grado creía en lo que estaba diciendo. Porque los soviéticos no parecían compartir su optimismo.

Todo empezó con una bronca en la plaza de La Ciudadela, en el centro histórico de Ciudad de México, a unas cuadras de distancia del Palacio de Bellas Artes y del Zócalo. El 22 de julio, alumnos de la escuela preparatoria Isaac Ochoterena (el equivalente a un instituto de bachillerato) se pelearon con los de las vocacionales 2 y 5 del Politécnico (las escuelas secundarias tecnológicas). Al día siguiente, el enfrentamiento se repitió, esta vez con palos y piedras y la presencia de los granaderos, un cuerpo de policía antidisturbios, que, según cuenta Carlos Monsiváis en su libro *68. La tradición de la resistencia*, trataron de reducir a los estudiantes y les agredieron con brutalidad. El periódico *El Universal* relató cómo los granaderos irrumpieron en al menos una escuela y pegaron a estudiantes y profesores, hombres y mujeres, indistintamente. «Los transeúntes exigían a los enfurecidos granaderos que no agredieran a los estu-

diantes, a lo que respondieron con improperios y nuevos ataques.»
«Los más indignados eran los politécnicos —afirmó el estudiante
de ciencias y activista Marcelino Perelló—. Ellos no sabían qué
querían. Realizaban mítines en las calles. Sus reuniones se caracte-
rizaban por la indignación», según recogió después el periódico
Excélsior. De acuerdo con Monsiváis, la rebeldía nacía de la «rabia
ante las arbitrariedades de la policía, el rencor social y el impulso
de la marginalidad ciudadana que quiere dejar de serlo.»[10]

El sistema político mexicano, cuenta el historiador Enrique
Krauze, que participó en los hechos del 68 siendo estudiante en la
Universidad Nacional Autónoma de México (UNAM), había sido
«admirado a lo largo de los años sesenta como un mecanismo supuestamente "milagroso" que combinaba el crecimiento económico y una cierta vocación social con una variedad "muy ligera"
de autoritarismo político hecho de corrupción y patronazgo».[11]
Era una autocracia en la que la presidencia tenía en ocasiones una
gestualidad monárquica. En *La presidencia imperial*, su gran obra
sobre la historia mexicana desde 1940 hasta finales de siglo, Krauze
afirma: «De 1940 en adelante, la historia política de México siguió
siendo cada vez más una proyección —parcial, si se quiere, pero no
menos decisiva— de la biografía de sus presidentes».[12] En ese sentido, el presidente del momento, Díaz Ordaz, era un hombre de
«mentalidad conspiratoria», con una marcada tendencia a creer
que los problemas en México eran fruto de conjuras y a desconfiar
de quienes le informaban y le recomendaban moderación y paciencia, al menos al enfrentarse a los sucesos de 1968, actitud que
contribuyó al desarrollo de una inmensa crisis que se había iniciado con una pelea de escolares en una plaza céntrica.[13] Díaz Ordaz,
procedente de una familia empobrecida con viejas raíces en la
política, había sido un estudiante meticuloso, trabajador y casi obsesivo. Tras cursar Derecho, emprendió una rápida carrera por el
sistema judicial; con treinta años era presidente del Tribunal Superior de Justicia del estado de Puebla, y más tarde fue secretario de

gobierno del Estado, diputado federal, senador y secretario de Gobernación. Era un hombre adusto, acomplejado por su fealdad, martirizado por los dolores de estómago, aficionado a los puzles —y con una cierta tendencia a ver todos los problemas como si fueran también eso, puzles que resolver— y obsesionado con el mantenimiento del *statu quo* y el orden. «No era un visionario ni un reformador, sino un hombre cuya idea fija era conservar a toda costa y "sin cambio alguno [...] los rumbos que tiene México"», afirma Krauze. Una vez fue nombrado presidente en 1964, se obsesionó por la dignidad del cargo y su carácter casi monárquico. «Ya en la presidencia —dice Krauze—, su pensamiento no tiene sino dos polos: la fuerza, la gravedad, la autoridad, la investidura, la majestad que solo él encarna y representa, y la amenaza de fuerzas oscuras, extrañas, que pretenden sembrar el desorden, la anarquía y el caos en el rompecabezas nacional.» Además, se presentaba como un legalista férreo: tendía a pensar que, ante cualquier clase de conflicto político, la única disyuntiva era o la ley o la anarquía, aunque con frecuencia tendía a identificar «la ley» con lo que a él le apeteciera.[14] Eran los años de lo que, más tarde, Mario Vargas Llosa llamó «una dictadura perfecta», en la que el PRI era casi el partido único y había gobernado el país de manera ininterrumpida desde 1929: un régimen con elecciones (con frecuencia manipuladas) y libertades públicas, pero en esencia un Gobierno de partido único y fuertes impulsos autoritarios.[15] «El sistema llegó a su cenit en los años sesenta —cuenta Krauze—. Era un mecanismo casi genial, hay que reconocerlo, pero fue víctima de su propio éxito [...]. Se trataba de un experimento de economía protegida, sociedad tutelada y política cerrada que se abría a la competencia y a la comunicación global.» Lo acontecido en 1968 «supuso el punto de inflexión, el comienzo de una larga decadencia».[16] Ese año, dice Monsiváis, se produce «el enfrentamiento más lúcido al autoritarismo presidencial, el desenvolvimiento de otra idea de juventud, la pérdida de respeto a la majestad del poder presidencial».[17]

A raíz de la violencia sufrida por los estudiantes el día 22, la Federación Nacional de Estudiantes Técnicos (FNET) solicitó permiso a las autoridades para realizar una marcha de protesta contra la actuación policial. La manifestación, que tuvo lugar el 26 de julio, en principio debía ser pacífica y centrarse en aquel conflicto puntual. Y, en parte, así fue: salió desde La Ciudadela hacia el Casco de Santo Tomás, donde se encontraba la sede del Instituto Nacional Politécnico (IPN), a una hora a pie hacia el norte de la ciudad. Fue una concentración autorizada y sin incidentes, con pancartas en las que se exigía respeto a los estudiantes y se pedía la expulsión de los granaderos violentos. Pero una vez llegada a su destino, algunos jóvenes se salieron del guion establecido, se hicieron con el equipo de sonido que habían llevado los organizadores e invitaron a los demás participantes a unirse a ellos en una marcha independiente e imprevista hasta el Zócalo. Quienes decidieron unirse a ese nuevo trayecto no programado (aunque es posible que quienes lo emprendieron sí lo tuvieran en mente desde el principio) se encontraron, ya de vuelta a la cuadrícula central, con otra manifestación, esta de naturaleza muy distinta, convocada por la Central Nacional de Estudiantes Democráticos (CNED) y otras organizaciones de carácter comunista para conmemorar el quince aniversario del asalto al cuartel Moncada, que había tenido lugar en Cuba el 26 de julio de 1953 bajo el mando de Fidel Castro, y mostrar su solidaridad con la Revolución cubana. Las pancartas ahí eran abiertamente revolucionarias. Cuando los dos grupos confluyeron en el cruce de las calles Palma y 5 de mayo, entre el Zócalo y el Hemiciclo a Benito Juárez, los granaderos cargaron. Los manifestantes se hicieron con piedras —algunos testigos afirmaron que dejaban caer al suelo las alcantarillas, que entonces eran de hormigón, y utilizaban los pedazos como proyectiles; otros sostenían que ya había piedras preparadas en las papeleras de todo el centro— y las arrojaron contra Raúl Mendiolea Cerecero, el jefe de la policía, que dio orden de ataque. Hubo centenares de heridos y de detenidos, y esa misma noche empezaron las detenciones de miembros del Partido Comunista, también en las sedes de su Comité Central y en los talleres de la *Voz de México*, su periódico.

Los días siguientes se produjeron incidentes en el centro de la ciudad, con al menos un autobús quemado. Hubo detenciones de estudiantes y las fuerzas del orden entraron en instituciones educativas. Los estudiantes de la UNAM, la universidad pública situada en el sur de la ciudad, a algo menos de veinticinco kilómetros del núcleo urbano, empezaron a organizarse. Mientras, en el centro, los estudiantes de preparatoria seguían acudiendo a los colegios, entre ellos el de San Ildefonso, un impresionante edificio colonial del siglo XVI que, desde que los jesuitas lo fundaron, se había utilizado con fines educativos. Desde hacía más de un siglo que era la sede de la Escuela Nacional Preparatoria y en los tiempos de la Revolución sus paredes habían sido cubiertas por obras de los mejores muralistas mexicanos, muchas de ellas cargadas de un explícito contenido político y revolucionario. Allí, «los jóvenes hablan sin tregua, con una mezcla de miedo y optimismo», dice Monsiváis. Sin embargo, el barrio estudiantil, estaba siendo tomado por los granaderos.[18]

Después de un día entero de enfrentamientos, carreras, pedradas y cócteles molotov, la madrugada del 30 de julio, los granaderos, con el apoyo del ejército mexicano, entraron en San Ildefonso y en otras instituciones educativas que habían sido ocupadas por los alumnos. El despliegue fue asombroso. Parecía pensado para abordar algo bastante más complejo que el asalto a unos cuantos institutos: hubo tanques ligeros, camiones con tropas, cañones e incluso bazucas, como el que utilizó un soldado para volar un portón de San Ildefonso que los estudiantes habían atrancado. Con el tiempo, el llamado «bazukazo» se vería como un emblema de la absurda exageración del uso de la fuerza por parte del Estado mexicano. Los jóvenes salían corriendo por las calles del centro o se refugiaban donde podían. Hubo centenares de detenidos, la mayoría heridos y ensangrentados. El barrio fue aislado deliberadamente, se vació por completo de estudiantes y se produjeron registros en domicilios privados de los alrededores. A las pocas horas, en una rueda de prensa, el jefe del Departamento del Distrito Federal (una especie de alcalde no electo), el secretario de Gobernación (el ministro de Interior) y los procuradores generales de la República y del Distrito Federal (los fiscales federal y de Ciudad de México) afirmaron que «la acción desarrollada por el ejército esta madrugada para terminar con la agitación estudiantil tuvo como base que fue razonable, sirvió a los intereses de la colectividad y estuvo apegada a la ley». Las autoridades consideraban que la «agitación» y la «subversión» habían sido planeadas, que muchos de los detenidos eran «elementos del Partido Comunista» y que el ejército se retiraría del barrio cuando se hubiera vuelto a la tranquilidad.[19]

También esa madrugada se suspendieron las clases del Instituto Politécnico Nacional, al que pertenecían las vocacionales en conflicto, y de la UNAM, a la que estaban afiliadas las preparatorias. Días más tarde, la revista *Por qué?* afirmó que entre el 27 y el 30 de julio habían muerto seis estudiantes.

Las instituciones de enseñanza superior se movilizaron con una rapidez y una contundencia sorprendentes. Hasta entonces, la idea de autonomía universitaria era «un concepto casi abstracto», asegura Monsiváis, pero la entrada de los granaderos y los soldados en los centros educativos se percibió como una violación de su carácter extraterritorial. Al día siguiente, el 31 de julio, estudiantes y profesores se reunieron en la explanada de la Ciudad Universitaria de la UNAM, frente al rectorado, para protestar contra la violación de la autonomía. Fue clave para el desarrollo posterior de las protestas que el rector de la UNAM, Javier Barros Sierra, acudiera a la manifestación en señal de apoyo. Incluso izó la bandera nacional a media asta en señal de duelo por lo que era percibido como una flagrante vergüenza nacional. La presencia del rector, un ingeniero civil irreprochable que había servido al Estado desde distintos cargos públicos como el Ministerio de Obras Públicas o la empresa Petróleos Nacionales, dio a la protesta un aire cívico y responsable que la alejaba de una simple algarada juvenil o el enésimo coqueteo de la izquierda con la violencia.[20] El rector leyó un breve discurso:

> Hoy es un día de luto para la Universidad; la autonomía está amenazada gravemente. Quiero expresar que la Institución, a través de sus autoridades, maestros y estudiantes, manifiesta profunda pena por lo acontecido. La autonomía no es una idea abstracta; es un ejercicio responsable que debe ser respetable y respetado por todos. En el camino a este lugar he escuchado un clamor por la reanudación de las clases. No desatenderemos ese clamor y reanudaremos, a la mayor brevedad posible, las labores. Una consideración más: debemos saber dirigir nuestras protestas con inteligencia y energía. ¡Que las protestas tengan lugar en nuestra casa de estudios! No cedamos a provocaciones, vengan de fuera o de adentro; entre nosotros hay muchos enmascarados que no respetan, no aman y no aprecian la autonomía universitaria. La Universidad es lo primero. Permanezcamos unidos para defender, dentro y fuera de nuestra casa, las libertades de pensamiento, de reunión, de expresión y la más cara: ¡nuestra autonomía! ¡Viva la UNAM! ¡Viva la autonomía universitaria![21]

Barros Sierra no tardó en contradecirse y al día siguiente, el 1 de agosto, participó en una marcha que fue más allá del propio recinto universitario, y que no tardó en ser conocida como «la manifestación del rector». En un principio se había pensado que llegara hasta el Zócalo, pero para evitar posibles incidentes violentos, se decidió finalizarla en el cruce de Félix Cuevas con la avenida de los Insurgentes, muy lejos aún del centro.

Antes del inicio del recorrido, el rector pronunció un discurso:

> Necesitamos demostrar al pueblo de México que somos una comunidad respetable, que merecemos la autonomía, pero no solo será la defensa de la autonomía la bandera nuestra en esta expresión pública; será también la demanda, la exigencia por la libertad de nuestros compañeros presos, la cesación de las represiones [...]. Sin ánimo de exagerar, podemos decir que se juegan en esta jornada no solo los destinos de la Universidad y el Politécnico, sino las causas más importantes, más entrañables para el pueblo de México. En la medida en que sepamos demostrar que podemos actuar con energía, pero siempre dentro del marco de la ley, tantas veces violada, pero no por nosotros, afianzaremos no solo la autonomía y las libertades de nuestras casas de estudios superiores, sino que contribuiremos fundamentalmente a las causas libertarias de México.[22]

Era, por supuesto, un alegato vertebrado por la idea de la autonomía universitaria. Pero no se quedaba ahí; contenía una reivindicación más amplia de regeneración de la vida pública mexicana. Y lo hacía desde el estricto respeto a la ley, no pidiendo una revolución ni, desde luego, actos violentos.

La manifestación, con unos cien mil participantes, se desarrolló entre unas medidas de control de nuevo extraordinarias para tiempos de paz. Hubo tanques, metralletas, coches de policía, soldados, granaderos y personal de los múltiples cuerpos de seguridad del país. Parte de los efectivos se quedarían en la zona durante semanas. La marcha se desarrolló sin grandes incidentes, aunque algunos estudiantes habían acudido directamente al centro de la ciudad creyendo que la manifestación llegaría hasta allí, y fueron bloqueados por las fuerzas del orden.[23] El presidente Díaz Ordaz encaró el problema con un discurso nacionalista y en esencia vacío, pronunciado en Guadalajara, Jalisco: «Estoy entre los mexicanos a quienes más les haya herido y lacerado la pérdida transitoria de la tranquilidad en la capital de nuestro país por algaradas en el fondo sin importancia [...]. Una mano está tendida [...]. Los mexicanos dirán si esa mano se queda tendida en el aire, o bien esa mano, de acuerdo con la tradición del mexicano, con la verdadera tradición del verdadero, del genuino, del auténtico mexicano, se vea acompañada por millones de manos de mexicanos que, entre todos, quieren restablecer la paz y la tranquilidad de las conciencias».[24]

La mayor parte de la prensa atacaba sin cesar a los estudiantes y defendía la contundencia del Gobierno. Eran los tiempos de la Guerra Fría y Cuba estaba muy cerca. Por otra parte, en los últimos años y en todo el hemisferio occidental, se habían producido cambios culturales profundos que habían afectado principalmente a la juventud. Enrique Krauze, que entonces era consejero universitario de la facultad de Ingeniería de la UNAM, describió al estudiante arquetípico que participó en las protestas de 1968 en «Retrato de un rebelde»: era un joven nacido a mediados de los años cuarenta, un universitario de clase media que se había familiarizado un poco con el existencialismo y el marxismo y sentía cierta vergüenza de clase: «¿Qué había hecho, qué haría en el futuro por los desheredados de su país?». Había leído la explosiva mezcla de marxismo y psicoanálisis de Marcuse y devoraba los libros de Octavio Paz, Carlos Fuentes, Juan Rulfo y Mario Vargas Llosa. Además, escuchaba los programas de radio de Carlos Monsiváis en Radio Universidad, que «no solo eran críticos, sino regocijadamente iconoclastas». «Aquel joven —dice Krauze— tendría más que ver con sus coetáneos de París, Varsovia, Berlín o California que con la generación de sus padres [...]. La rebeldía era la marca distintiva de aquella generación. Quizá aquel joven [prototípico] había sido más libresco que el promedio de sus amigos y conocidos, pero tenía en común con ellos una misma vocación parricida. Lo importante era negar, no afirmar; criticar más que proponer. Había que ser "contestatario" y atacar al *establishment*, aunque cada uno interpretara esas palabras como mejor le conviniera. La rebeldía juvenil tenía un blanco preferido: el sistema político mexicano [...]. Los jóvenes sabían que el Gobierno de México, y en particular el presidente Díaz Ordaz, era represor. Del PRI solo conocían la omnipresente propaganda, y les provocaba una náusea peor que la sartreana.» No era necesario ser comunista ni nada parecido para sentirlo así.[25]

La policía no se había atrevido a actuar durante la manifestación del 1 de agosto, que se había desarrollado de manera ordenada y que, al estar encabezada por un hombre que indiscutiblemente formaba parte del tradicional *establishment* mexicano, se había considerado respetable. Los estudiantes lo sabían y quisieron aprovechar esta visibilidad y legitimidad. Pero también deseaban actuar por su cuenta. El 2 de agosto se formó el Consejo Nacional de Huelga (CNH) en el Politécnico, que llegó a tener representantes de decenas de escuelas universitarias.[26] Se trataba de un órgano en el que, como de costumbre, se mezclaban revolucionarios de filiación marxista con simples reformistas. En *La noche de Tlatelolco*, un retrato coral de lo ocurrido entre julio y octubre de 1968 en México, Elena Poniatowska recoge el testimonio de un miembro de la CNH:

> En las sesiones, los universitarios se sentían obligados a politizar a los politécnicos. Explicaban tendencias filosóficas, tácticas revolucionarias, métodos de convencimiento. No hablaban de la próxima manifestación sino de Lenin, Marcuse, la pugna chino-soviética, el imperialismo y otros temas que ponían a la mayoría de los delegados al borde del estallido. Los politécnicos querían obtener la satisfacción de las demandas [que había hecho públicas el CNH], eso y nada más.[27]

Lo que les unía, en palabras de Monsiváis, era «el fastidio ante la monumentalidad y la represión priistas», «el gozo de la rebeldía justa».[28]

La manifestación del 5 de agosto fue la primera que los estudiantes llevaron a cabo por su cuenta, sin ningún representante de la autoridad universitaria. Según recordaba uno de los organizadores, el líder estudiantil Gilberto Guevara Niebla, «solo hubo un incidente. Al doblar por Manuel González, junto a [la plaza de] Tlatelolco, apareció a toda velocidad un camión militar. La gente se asustó, empezó a gritar y reorganizó la marcha. Llegamos al Casco [la sede del Instituto Politécnico Nacional] y entonces nació el 68».[29] El CNH redactó seis reivindicaciones, lo que más tarde sería llamado el «pliego petitorio», y dio al Gobierno setenta y dos horas para que las satisficiera: la libertad de los presos políticos, la derogación de los artículos del Código Penal que establecían el delito de «disolución social», la desaparición del cuerpo de granaderos, la destitución de varios jefes policiales, la indemnización a los familiares de los fallecidos desde el inicio del conflicto y el establecimiento de las responsabilidades de los implicados en hechos sangrientos. Ante el silencio del Gobierno, el 13 de agosto se produjo una nueva gran manifestación estudiantil, con una carga simbólica especial. Partía del Casco de Santo Tomás, el punto de salida o llegada habitual de las manifestaciones, pero terminaba en el Zócalo, el centro político, económico y religioso de la ciudad. El inmenso espacio, flanqueado por la Catedral y el Palacio Nacional, la sede del poder ejecutivo del país, poseía un gran valor simbólico, por lo que la policía había querido impedir que fuera conquistado por los manifestantes. Pero esta vez no encontraron resistencia policial. Cuando terminó la manifestación, contaba Guevara Niebla, sucedió algo «sin precedentes; aprovechando que no había policías atrás de nosotros, las brigadas se metían a los cines, organizaron mítines en las plazuelas, mercados y restaurantes caros como el Ambassadeur. Entraban grupos de estudiantes para hablar espontáneamente en las zonas de clase media, Zona Rosa, Narvarte, Roma y repartir volantes. Los mítines relámpago se sofisticaron gracias a los megáfonos».Todo parecía posible hasta que, a finales de mes, empezó a suceder lo que parecía imposible.

El 5 de agosto se declaró inaugurada la Convención Nacional Republicana de 1968, donde se escogería el candidato para las elecciones de noviembre de ese mismo año. Las convenciones eran un acontecimiento efectista y al mismo tiempo aburrido. Habían sido diseñadas en el siglo XIX con la intención de dar un cierto aire democrático a la elección de los candidatos presidenciales. Sin embargo, para mantener esa imagen se habían ido volviendo más complejas y cada vez incluían un mayor número de delegados, elegidos mediante primarias. A pesar de la apariencia impecable del sistema, no se trataba de un procedimiento limpio y eran habituales las oscuras negociaciones entre bambalinas llevadas a cabo por aquellos líderes capaces de modificar el voto de los delegados. Las convenciones se retransmitían por televisión, y las cadenas mandaban a sus reporteros estrella a cubrirlas como si fueran grandes acontecimientos deportivos.

El candidato que parecía destinado a ser el presidenciable republicano era Nelson Rockefeller, el gobernador de Nueva York. Perteneciente al ala liberal, había cambiado de opinión con respecto a la guerra de Vietnam —en ese momento consideraba que había que buscar una salida— y había tratado de acercar el partido a los pobres. Gustaba más a los demócratas que a la derecha dura de su propio partido, y las encuestas decían que podía ganar sin demasiados problemas a quien finalmente fuera elegido candidato en la convención demócrata a finales de agosto. Los sondeos también decían, sin embargo, que su principal rival, Richard Nixon, que había sido vicepresidente con Eisenhower y había perdido en las elecciones de 1960 contra John F. Kennedy, no ganaría las presidenciales fuera quien fuese su rival demócrata. Casi todo el mundo consideraba que Ronald Reagan, el tercer candidato relevante en la convención, no tenía ninguna posibilidad, a pesar de que llevaba dos años gobernando en California y se había ganado cierta simpatía en la derecha mostrando mano dura con los disturbios estudiantiles producidos durante ese año en las universidades de su estado.[30]

La campaña de Rockefeller fue torpe y, en última instancia, aunque parecía ser el preferido entre los votantes del país, no lo era entre los miembros del Partido Republicano, y los delegados de la convención escogieron a Nixon a la primera. Fue una elección trascendente. Nixon no era un extremista de derechas, pero la derrota de Rockefeller acabó con la representación de un ala liberal que, aunque tradicionalmente había existido en el partido, había ido perdiendo relevancia en los últimos años. En 1964, por ejemplo, el candidato republicano a la presidencia había sido Barry Goldwater, un conservador radical que había basado su campaña en un acérrimo anticomunismo y en las llamadas «guerras culturales», la oposición entre la vieja y responsable cultura protestante, prudente y de valores conservadores, y la nueva cultura juvenil fuertemente sexualizada y ajena a la religiosidad tradicional. Goldwater había perdido por una gran diferencia ante Lyndon B. Johnson, pero dejó un legado político e intelectual que los republicanos no cesarían de explotar en el siguiente medio siglo, y su oposición a la Ley de Derechos Civiles le hizo popular en el sur de Estados Unidos, de tradición demócrata. Muchos votantes sureños se sentían incómodos o amenazados por las reivindicaciones de los negros y su nuevo estatus y, al igual que los votantes republicanos del norte, eran partidarios de la ley y el orden y les asustaba el caos político y social de los últimos años. El Partido Republicano, aunque fuera con un candidato no particularmente radical como Nixon —cuyos problemas, como se vería, eran otros—, lo tendría en cuenta.

El discurso de aceptación de Nixon fue un tanto sorprendente. De hecho, como señaló Norman Mailer, que estaba cubriendo la convención para escribir un reportaje en la revista *Harper's*, imitó deliberadamente a Martin Luther King Jr. Siguiendo la estructura del popular discurso del líder negro «I have a dream» [tengo un sueño], Nixon repetía una y otra vez la frase «Veo llegar un día». Terminó con una altura retórica impropia de él: «Ha llegado el momento de que abandonemos el valle de la desesperación y ascendamos la montaña para que podamos ver la gloria del amanecer, un nuevo día para Estados Unidos, y un nuevo amanecer para la paz y la libertad en el mundo».[31] En vida, Martin Luther King Jr. había sido casi un apestado para muchos blancos, pero apenas cuatro meses después de su muerte, se había convertido en una especie de mito inocuo. Mientras Nixon era nominado en el Centro de Convenciones de Miami Beach, en un barrio negro de esa misma ciudad, Liberty City, se producían enfrentamientos entre negros y policía. El 9 de agosto, la portada del *Chicago Tribune* anunciaba con una gran foto la victoria de Richard Nixon y su sorprendente elección de candidato a vicepresidente, Spiro Agnew, un republicano moderado poco conocido a nivel nacional, que era gobernador de Maryland. En una columna lateral, con un pequeño destacado, se informaba de que la «La policía mata a tres negros en un disturbio en Miami».[32] Titulares parecidos se publicaban con enorme frecuencia en los meses transcurridos desde la muerte de King.

La convención republicana fue un aburrimiento y un espectáculo televisivo penoso. Hasta Norman Mailer, capaz de sacarle jugo literario a casi cualquier cosa, escribió una crónica rutinaria de aquellos días. Más tarde habría consenso en que la convención interesante (y caótica y divertida y en ciertos sentidos aterradora) sería la de los demócratas, que empezaría al cabo de unos días.

El comunicado posterior a la reunión de Čierna intentaba ser tranquilizador, aunque era opaco y no dejaba claro si se mantendría la libertad de prensa. El 3 de agosto, en Bratislava, Eslovaquia, se celebró una nueva reunión de los «cinco» con Checoslovaquia

—se había excluido a los países más favorables a su apertura, Rumanía y Yugoslavia—. Duró un solo día y «el comunicado resultante [...] fue una obra maestra de la jerigonza comunista», en palabras de Harry Schwartz. Todas las partes prometieron portarse bien: esencialmente, la Unión Soviética y sus aliados duros se comprometían a no inmiscuirse en los asuntos internos ajenos y respetarían las pequeñas diferencias de la vía socialista en los distintos países; Checoslovaquia, por su parte, no se desmarcaría del resto en el rechazo a Israel, respetaría la pertenencia al Pacto de Varsovia y no abandonaría el Consejo de Ayuda Mutua Económica soviético (Comecon). Ese mismo día, se informó de que las últimas tropas soviéticas habían abandonado el país.

En Checoslovaquia se percibía con asombro que el pequeño país hubiera ganado la batalla. Muchos pensaban que la intervención de Tito, el líder yugoslavo, y Ceaucescu, el presidente de Rumanía, además de la de los partidos comunistas de Francia e Italia, habían obligado a los soviéticos a dar marcha atrás. Otros eran más escépticos; de hecho, las declaraciones posteriores a las reuniones de Čierna y Bratislava habían sido ambiguas, y en esta última se había reafirmado que una «fidelidad inquebrantable al marxismo-leninismo, la educación de las masas populares en el espíritu de las ideas del socialismo, el internacionalismo proletario, la irreconciliable lucha contra la ideología burguesa, y contra todas las fuerzas antisocialistas, es la garantía del éxito en el fortalecimiento de la posición del socialismo y en el rechazo a los esfuerzos de los imperialistas».[33]

El 9 de agosto, Tito visitó el país y pareció que se estrechaba la alianza entre Checoslovaquia y Yugoslavia mediante una serie de acuerdos de naturaleza económica. Las revistas seguían publicando ideas socialistas heterodoxas. Y nadie pareció demasiado alarmado cuando, el día 12, Walter Ulbricht, el secretario general del Partido Socialista Unificado de Alemania, el poder máximo en Alemania del Este, llegó al país para verse con Dubcek. Quizá los dos líderes tuvieran visiones algo divergentes respecto a los acuerdos de Bratislava —se suponía que Dubcek pensaba recurrir a Alemania Occidental para conseguir un crédito que la economía checoslovaca necesitaba con urgencia—, pero no mucho más. El día 14, sin embargo, en contra de lo pactado, la prensa soviética reanudó su guerra contra las políticas de apertura checoslovacas y el Presidium emitió un comunicado de retórica sorprendentemente conservadora para denunciar a quienes habían alterado el orden en las últimas semanas. Mientras, las maniobras militares del Pacto de Varsovia continuaban al otro lado de las fronteras del país —en el oeste, el norte y el este— y el 15 de agosto Ceaucescu llegaba de visita para firmar un tratado de amistad. Quizá no eran buenas noticias para quienes deseaban el progreso de la vía checoslovaca, pero parecía que lo peor había quedado atrás. El 9 de septiembre debía celebrarse el congreso del Partido Comunista checoslovaco, por lo que el Presidium pidió a los periodistas que no respondieran a los ataques de la prensa soviética y mantuvieran un tono moderado hasta entonces para no irritar a nadie. Pero el *Pravda* persistió en su campaña, y en varios artículos publicados los días 17 y 18 aseguró que en Checoslovaquia perduraba la «reacción imperialista». El 20, su editorial de portada afirmaba que los partidos comunistas debían proseguir con la lucha contra las «intrigas imperialistas» y liderar a las masas trabajadoras hacia «nuevas victorias de la paz, la democracia, la independencia nacional y el socialismo». Los conservadores checoslovacos aplaudieron la contundencia soviética.

Ese mismo día, a las once de la noche, Checoslovaquia fue invadida por alrededor de doscientos cincuenta mil soldados de los ejércitos de Polonia, Hungría, la Unión Soviética y Bulgaria. En última instancia se decidió que no participara el ejército de Alemania Oriental: una nueva ocupación por parte de tropas alemanas, como durante la Segunda Guerra Mundial, quizá diera mala imagen, pensó Bréznev.

No hizo falta que los alemanes estuvieran entre los invasores para que los checoslovacos se tomaran mal la ocupación, muy bien planeada en términos militares: al mismo tiempo que los soldados cruzaban la frontera, las fuerzas aéreas soviéticas se hicieron con el control del aeropuerto de Praga y empezaron a llegar aviones cargados con más soldados y artillería ligera. El país fue invadido en una noche. La operación había pillado a todo el mundo por sorpresa, incluso a Dubcek, que no había tomado ninguna precaución especial porque descartaba esa posibilidad y lloró al tener noticia de que, efectivamente, se estaba produciendo la invasión. Sin embargo, ya desde la mañana del día 21 los soldados soviéticos al mando de los tanques que ocupaban las calles de Praga y otras ciudades se encontraron con una resistencia a la que no supieron hacer frente. Jóvenes soldados que solo hablaban ruso veían cómo los manifestantes rodeaban sus tanques y les gritaban qué demonios hacían ahí. Cuando avanzaban hacia lugares estratégicos como las estaciones de radio y telecomunicaciones, los praguenses levantaban barricadas o volcaban autobuses para impedirles el paso. En ocasiones, se lanzaron cócteles molotov contra los invasores, y estos respondieron. Se produjeron muertes checoslovacas desde el primer día de la invasión.

El ejército del país no disparó un solo tiro. Nunca sabremos si los miembros del Pacto de Varsovia habrían invadido Checoslovaquia si Dubcek hubiera mostrado su predisposición a defenderse militarmente, pero el caso es que no lo hizo y que la operación militar de ocupación funcionó al milímetro y sin más oposición que la de los ciudadanos; es decir, con una oposición política, pero no militar. La planificación política soviética, en cambio, había sido bastante peor. Es posible que los líderes comunistas se hubieran creído su propia propaganda y estuvieran convencidos de que los checoslovacos les estaban esperando con los brazos abiertos y que el Presidium se desharía del presidente y del primer ministro a la primera de cambio. Pero ninguna de las dos cosas sucedió. Aunque sin duda muchos cargos y funcionarios de la administración del Estado colaboraron intensamente con los soviéticos: eran quienes más odiaban el aperturismo de Dubcek.

Como el Presidium no se deshizo con rapidez de Dubcek y de Cernik, estos, y numerosos colegas suyos —entre ellos el presidente de la Asamblea Nacional—, fueron detenidos por soldados armados, esposados, metidos en un avión y enviados a un balneario en Eslovaquia, donde estuvieron retenidos bajo la vigilancia de militares soviéticos. Pero Svoboda, el presidente del país, se negaba a sancionar la legalidad de la invasión para evitar facilitar la sustitución del Gobierno legítimo en favor de un grupo de conservadores prosoviéticos, de modo que adelantó el congreso del partido que debía celebrarse en septiembre y montó una reunión secreta en una fábrica cuyos objetivos eran elegir a un viceprimer secretario que sustituyera a Dubcek mientras no estuviera disponible y pedir a los soviéticos que retiraran las tropas, bajo la amenaza de convocar una huelga general si no accedían. Fue un acto de extraordinaria osadía y magnífica organización que eludió por completo a los espías y a los soldados invasores, que parecían estar en todas partes, y demostró el alto grado de coordinación del país y su compromiso con la resistencia. El 23 de agosto, los soviéticos entraron en pánico y se llevaron al presidente Svoboda a Moscú para negociar con él. Incluso le permitieron dirigirse a los checoslovacos a través de la red de radios libres antes de coger el avión, y una vez en la Unión Soviética le recibieron con todos los honores. Buscaban una salida digna y de apariencia legal a una invasión que no estaba saliendo como esperaban.

Porque, además, la respuesta internacional fue atronadora. No solo los gobiernos de los países capitalistas expresaron su repulsa ante la violación de la soberanía de un Estado, sino que incluso los partidos comunistas de los mismos países capitalistas mostraron un rechazo frontal a la invasión. Hasta quienes habían colaborado en la ocupación parecían poco entusiasmados con la medida, a pesar de que la intensa propaganda estatal exaltaba la justicia de acudir a Checoslovaquia en ayuda de los trabajadores cuya libertad y prosperidad estaban amenazadas por los reaccionarios y revisionistas. Aquello no era una «agresión imperialista» como las que practicaba Estados Unidos; era un acto de solidaridad internacionalista. Hubo pequeñas protestas y algunas cartas de intelectuales en la Unión Soviética, Alemania del Este y Polonia. El ministro de Exteriores checoslovaco, Jiri Hajek, que el 20 de agosto se hallaba de vacaciones en Yugoslavia, voló a Nueva York y pronunció un discurso de denuncia ante Naciones Unidas, calificando lo ocurrido de «ocupación».

A pesar del dramatismo de la invasión, dentro del país continuaban las bromas y los eslóganes que tanto se identifican con 1968. «Iván, vuelve a casa. Natasha tiene problemas sexuales.» «El circo nacional de Rusia ha llegado, con sus gorilas actores.» Una caperucita que representaba a Checoslovaquia le decía a un lobo soviético: «Qué ojos más grandes tienes, abuelita». El lobo, con una ametralladora bajo el brazo, le respondía: «Ojos grandes, y un cuerno. Ni siquiera veo lo suficiente para encontrar el camino de vuelta a casa».[34] Los soldados ocupaban las calles, amenazadoramente armados, pero se repartían folletos y se escuchaban discursos contrarios a la invasión en pequeños transistores. La gente enseguida había quitado las placas que identificaban las calles y las plazas, y le había dado la vuelta a las señales de tráfico de las carreteras para despistar a los invasores. La radio y la televisión trataban de proyectar una cierta sensación de normalidad y libertad, y fueron un elemento esencial para impedir que el pánico se apoderase de la población, para darle moral y contribuir a que se organizase frente a los invasores. La contrapropaganda soviética, en forma de folletos y una emisora de radio, no funcionó: ni siquiera acertaban a la hora de determinar a quién debían dirigirse en checo y a quién en eslovaco.

La solución política seguía sin llegar. El presidente Svoboda continuaba negándose a dar al conflicto una salida que beneficiara a los soviéticos y exigía que se respetara la conformación legal del Gobierno checoslovaco y a sus miembros, empezando por Dubcek. Exasperados, los rusos hicieron volar a Dubcek y a los demás detenidos a Moscú en secreto, donde fueron retenidos e interrogados. No obstante, gracias a la testarudez de Svoboda, se les sentó a una mesa de negociación, lo que significaba el reconocimiento tácito de que seguían representando legítimamente a su país, aunque también estuvieran invitados los miembros más conservadores del Partido Comunista checoslovaco.

El 26 de agosto se hizo público el acuerdo al que llegaron las partes, llamado ominosamente Protocolo de Moscú. Dubcek y los suyos en ningún momento habían sido tratados de igual a igual; habían estado retenidos en condiciones psicológicamente duras, como explicarían con posterioridad. Se les hizo firmar el documento casi a la fuerza, y temieron desde el principio que su consentimiento fuera interpretado en Checoslovaquia como una traición o un simple acto de egoísmo para salvar la piel. En primer lugar, decía el acuerdo, las partes aceptaban que debían volver a lo pactado conjuntamente en Čierna y Bratislava. Y después se mencionaban, con el habitual lenguaje comunista, una serie de promesas de buena voluntad, respeto mutuo y fraternidad. Los soviéticos, por ejemplo, afirmaban estar dispuestos a «la más amplia y sincera cooperación sobre la base del respeto mutuo, la igualdad, la integridad territorial, la independencia y solidaridad socialista. Los soldados de los países aliados, temporalmente estacionados en territorio checoslovaco, no interferirán en los asuntos internos de la República Socialista Checoslovaca. Se ha llegado a un acuerdo sobre las condiciones de la retirada de esos soldados del territorio checoslovaco en relación con la normalización de la situación allí».[35]

No figuraba una fecha ni detalles reales sobre la salida de los invasores, se establecía que la prensa checoslovaca perdería parte de su libertad, se insistía en que Naciones Unidas no podría interferir en lo que estaba sucediendo y se abría la puerta a una purga de los miembros más liberales del Gobierno, aunque en un principio se mantenía a Dubcek, su primer ministro Cernik, el presidente Svoboda y el presidente de la asamblea Josef Smorkovsky. Era una derrota para los checoslovacos.

A quienes seguían resistiéndose, con las calles llenas de tanques y cada vez más aspectos de la vida cotidiana controlados por los soviéticos, no les quedó más remedio que asumir la nueva realidad. El 27 de agosto, Dubcek, ya de vuelta en el país, se dirigió, exhausto y titubeante, a los checoslovacos. No ocultó que habían sido derrotados, si bien dejó entrever un plan para resarcirse «aunque quizá nos veamos forzados a tomar algunas medidas temporales que limiten el alcance de la democracia y la libertad de opinión que ya habíamos alcanzado y que no habríamos retirado en condiciones normales».[36] Habría que replegarse transitoriamente para no empeorar una situación ya endiablada, pero más adelante habría tiempo para intentar retomar las medidas aperturistas. Smorkovsky lo dijo aún con mayor dureza en su discurso a la nación dos días más tarde: al menos el país seguía gobernado por sus políticos y su propio Partido Comunista; si se hubiera impuesto una ocupación en toda regla, las cosas habrían sido peores. Ahora había que asumir la situación y pensar en las maneras de subvertirla en el futuro con inteligencia e ingenio.

El 13 de septiembre la Asamblea Nacional aprobó medidas que reinstauraban «temporalmente» la censura, restringían la libertad de reunión y prohibían la actividad política fuera del Partido Comunista y el Frente Nacional. El primer secretario soviético Kosygin viajó a Praga para firmar un tratado que legalizara la presencia de sus tropas en Checoslovaquia; el argumento legal fue que se trataba de una medida «temporal» para evitar agresiones del imperialismo de la Alemania Occidental. El Gobierno cerró dos revistas por su indocilidad y se deshizo del ministro de exteriores Hajek por haber acudido a Naciones Unidas. Además se despidió a muchos otros funcionarios, empezando por los responsables de la radio y televisión que habían contribuido a coordinar la resistencia. Miles de personas, sobre todo intelectuales, abandonaron el país por miedo a las represalias por su anterior compromiso con la liberalización del país o, simplemente, porque no querían vivir bajo el sofocante socialismo ortodoxo que a todas luces iba a regresar. El Comité Central firmó a mediados de noviembre lo que parecía una capitulación, un documento autocrítico según el cual el partido reconocía no haber medido bien sus decisiones posteriores a la sustitución del ex secretario general Novotny, lo que había sido utilizado por elementos derechistas y por agentes que pretendían debilitarlo, y que todo ello se había sumado a su propia incapacidad y a la del Gobierno para establecer un sistema funcional de prensa, radio y televisión. Los periódicos y revistas, además, debían estar sometidos. Todo iba a ser más ortodoxo y más moscovita. Dubcek se mantuvo en su puesto hasta el 19 de abril de 1969, pero con los poderes sustancialmente reducidos. El odio a los soviéticos siguió presente y tangible, y la resistencia frente a esta nueva invasión «normalizada», es decir, endurecida, del socialismo fue imaginativa, tenaz y duradera. Aun así, los ocupantes de Checoslovaquia continuaron en el país hasta 1989.

Las condenas a la invasión soviética de Checoslovaquia se produjeron en todas partes. Protestaron De Gaulle y Harold Wilson, el primer ministro británico; también Eugene McCarthy y George McGovern, que pocos días después de la ocupación se iban a jugar la candidatura del Partido Demócrata a las elecciones de aquel año en la convención de Chicago; y también Nixon, ya candidato republicano. Johnson, aún presidente, convocó el Consejo de Seguridad Nacional.[37] Todos estaban sorprendidos. Daban por terminados los episodios más duros de la Guerra Fría y les parecía increíble que la Unión Soviética hiciera algo que, aparentemente, iba a empeorar aún más su reputación, sobre todo entre quienes todavía sostenían que era un modelo digno de ser tenido en cuenta. También protestaron los partidos comunistas italiano y francés. Los hechos de Praga volvieron a prender la llama revolucionaria de 1968, que en muchos lugares se empezaba a debilitar y en otros derivaba hacia algo de una naturaleza completamente distinta. Hubo manifestaciones de apoyo a los aperturistas checoslovacos en Noruega, Suecia, Italia, Gran Bretaña, Estados Unidos e incluso Suiza. Si hasta ese momento la capital global revolucionaria había sido Hanoi, aunque fuera de un modo simbólico, puesto que el rechazo a la guerra de Vietnam era unánime en los movimientos de protesta, a partir de entonces lo fue Praga.

Porque el fracaso de la Primavera checoslovaca fue un duro golpe para una izquierda que, aunque no había apoyado a la Unión Soviética durante los últimos años, sí creía que esta mantenía cierta superioridad moral con respecto al capitalismo occidental, o que merecía existir porque al menos era una bofetada para este. Las atrocidades del estalinismo eran bien conocidas en Occidente, e incluso las autoridades de los países comunistas las habían admitido, pero hasta 1968 se podía pensar que habían sido un error inmenso aunque pasajero, y que el comunismo podía democratizarse y abrirse a un cierto pluralismo, una cierta renovación. La invasión de Praga hizo creer a muchos que eso dejaba de ser posible y provocó una primera crisis en los jóvenes revolucionarios. Para ellos Cuba era un modelo socialista distinto del soviético y un posible camino a seguir para sus países, y se quedaron estupefactos al ver que Fidel Castro, en unos de sus singulares discursos, apoyaba la invasión soviética:

> ¿Cuáles son las circunstancias que han permitido un remedio de esta naturaleza? ¿Un remedio que coloca en difícil situación a todo el movimiento revolucionario en el mundo? ¿Un remedio que constituye una situación verdaderamente traumática para todo un pueblo como es la actual situación de Checoslovaquia?

¿Un remedio que implique que un pueblo entero tenga que pasar por las ingratísimas circunstancias de ver el país ocupado por ejércitos de otros países, aunque sean ejércitos de los países socialistas? ¿La situación de que millones de seres de un país tengan que verse hoy en la trágica circunstancia de elegir y de escoger entre lo que signifique la pasividad frente a esa circunstancia y ese hecho que tanto les recuerda episodios anteriores o tener que optar por la lucha en camaradería con los espías y agentes proyanquis, en camaradería con los enemigos del socialismo, en camaradería con los agentes de Alemania Occidental y de toda esa morralla fascista y reaccionaria que al calor de esta circunstancia tratará de presentarse como abanderada de la soberanía, del patriotismo y de la libertad de Checoslovaquia? Lo esencial que se acepta o no se acepta es si el campo socialista podía permitir o no el desarrollo de una situación política que condujera hacia el desgajamiento de un país socialista y su caída en brazos del imperialismo. Nuestro punto de vista es que no es permisible y que el campo socialista tiene derecho a impedirlo de una forma o de otra.[38]

«El comunismo en Europa del Este —dice Tony Judt— continuó tambaleándose, sostenido por una insólita alianza de préstamos extranjeros y bayonetas rusas: su descompuesto cadáver no sería retirado definitivamente hasta 1989. Pero el alma del comunismo había muerto veinte años antes: en Praga, en agosto de 1968.»[39]

El juego y la muerte

La convención demócrata que debía empezar el 26 de agosto en Chicago iba a ser complicada y requeriría medidas especiales: se sabía, al menos desde marzo, que jóvenes de izquierdas pretendían aprovechar la ocasión para celebrar grandes e imaginativas protestas contra la guerra de Vietnam. Eran los *yippies*, una parodia de partido político que se había creado a finales de 1967, al calor del Verano del Amor y de la gran manifestación contra la guerra ante el Pentágono, para dar contenido político radical a la contracultura *hippie* y convertirla en una fuerza revolucionaria. La organización carecía de una jerarquía formal, pero era evidente que Abbie Hoffman y Jerry Rubin eran sus líderes. Hoffman había crecido en un hogar de clase media, y desde niño en el colegio había mostrado su tendencia al escándalo. Se licenció en psicología tras ser alumno de Herbert Marcuse y era un especialista en mezclar el activismo político con lo que llamaba «teatro de guerrilla»; en 1967, por ejemplo, había entrado en la bolsa de Nueva York acompañado de una docena de colegas, entre ellos Rubin, y se había dedicado a tirar billetes al aire para ver cómo los brókers se agachaban a recogerlos. Rubin, por su parte, había tenido una vida itinerante: sus padres murieron siendo él joven y pasó por varias universidades estadounidenses e israelíes, trabajó en un kibutz y acabó dejándolo todo para entregarse a la protesta contra la guerra de Vietnam, el apoyo al Poder Negro, la legalización de la marihuana y demás causas que después llevarían a la formación de los *yippies*. Siempre tuvo clara la idea de que debían utilizar a los medios de comunicación para hacer avanzar sus propósitos. En su libro *DO IT! Escenarios de la revolución*, afirmaba que la televisión acude a quienes tienen más coraje e imaginación.

> Nunca he entendido a los radicales que van a la tele con traje y corbata. ¡Si quitas el sonido se parecen al alcalde! Puede que las palabras sean radicales, pero la televisión es un instrumento no verbal. La mejor manera de entender la tele es bajando el volumen. Nadie recuerda las palabras que oye: la mente es una película de imágenes tecnicolor, no de sonidos. Nunca he visto una «mala» crónica de una manifestación. Lo que digan de nosotros no importa. La historia está en las imágenes.[1]

También los Panteras Negras habían anunciado que mandarían a su gente a manifestarse en Chicago.

El alcalde de Chicago, Richard J. Daley había decidido blindar la sede del congreso, el Anfiteatro Internacional, situado en el sur de la ciudad, con guardia armada y vallas. Además, tras el asesinato de Kennedy, dada la inexistencia de un candidato claro y el lento ascenso de Hubert Humphrey —el vicepresidente de Johnson, leal a la política de este en la guerra de Vietnam, que no se había presentado a las primarias pero estaba consiguiendo el apoyo de algunas delegaciones—, se había creado una inmensa expectación y acudirían a la cita una cantidad de equipos de televisión, corresponsales y comentaristas sin precedentes, para satisfacción de los activistas *yippies*, cuyas estrategias de protesta pasaban por la organización de grandes espectáculos de teatro callejero, provocaciones a la policía y pronunciamientos osados destinados a generar caos y llamar la atención de los medios. De hecho, el programa que habían anunciado para los días de protestas era una promesa de diversión, contracultura y escándalo. Se llamaba «Festival de la Vida»

—en oposición a lo que sucedería en el interior del anfiteatro, que llamaban «Festival de la Muerte»—, e incluía conciertos, teatro de guerrilla, resistencia al reclutamiento, fiestas, olimpiadas alternativas y juegos como «persigue al candidato» y «ponle un condón al papa».

Pero Chicago no era San Francisco y aquello no iba a ser un segundo Verano del Amor. El alcalde Daley, un demócrata cercano a los Kennedy pero con un estilo radicalmente diferente al suyo, era conocido por su apego a las viejas formas de la política local de Chicago, corrupta y basada en el tráfico de influencias, y por su mano dura. Tenía raíces obreras y sentía un profundo desdén por los *hippies*. Para empezar, había denegado el permiso para las manifestaciones que habían planeado llevar a cabo los *yippies* y el Comité Nacional de Movilización para Terminar con la Guerra de Vietnam (MOBE), una agrupación de varias organizaciones contrarias a la guerra entre cuyos integrantes estaba Tom Hayden, uno de los fundadores de los Estudiantes para una Sociedad Democrática (SDS) y Rennie Davis. También había prohibido el festival de música y había llenado la ciudad de policías. Las medidas de seguridad —y los consejos del ayuntamiento a los ciudadanos negros de la ciudad para que no se metieran en líos— hicieron que acudieran menos activistas de los esperados, pero el 23 de agosto, tres días antes del inicio de la convención, ya empezaron a producirse altercados. Instalados en Lincoln Park, en una zona céntrica no muy alejada del Hilton de Michigan Avenue, el hotel donde se hospedaban muchos de los participantes en la convención, los *yippies* iniciaron sus actividades. Con un gran sentido de la teatralidad, Hoffman y Rubin anunciaron que iban a proclamar a su propio candidato a la presidencia de Estados Unidos. Y con irónica solemnidad nominaron a un cerdo llamado «Pegaso el inmortal». La policía detuvo a Hoffman, a Rubin y al cerdo —además de al cantante Phil Ochs, que los acompañaba—, pero fueron liberados enseguida. Así, al día siguiente pudieron sumarse a los talleres de «la danza de la serpiente», un supuesto arte marcial que los estudiantes japoneses volcados en la protesta habían desarrollado para escabullirse entre las fuerzas de orden. Durante la misma jornada, los *yippies* dejaron suelta en Lincoln Park a una cerdita, la supuesta señora de Pegaso y futura primera dama. Consiguieron lo que se proponían: que los policías se pusieran a correr tras ella para cogerla mientras ellos gritaban «*Pig! Pig!*», no se sabe si en referencia a la cerdita o a los agentes, pues así solían llamarles. Finalmente, el animal y unos cuantos alborotadores fueron detenidos, y acabaron todos juntos en un furgón. De inmediato, las cámaras de televisión, que estaban allí filmando, entrevistaron a los activistas que seguían en Lincoln Park. Era un espectáculo televisivo magnífico, absurdo y revolucionario. Como lo eran las constantes amenazas que los *yippies* proferían: que iban a contaminar con LSD el agua potable de toda la ciudad para que sus habitantes se colocaran, que pintarían coches privados como taxis para secuestrar a los delegados o que pensaban bombardear con mortero el Anfiteatro. Los medios de comunicación se hacían eco de ellas cada día, aunque probablemente supieran que no eran más que las bromas de unos chicos capaces de atemorizar a la opinión pública con su sentido del espectáculo y su talento para los chistes. En Chicago se habían concentrado apenas unos miles de jóvenes, la mayoría de la ciudad, pero las autoridades actuaron como si se hubieran tomado en serio las amenazas de los *yippies*: se desplegaron doce mil policías, cinco mil soldados del ejército y seis mil miembros de la Guardia Nacional.[2]

Como sucedió tantas veces durante los acontecimientos de 1968 en distintos lugares del mundo democrático, la explosión de violencia y el caos se debieron a la falta de flexibilidad táctica por parte de las autoridades. Así, el reglamento municipal preveía que Lincoln Park se vaciara y cerrara siempre a las once, pero los estudiantes tenían planeado dormir allí, por lo que a lo largo de los días los enfrentamientos con los agentes, que intentaban desalojar a los jóvenes cada noche, fueron aumentando de intensidad. Era una excusa perfecta para que los activistas jugaran al escondite y provocaran reacciones policiales desmesuradas que luego aparecían en los medios. El sábado 24, la resistencia a abandonar el parque no aflojaba y la policía parecía dispuesta a cargar. Con enorme teatralidad, el poeta Allen Ginsberg apareció entonces como una presencia mística y guio a los acampados fuera del parque encabezando una especie de desfile budista, repitiendo la sílaba de la meditación una y otra vez: «Ommmm».

El domingo 25, los manifestantes acudieron a Grant Park, frente al Hilton, para protestar ante los delegados, y más tarde quisieron continuar con el programa del Festival de la Vida celebrando conciertos en Lincoln Park, que la policía saboteó en la medida que pudo. Se repitieron los enfrentamientos y por la noche se volvió a producir el desalojo del parque, esta vez aún más accidentado. Los agentes formaron filas para empujar a los activistas hacia la calle, y la emprendieron a porrazos con quienquiera que se encontraran por delante, incluidos periodistas y espectadores. La convención demócrata todavía no había empezado, pero las protestas de Chicago ya centraban la atención de los medios —lo que sucedería en el interior del Anfiteatro, escribió en su crónica Norman Mailer, sería muchas veces «un reflejo de la guerra que tenía lugar fuera».[3] Ambos asuntos compartieron las portadas de los periódicos y los noticieros con la invasión de Checoslovaquia. Los *yippies* la condenaron, y algunos compararon su experiencia con la policía en Chicago con lo que estaban viviendo los praguenses con los tanques soviéticos. Empezaron a llamar a Chicago la «Praga de Occidente».

El lunes 26, el alcalde Daley inauguró la convención afirmando en su discurso que «mientras yo sea el alcalde de esta ciudad, la ley y el orden van a imperar en Chicago». No obstante, el encuentro prometía ser un caos. Algunos estados habían enviado a delegados poco aceptables para ciertos sectores del partido, que por lo general estaba virando hacia una posición contraria a la guerra de Vietnam, si bien Humphrey, que ni siquiera se había presentado a las primarias, tenía intención de recabar votos entre los delegados dubitativos para seguir apoyando las políticas de Johnson. Parecía lógico que los votos que ya no podían ser para Kennedy fueran a parar a McCarthy, que en ese momento representaba el ala más pacifista del partido. Algunos pensaron incluso que sería posible convencer a Ted Kennedy, el único de los tres hermanos que quedaba vivo y que tenía posiciones políticas parecidas a las de Bob, para que se presentara. A Nixon, sin duda, le aterraría la idea de volver a competir electoralmente con un Kennedy. Pero Ted se negó. Todo estaba abierto y Daley, que además de alcalde de Chicago era delegado del partido por el estado de Illinois, iba a enredar todo lo que pudiera.

La noche del 26 de agosto, el enfrentamiento con las fuerzas del orden fue de nuevo brutal. «Eran más de las once, incluso cerca de medianoche, y había coches de policía por todas partes, y pelotones de policías cada pocos metros», observó Mailer. «En la oscuridad era imposible contar, pero quizá [había] unos pocos miles en todo el parque, jóvenes preparados para un acontecimiento con una mezcla de emociones sordas, con un miedo tan transparente como el de los esquiadores ante el descenso por una pendiente escarpada, y con la vigorosa y loca alegría en el aire de unos bromistas universitarios antes de entrar en los dormitorios de las chicas para robarles las bragas. Pero también había horror.» «El ataque empezó con el choque de un coche de policía contra la barricada. Los chicos arrojaron cualquier cosa con la que hubieran tenido la previsión de armarse, piedras y botellas sobre todo», escribió el reportero de *The Washington Post* Nicholas von Hoffman. «Se oían quejidos y gritos en toda la zona de acampada mientras los militantes experimentados no paraban de gritar "¡Andad! ¡Andad! Por el amor de dios, no corráis". Los chicos más veteranos suelen repetir que "la gente que se deja llevar por el pánico incita a los polis a atacar"». Después, los agentes la emprendieron con los periodistas, especialmente con los fotógrafos, porque «las fotografías son pruebas incontestables en los tribunales», afirmó Von Hoffman. «La contrarrevolución había empezado», escribió Mailer. «Era como si la policía hubiera declarado que los periódicos ya no representaban las verdaderas opiniones de la gente. Las verdaderas opiniones de la gente, decían las porras de los policías, estaban del lado de la policía.» Ginsberg, que en todo momento se había opuesto a cualquier acción violenta de los manifestantes y se había limitado a andar de un lado a otro canturreando sus cánticos de meditación para calmar los ánimos, inhaló tanto gas lacrimógeno que perdió la voz.

El día 27 era el cumpleaños del presidente Johnson y tres mil jóvenes se dirigieron al Chicago Coliseum, una decrépita sala de convenciones, para celebrar una fiesta de «no cumpleaños». Philip Ochs cantó «son siempre los viejos quienes nos llevan a la guerra, son siempre los jóvenes quienes mueren». Los asistentes levantaron los brazos y gritaron «No, no iremos». Los escritores William Burroughs y Jean Genet se refirieron a los policías como «perros locos», alguien leyó un discurso que había preparado el ahora enmudecido Ginsberg, y en la última intervención se afirmó entre carcajadas que Kosygin, el primer secretario soviético, le había mandado un telegrama al alcalde Daley pidiéndole con toda urgencia que le mandara dos mil policías de Chicago para acabar con la resistencia de los praguenses. Esa medianoche, Lincoln Park parecía tranquilo; además de los *yippies*, los *hippies*, los miembros de los Estudiantes para una Sociedad Democrática (SDS) y los del MOBE, habían acudido algunos religiosos y ciudadanos de Chicago para solidarizarse con los manifestantes. Pero en un momento dado, la policía dio cinco minutos a aquella pequeña muchedumbre para que se disolviera y se desató una vez más el caos. «Sucedió en un instante», aseguró el reportero de la revista *Village Voice*. «La noche, que había estado poblada de oscuridad y susurros, explotó en un fiero grito. Cayeron enormes granadas de gas lacrimógeno, que chocaron con las ramas, las partieron y explotaron en el centro de la reunión.» Cuando los manifestantes salieron del parque, cegados y asfixiados por el gas, se encontraron que en la calle «la policía avanzaba en formación de ataque, golpeando con fuerza a los rezagados; grandes camiones, utilizados normalmente para limpiar las calles, se desplazaban hacia nosotros lanzando más gas». De hecho, había tanto gas en el aire que, llevado por el viento, llegó hasta el hotel Hilton, se metió en el sistema del aire acondicionado y muchos de los delegados que se hospedaban en el hotel acabaron con los ojos rojos y ardor en la garganta.

Al final, el día 28 de agosto por la tarde se produjo la mayor manifestación de la semana en Grant Park, muy cerca del Hilton, esta vez específicamente contra la guerra de Vietnam. El alcalde había autorizado una reunión, pero no una marcha; de todos modos, los activistas reiteraban que tenían intención de llegar hasta el Anfiteatro. Mientras se pronunciaban los discursos, unos jóvenes arriaron una bandera estadounidense izada en el parque. La policía les atacó con dureza y los manifestantes les tiraron piedras, trozos de pavimento y casi cualquier cosa que encontraron a mano, pero ante la posibilidad de que se utilizaran gases lacrimógenos, decidieron salir corriendo del parque y desplegarse por la ciudad. Algunos se toparon con un grupo de representantes de la Campaña de los Pobres, organizada por la Conferencia de Liderazgo Cristiano del Sur (SCLC) del fallecido King, que había decidido sumarse a las protestas, de modo que avanzaron todos juntos por una atestada Michigan Avenue, de camino hacia el Anfiteatro. La policía les detuvo ante el hotel Hilton y manifestantes y agentes mantuvieron una especie de tregua durante media hora; algunos activistas se aburrieron y se marcharon, y la policía pareció desplegarse tácticamente, como si tramara algo. Y lo hacía. De repente, volvió a atacar, justo enfrente del hotel, de una manera brutal, con gas y porras, «como una sierra eléctrica cortando madera», escribió Mailer.[4]

Cuando la gente se dispersaba, la seguía. «Incluso peatones ancianos se vieron atrapados en la arremetida de la policía», escribió el reportero de *The New York Times*.

En un momento dado, la policía se volvió hacia varias docenas de personas que estaban tranquilamente tras las barreras policiales enfrente del Conrad Hilton Hotel observando la manifestación que tenía lugar al otro lado de la calle. Sin ninguna razón aparente, los policías con cascos azules empujaron las barreras, aplastando a los espectadores contra las ventanas del Haymarket Inn, un restaurante del hotel. De pronto, la ventana cedió y mujeres de mediana edad y niños cayeron de espaldas gritando entre pedazos de cristal. La policía entró en el restaurante, pegó a algunas de las víctimas que habían caído por la ventana y las detuvo.[5]

La televisión lo grabó y emitió las imágenes: las hileras de policías, los vehículos acorazados que avanzaban sin parar hacia los jóvenes, cómo estos se sentaban en el suelo, asustados y a la vez excitados, y coreaban: «Todo el mundo está mirando». El origen de la frase no está claro, aunque una canción de Bob Dylan decía algo parecido: en un tono profético que anunciaba la llegada de un misterioso barco, al parecer el preludio de un cambio que acabaría con el viejo mundo, afirmaba que «los hombres sabios del barco / os recordarán una vez más / que todo el ancho mundo está mirando». «Los manifestantes se mostrarían después entusiasmados por haber sido maltratados ante la mirada pública, entusiasmados con haber empujado y pinchado, enfadado y provocado a los polis durante días con piedras y botellas y gritos de "cerdos" hasta el punto que la policía arremetió con una ira ciega y creó un escenario en el único punto de la ciudad (además del Anfiteatro) en el que el público, los actores y las cámaras podían reunirse; sí, los rebeldes pensaron que habían obtenido una gran victoria», escribió Mailer.[6]

En el seno de la convención se iba conociendo lo sucedido. Varios delegados habían presenciado los hechos desde las ventanas de sus habitaciones en el hotel y estaban completamente horrorizados. Algunos incluso pidieron la suspensión de los actos y que la convención se retomara al cabo de un par de semanas en alguna otra parte. Un delegado utilizó su turno de palabra para denunciar las actuaciones policiales de esos días, que comparó con las de la Gestapo. En respuesta, la televisión grabó al alcalde Daley diciendo algo parecido a «Vete a la mierda, judío hijo de puta», aunque el sonido no quedó registrado.

Pero finalmente se procedió con las votaciones. Ganó Humphrey, el vicepresidente de Johnson, el candidato que creía que las políticas desarrolladas hasta entonces acerca de la guerra de Vietnam eran correctas y que había que seguir con ellas sin grandes cambios (las negociaciones en París llevaban cuatro meses encalladas). Un grupo de delegados pacifistas se dirigieron después a Michigan Avenue y allí encendieron velas junto a los *hippies* y el desolado equipo de la campaña de McCarthy. La policía no les molestó. Sin embargo, el resto de la jornada su despliegue —junto a la Guardia Nacional y el ejército— fue inmenso en las zonas aledañas al Hilton. En los días siguientes se produjeron algunos incidentes más, pero la derrota del ala pacifista del Partido Demócrata en la convención había dejado a todo el mundo desolado. El senador Edmund S. Muskie, un político irreprochable contra el que nadie podía tener objeciones importantes, fue nominado candidato a la vicepresidencia. Para cerrar la convención, se exhibió una película sobre la vida de Bobby Kennedy. La multitud reunida —y adiestrada por el equipo del alcalde— coreó «Queremos a Daley». En su discurso de aceptación, después de apelar al amor por Estados Unidos con un vigor y una elocuencia impropios de él, Humphrey «pidió la paz en Vietnam, y la multitud rugió [...]. La paz en Vietnam era ahora propiedad de todos los políticos», escribió Mailer, «la paz en Vietnam era la chica que se había ido a la cama con mil tíos diferentes, pero siempre se daba un baño, y por lo tanto era virgen». Meses más tarde, ocho personas, entre ellos los líderes de los *yippies*, Abbie Hoffman y Jerry Rubin, los del MOBE, Tom Hayden y Rennie Davis, y Bobby Seale, el fundador de los Panteras Negras, fueron acusados de cruzar las fronteras de los estados para provocar disturbios y de asociación ilícita. Daley fue reelegido alcalde de Chicago en 1971 y 1975.

El 27 de agosto a las cinco de la tarde se inició en Ciudad de México una multitudinaria manifestación. Entre trescientas mil y cuatrocientas mil personas marcharon desde el Museo Nacional de Antropología hasta el Zócalo. Entre ellas estaban los padres y las madres de los jóvenes heridos y detenidos en las jornadas previas, y también los estudiantes de numerosas instituciones educativas, la mayoría en huelga en ese momento.

Unos días antes, el jueves 22, el secretario de Gobernación Luis Echeverría se había abierto al diálogo con los estudiantes y, en particular, con el Consejo Nacional de Huelga (CNH), que dio la bienvenida a lo que parecía una cesión gubernamental, pero mantuvo la convocatoria de la manifestación. Por supuesto, se produjeron llamadas a una revuelta, o incluso a la revolución, por parte de sectores del Partido Comunista y de los partidarios de una lucha de guerrillas contra el Gobierno —«no pueden los oprimidos defender un legalismo que los deja inermes ante los atropellos feroces de la oligarquía», escribió Víctor Rico Galán, periodista de origen español y miembro del Movimiento Revolucionario del Pueblo, en una «carta a los estudiantes»—, pero la consigna era respetar la legalidad para no renunciar a la autoridad moral que el movimiento estaba adquiriendo. El Gobierno, una vez más, hizo un despliegue de fuerzas de seguridad insólito en tiempos de paz: en pleno centro había batallones de fuerzas aerotransportadas, artillería ligera e infantería. Los tanques ligeros circulaban por Reforma, una de las grandes arterias de la ciudad, y los miembros del ejército y los granaderos custodiaban la embajada de Estados Unidos, situada al lado del monumento El Ángel de la Independencia, el emblema de la independencia política mexicana, junto al que pasaría la marcha. La manifestación, según Monsiváis, que participó en ella, fue «aguerrida (sin precisiones bélicas), regocijada y regocijante, y triunfalista a partir de la comprobación del poder de convocatoria». Al ver la gran cantidad de gente que se había sumado, «la manifestación entra en éxtasis y se ríe de la estrategia de su adversario», el Gobierno. «Han fracasado las intimidaciones, las alertas a los padres de familia, las acusaciones de "traición a la patria" y sus derivados, la retórica anticomunista tan útil contra los movimientos sindicales y la izquierda política, el regaño de las Más Altas Autoridades, para empezar el Presidente de la República, la "guerra de baja intensidad", el repudio de los Hombres de Pro, entre ellos los dirigentes empresariales, los articulistas afamados y el *Establishment cultural*. Y tan han fallado que vean nomás este gentío que no se acaba nunca».[7] La marcha llegó sin incidentes al Zócalo un poco antes de las siete de la tarde, donde le esperaban ya alrededor de quince mil personas. En señal de bienvenida, y sin que nadie supiera muy bien quién era el responsable, la catedral se iluminó y sus campanas empezaron a repicar. En la gran asta del centro de la plaza se izó una bandera roja y negra. Ambas acciones serían consideradas enormes ofensas a la religiosidad y al patriotismo, aunque más tarde se supo que el sacerdote responsable del templo había dado permiso a los estudiantes para que encendieran las luces y doblaran las campanas. Los manifestantes que atestaban la gran plaza coreaban eslóganes contra Díaz Ordaz, incluso se dirigían a él de «tú», lo que implicaba una ruptura asombrosa del aura casi monárquica que rodeaba hasta entonces a los presidentes mexicanos. Se leyeron los nombres de los detenidos y los testimonios de las madres de un detenido y de un preso en el Palacio de Lecumberri, una cárcel situada a apenas media hora andando desde el Zócalo a la que fueron a parar muchos de los detenidos durante las protestas, y que se convertiría en un lúgubre símbolo de la represión policial. También se leyó un texto del CNH.

Los estudiantes no habían respondido formalmente a la propuesta gubernamental de iniciar unas negociaciones con el comité para encontrar una salida al conflicto. Y tras los discursos, en la plaza repleta se produjeron momentos de confusión sobre los que hay versiones contradictorias. Al parecer, uno de los participantes pidió que el diálogo propuesto por el Gobierno tuviera lugar a la vista de todo el mundo, en un lugar público como el Palacio de Bellas Artes. En ese instante, «la multitud reaccionó con muestras evidentes de rechazo». Ante el desconcierto del orador, otro miembro de la organización, Sócrates Campos Lemus —que luego algunos colegas suyos del CNH señalarían como un infiltrado del Gobierno—, le quitó el micrófono y preguntó a los manifestantes dónde preferían que se llevaran a cabo esas conversaciones, a lo que la gente respondió que en el mismo Zócalo. Era un acto de improvisación absoluta y algo temeraria, realizado sin una votación formal, deliberaciones ni la participación de una autoridad legitimada, pero se decidió que se emplazaba al presidente del Gobierno a emprender las negociaciones en el Zócalo el 1 de septiembre, el día en que Díaz Ordaz tenía que presentar el informe de Gobierno de 1968, una obligación constitucional. Además, se acordó que una parte de los manifestantes allí reunidos permanecerían en la plaza hasta entonces, a modo de recordatorio y de garantía de la apertura de las negociaciones sobre las peticiones estudiantiles.

Quizá aquello fuera ir demasiado lejos, y no estaba claro si respetaba la legalidad que los organizadores habían querido mantener, pero ya no había vuelta atrás. La mayoría de los participantes abandonó la plaza —algunos en dirección a la cárcel de Lecumberri, para exigir la liberación de los presos—, y quienes se quedaron empezaron a montar improvisadas tiendas, a hacer fogatas y a charlar. También cantaron el himno nacional, aunque hay cierta confusión sobre si restituyeron la bandera mexicana en el asta central. Los tanques circulaban por las calles adyacentes al Zócalo, pero no entraban en él. La plaza se había convertido en un campamento.

A la una de la madrugada, la megafonía del Palacio Nacional anunció a los allí acampados, alrededor de tres mil quinientos, que estaban violando el artículo noveno de la Constitución, y que si no se marchaban se recurriría a la fuerza. Y así fue: tanques y soldados —entre ellos batallones de paracaidistas y de infantería— con bayoneta calada entraron en la plaza e hicieron retroceder a los manifestantes. Las sirenas eran enloquecedoras y los vehículos acorazados aplastaban las tiendas construidas con los cartones, las telas y los palos de las pancartas de la marcha. La plaza quedó vacía en poco tiempo, pero las fuerzas del orden siguieron a los jóvenes por las calles adyacentes y los ahuyentaron a golpes de culata.[8] Al día siguiente, los periódicos, que habían retrasado su entrada en imprenta, hacían más hincapié en los sucesos del Zócalo que en la manifestación ordenada que los había precedido. El incidente de las luces y las campanas de la catedral, y sobre todo la sustitución de la bandera mexicana por la rojinegra, habían causado una enorme indignación.[9] En un intento de reparar el daño provocado por los estudiantes, el Gobierno organizó a toda prisa un acto de desagravio a lo que interpretaba como una terrible ofensa a México. Pero el episodio acabó en algo parecido a un vodevil. Durante la mañana del día 28 de agosto, en el asta central del Zócalo seguía ondeando una bandera negra y roja, aunque según algunos había sido retirada la noche anterior y se había restituido la mexicana. Además, la que se veía en ese momento parecía nueva y de mejor calidad que la andrajosa que habían izado los estudiantes la tarde anterior. Tanto si la bandera había sido reemplazada como si todo era fruto del caos de esos días, lo que debía ser un acto de «purificación cívica» —en palabras de Luis González de Alba, uno de los líderes del movimiento estudiantil—, acabó en farsa. Como tenían por costumbre, las autoridades de la delegación del Gobierno en Ciudad de México habían exigido a los empleados públicos que acudieran a la ceremonia del Zócalo, para asegurar la presencia de abundante y muy respetuoso público. Sin embargo, para sorpresa de todo el mundo, los funcionarios entraron en la plaza gritando que solo estaban allí porque les habían obligado. «Salieron de los ministerios y de las oficinas públicas al grito de: "Somos borregos, nos llevan, beee, beee, beee". Iban balando, fíjate nomás, y gritando desde los camiones: "¡Somos borregos!". Sus balidos se oyeron en todas las calles. "Beee... Bee..."», cuenta González de Alba.[10] Los responsables del orden en la ceremonia intentaron hacerles callar, pero a los funcionarios burlones se sumaron enseguida lo que parecían estudiantes infiltrados. Según Monsiváis, la bandera no se pudo subir más allá de media asta por problemas técnicos, y los estudiantes gritaban que la dejaran así en señal de duelo por la represión. En vista de la situación, los altavoces dieron por acabado el acto y conminaron a la gente a retirarse rápidamente. Pero no todo el mundo se marchó. Los granaderos presentes volvieron a cargar contra la gente que había permanecido en la plaza y los tanques se pusieron a perseguir a los estudiantes, que parecían divertirse burlando a aquellas máquinas de guerra, si bien eran conscientes del peligro. Al menos lo fueron cuando, no mucho después, se abrieron las puertas del Palacio Nacional y salieron columnas de soldados con bayoneta calada. Desde lo alto de los edificios que bordeaban la plaza empezaron a caer botellas, macetas y casi cualquier cosa sobre los soldados, que respondieron disparando a ciegas contra los pisos más elevados. Los jóvenes se replegaron y al cabo volvieron a desalojar la plaza. De nuevo, los soldados y los granaderos les siguieron por las calles adyacentes golpeándoles con porras y fusiles.[11]

Aquello acabó con la paciencia de Díaz Ordaz. No se trataba únicamente de que se hubieran mancillado símbolos nacionales como la bandera o la presidencia, sino que todo aquello cuadraba con su visión conspirativa de cuanto estaba sucediendo en el mundo en esos momentos. «Para el presidente —escribe Enrique Krauze en *La presidencia imperial*—, el movimiento estudiantil no era sino el último y más complejo rompecabezas de una larga serie que había comenzado con los movimientos sindicales de fines de los años cincuenta y se prolongaba en los sucesivos conflictos de su propio sexenio: médicos [que habían protagonizado huelgas para lograr mejoras laborales], estudiantes, guerrilleros. Todos tenían, a su juicio, un denominador común: eran producto de una conjura comunista». Una conjura elaborada desde el exterior del país que contaba con el apoyo de grupos de izquierda locales para desbaratar los maravillosos avances que había logrado el régimen del PRI. Pero además se daba otra circunstancia: México era la sede de los Juegos Olímpicos, que debían inaugurarse en octubre. Para Díaz Ordaz, el fin último de esa conjura comunista era impedir que los Juegos se celebraran y minar así de manera irremediable el prestigio de la capacidad de organización y mantenimiento del orden de México de cara al exterior.[12]

El 2 de septiembre, representantes del movimiento estudiantil italiano se reunieron en la Universidad Ca' Foscari de Venecia, para profundizar en los temas políticos más candentes y debatir cuál sería su estrategia para el año académico que empezaba. «El movimiento estudiantil verifica las experiencias y los límites de su lucha», titulaba unos días más tarde en su cobertura de las jornadas el periódico comunista *L'Unità*. En el encuentro, fue posible asistir a charlas como «Los movimientos políticos de masas», «Movimiento estudiantil y lucha de clases», participar en las comisiones de trabajo sobre «Lucha de masas y escuela» y «Lucha obrera y campesina», entre otras, y discutir a fondo lo que los jóvenes consideraban los síntomas de la crisis económica y la política del capitalismo: las revueltas en Europa, la lucha de los negros por los derechos civiles en Estados Unidos, las guerrillas en Sudamérica y, por encima de todo, la guerra de Vietnam. Según ellos, este conflicto había conseguido despertar a los jóvenes, que en la escuela eran adoctrinados para asumir los mitos «de la democracia representativa y la "sociedad opulenta"».

En el plano interno, se produjeron discrepancias y dudas sobre lo que debía hacerse en el seno de la propia universidad. Se llegó a un acuerdo, no demasiado realista, sobre la necesaria organización de un movimiento de masas para luchar contra el autoritarismo y en favor de la unificación del movimiento estudiantil, que después de los acontecimientos anteriores al verano había entrado en crisis y se estaba fracturando. Para ello, convinieron, había que compartir unos objetivos tácticos y estratégicos con las luchas obrera y campesina, y definir su relación con los partidos de clase y los sindicatos para, unidos, combatir el sistema.[13]

Al mismo tiempo, se estaba celebrando en Venecia el festival de cine anual. Estaba previsto que el día 5 se presentara *Teorema*, de Pasolini. La película era una compleja reflexión sobre la familia, el sexo y la religión (y la propiedad de los medios de producción) en el contexto de la burguesía. Una familia de clase alta milanesa era visitada de repente por un atractivo desconocido que procedía a hacer el amor con cada uno de sus integrantes: hijo, hija, padre, madre e incluso la criada. Para todos ellos, la experiencia resultaba trascendental, una especie de iluminación y descubrimiento. Pero el misterioso joven desaparecía tan de repente como había llegado y los miembros de la familia se hundían, cada uno a su manera, aunque todos con un inequívoco aire burgués. La hija se quedaba catatónica, el hijo se retiraba a pintar con un estilo incomprensible, la madre intentaba repetir la experiencia con dobles del joven y el padre entregaba su fábrica a los trabajadores. En cambio, la criada, una campesina creyente y profundamente buena, se convertía en una especie de santa y moría inmolada en estado de éxtasis.[14]

El pase de la película se convirtió en un pequeño caos, como lo estaba siendo todo el festival. Algunos miembros de la Asociación Nacional de Autores Cinematográficos (ANAC) habían decidido impugnar los estatutos que regían el funcionamiento del certamen, que habían sido establecidos bajo el régimen fascista de Mussolini. El director de la muestra, Luigi Chiarini, había afirmado que estaba dispuesto a hablar de la normativa una vez terminado el festival, pero que aquel certamen iba a desarrollarse con normalidad y que recurriría a las autoridades y a las fuerzas del orden si era necesario. Se produjeron varios intentos de ocupación de las salas de proyección y Pasolini se solidarizó con los miembros de la ANAC, aunque de una manera un tanto errática. El día 5, ya en la sala de exhibición, antes del pase, se hizo con un micrófono y explicó a los medios de comunicación que había querido retirar la película del festival pero que no había podido hacerlo porque esa decisión estaba ya en manos del productor. Mostró su apoyo a los que se manifestaban y animó a los periodistas y a los críticos reunidos allí para ver *Teorema* a que, si estaban de acuerdo en que el festival estaba manchado por el fascismo, salieran con él de la sala.

Al parecer, pocos lo hicieron. Y el caos que rodeó el estreno de la película se prolongó: se le retiró un premio especial del festival porque el Vaticano la consideró inmoral y ofensiva, y antes de su distribución comercial, fue secuestrada judicialmente con cargos similares.

En todo caso, el día posterior al accidentado estreno, algunos de los que estaban llevando a cabo las protestas en el festival de cine pensaron que sería buena idea buscar el apoyo y la solidaridad de los trabajadores portuarios de Porto Marghera, un centro industrial cercano a Venecia, que llevaban meses en huelga. Pero cuando llegaron, fueron recibidos con una lluvia de tornillos al grito de «¡Fuera los del cine! ¡Largaos a trabajar!». Los cineastas decidieron entonces ponerse en contacto con los estudiantes reunidos en la Universidad Ca' Foscari para intercambiar pareceres y prestarse apoyo mutuo. Según cuenta uno de los presentes, David Grieco, amigo y colaborador de Pasolini y autor de *La Macchinazione,* unas memorias sobre la vida y la violenta muerte del cineasta, los jóvenes pidieron reiteradamente a los miembros de la ANAC que no les acompañara Pasolini, a quien destestaban por el poema que había escrito tras los enfrentamientos de Valle Giulia sobre la arrogancia de clase media del movimiento de los estudiantes. Sin embargo, casi por azar, Pasolini se unió al grupo que iba a la universidad.

Cuando llegaron a Ca' Foscari, se encaminaron al lugar de reunión por un estrecho pasillo, en fila india.

> Los primeros representantes de esa alegre delegación del cine italiano fueron recibidos con un aplauso fragoroso. Pero en cuanto apareció el rostro inconfundible de Pier Paolo Pasolini, aquello pareció el fin del mundo. Los aplausos se convirtieron en un «buuuuuh» de desaprobación, volaron pesados libros a la altura de las cabezas y llovió de todo [...]. Todos cantaban a coro: «¡Fuera! ¡Fuera!».

Los visitantes salieron, pero Pasolini dijo que no quería marcharse de allí, que quería reunirse con los universitarios para discutir con ellos. Si alguno estaba dispuesto a dialogar, él le esperaría fuera. Uno del grupo volvió al interior de la facultad para transmitir la propuesta. Al cabo de un cuarto de hora, sigue contando Grieco, aparecieron algunos jóvenes que, aunque se acercaron a Pasolini insultándole, al final decidieron escucharle. «Pasolini no se acobarda y confirma todo lo que había escrito en aquel poema aparecido en *L'Espresso.* Paolo maltrata a los estudiantes con su voz firme, les confunde con su calma, les intimida con su timidez.» A las cinco de la madrugada, ya eran un centenar los universitarios que estaban a su alrededor, pendientes de todas las cosas malas que Pasolini estaba diciendo de ellos. Los demás cineastas se estaban quedando dormidos. El final de la escena fue, según como se mire, «cómico o trágico», dice Grieco. De repente, «después de esa lección de vida improvisada», los estudiantes subieron a Pasolini a hombros y comenzaron a correr por las calles venecianas mientras amanecía. Gritaban: «¡Viva Pasolini! ¡Viva il Cinema! ¡Viva la Mostra di Venezia!». «Viva cualquier cosa», añade Grieco desolado: para los compañeros de Pasolini, los jóvenes no habían entendido una sola palabra de lo que este les había dicho y, en lugar de mantener un diálogo adulto, se habían entusiasmado con la idea de que allí estaban ellos, ante una celebridad que, aunque les insultaba, les hacía caso, y por eso lo habían llevado en volandas. Aquel comportamiento confirmaba, según Grieco, cada palabra de desdén que Pasolini les había dedicado en su poema.[15]

Los movimientos de protesta, las organizaciones estudiantiles y los sindicatos tradicionales que se habían sumado a las manifestaciones y las reivindicaciones, el ejército estadounidense desplegado en Vietnam y el que invadió Checoslovaquia, los políticos que negociaron con esos jóvenes y la policía que los intentó contener eran predominantemente hombres. Todos los líderes eran varones. Incluso cuando las reivindicaciones juveniles tenían que ver con la libertad sexual o con la admisión de nuevas formas amorosas que rehuyeran el machismo y las viejas formas de relación capitalistas, es dudoso que las mujeres estuvieran en condiciones de igualdad con sus colegas masculinos. Robin Morgan, por ejemplo, había sido una miembro activa de los *yippies*, pero se fue distanciando de la organización, a la que consideraba machista, para cofundar y dedicarse cada vez más a otra exclusivamente femenina, las Mujeres Radicales de Nueva York. Este grupo, como todo el movimiento feminista que se fue consolidando en Estados Unidos a lo largo de los años sesenta, tenía sus raíces en la lucha por los derechos civiles y consideraba a las mujeres un grupo más entre los que eran marginados, reprimidos y explotados por el hombre blanco capitalista. En un memorando escrito por las activistas Mary King y Casey Hayden para analizar, y luego debatir, las relaciones entre sexos en el seno del Comité de Coordinación de Estudiantes No Violentos (SNCC), afirmaron:

> Al parecer pueden establecerse muchos paralelismos entre el tratamiento de los negros y el de las mujeres en nuestra sociedad. Pero en particular, las mujeres con las que hemos hablado y que trabajan en el movimiento se diría que están atrapadas en un sistema de castas de concubinato cuya función, a veces sutil, es obligarlas a trabajar en torno a unas estructuras jerárquicas de poder que bien pueden excluirlas. En las relaciones personales, las mujeres parecen estar en esa misma posición de subordinación asumida. Se trata de un sistema de castas que, llevado al peor extremo, utiliza y explota a las mujeres.[16]

Las tácticas de las Mujeres Radicales de Nueva York, al igual que las de otros grupos feministas como la Organización Nacional de Mujeres (NOW) o la Conspiración Internacional Terrorista de Mujeres del Infierno (W.I.T.C.H), eran herederas del movimiento contra la discriminación y del teatro callejero y provocador de los *yippies*, aunque muchas veces sus reivindicaciones implicaran aspectos concretos y poco llamativos de la discriminación femenina, como el trato a las azafatas de vuelo o la publicación de anuncios de trabajo segregados para hombres y mujeres. Y, por supuesto, el aborto. Pero si en los demás movimientos, en ocasiones, las activistas eran excluidas de las protestas porque se decía que podían resultar heridas, o se les relegaba a puestos sin relevancia pública, en los nuevos grupos feministas todo el protagonismo recaía en las mujeres. Sin embargo, no conseguían atraer una atención mediática semejante a la de los grupos dominados por hombres: en primer lugar, porque para muchos, incluidos los participantes en las oleadas de protestas, la reivindicación feminista era secundaria o hasta ridícula; en segundo lugar, porque los actos no solían ser violentos y, por lo tanto, tenían menos interés para unos medios de comunicación que estaban explotando al máximo la espectacularidad de los enfrentamientos físicos entre policías y hombres jóvenes y fuertes.

Sin embargo, el 7 de septiembre, Robin Morgan encontró la manera de llamar la atención de los medios y, según algunos, inaugurar una nueva época de las reivindicaciones feministas en Estados Unidos. Ese día se celebraba el certamen de Miss América en Atlantic City, una ciudad llena de rascacielos con casinos y hoteles. Se trataba de un espectáculo machista y racista, cuyas participantes debían ser necesariamente blancas y a ser posible rubias, para representar el ideal de mujer estadounidense. Robin y varios centenares de mujeres más se plantaron en el célebre paseo marítimo de tablas de madera de Atlantic City, delante del centro de convenciones en el que se celebraba el concurso y, siguiendo la mejor tradición *yippie*, nombraron a su propia Miss América: una oveja viva a la que le colocaron la tradicional banda con un lazo y la leyenda «Miss América», mientras mostraban pancartas con diferentes lemas: «Bienvenidos a la subasta de ganado Miss América», «¿Puede el maquillaje cubrir las heridas de nuestra opresión?», «Juzguémonos a nosotras mismas como personas» o «No seas el accesorio de un *playboy*». Los transeúntes miraban a las manifestantes entre sorprendidos y divertidos y cogían los panfletos que les repartían. Las activistas también colocaron en el paseo un cubo con la leyenda «Cubo de basura de la libertad» y fueron depositando en él artículos femeninos que consideraban instrumentos para la tortura de las mujeres: sujetadores, corsés, rulos de pelo, pestañas postizas, zapatos de tacón alto y demás. Cuando la prensa que estaba en la ciudad para cubrir el certamen acudió a ver qué pasaba, las manifestantes se negaron a hablar con los periodistas hombres. (Y se creó un malentendido histórico: una periodista afirmó que ese acto simbólico de lanzar sujetadores a la basura era el equivalente femenino a la quema de tarjetas de reclutamiento para la guerra de Vietnam por parte de los hombres. No se quemó ningún sujetador en Atlantic City, pero de ahí nació el mito de que las feministas quemaban sujetadores.) Más tarde, algunas de las activistas entraron en el centro de convenciones y, mientras la miss del año anterior pronunciaba su discurso de despedida, desplegaron y corearon una pancarta que decía «Liberación de las mujeres» y se pusieron a gritar «¡Basta ya de Miss América!». Fueron rápidamente retiradas por las fuerzas de seguridad del edificio, pero aquello fue suficiente para llamar la atención de los periódicos.

Morgan había escrito un panfleto, titulado también «¡Basta ya de Miss América!», en el que explicaba en diez puntos, con ironía y con un lenguaje imaginativo pero sobrio (para lo que solía ser la propaganda de la época), por qué debía terminar de una vez ese espectáculo degradante para las mujeres: denunciaba que encarnaba los papeles que se imponían a las mujeres, que era racista porque nunca había habido finalistas negras, que al mandar a la anterior Miss América a Vietnam para que animara a las tropas, se estaba perpetuando el mito del hombre militar y la mujer objeto, y que el concurso en sí no era más que un espectáculo consumista. «Miss América representa lo que se supone que deben ser las mujeres: inofensivas, sosas, apolíticas. Si eres alta, baja, tienes un peso superior o inferior al que El Hombre te prescribe que deberías tener, olvídate. La personalidad, la elocuencia, la inteligencia, el compromiso: malas ideas. La conformidad es el camino a la corona y, por extensión, para el éxito en nuestra sociedad.»[17] Aunque el feminismo tenía una larga tradición en Estados Unidos, solo al adoptar el lenguaje de los derechos civiles y la protesta teatral consiguió llamar la atención de los medios y convertirse así en un tema de conversación pública, que hasta entonces había sido rechazado porque se identificaba con mujeres poco atractivas, frustradas o rancias. Por supuesto, la nueva situación no acabó con los estereotipos, que siguieron existiendo en la cultura y en los movimientos asociados al progresismo de los años sesenta y de 1968 en particular. El poeta Ed Sanders, que era miembro de los *yippies* y había hecho una interpretación en clave mística, psicodélica y sexual de las revueltas en las que había participado activamente, publicó poco después de los acontecimientos de Chicago una imaginativa novelización de lo sucedido titulada *Shards of God. A Novel of the Hippies*. En ella, como cuenta Mark Kurlansky en *1968. El año que conmocionó al mundo*, las mujeres que aparecen «nunca tienen nombres ni rostros, aparecen tan solo para ofrecer un orificio u otro con fines sexuales a los personajes masculinos, que tienen nombres como Abbie Hoffman y Jerry Rubin».[18]

El 13 de septiembre, la escritora y cineasta Helke Sander pronunció un discurso durante el congreso de la Federación Alemana de Estudiantes Socialistas (SDS) en Frankfurt. Fue un alegato duro, en el que anunció la existencia, dentro del sindicato, del hasta entonces poco conocido Consejo de Acción de las Mujeres. Sostuvo, además, que las estudiantes no seguirían contentándose con que los hombres les dieran la palabra de vez en cuando para luego ignorar sus puntos de vista. Y acusó a la SDS de no solo no tener en cuenta las cuestiones femeninas en su trabajo político, sino de que, además, su organización reflejaba las estructuras sexistas de la sociedad: privilegiaba a los líderes masculinos y sus opiniones, mientras el trabajo de las mujeres se reducía a apoyar a los hombres. De hecho, consideraba que, en tanto que el hombre asumía el papel de explotador de las mujeres, aunque fuera de manera inconsciente, era un enemigo de clase para estas. Y constataba que no se podía esperar a que se produjera una eventual revolución para que la relación entre los dos sexos cambiara para siempre y se aboliera el patriarcado. Había que hacerlo ya. Las respuestas de los asistentes fueron contradictorias —hubo entusiasmo y enfado al mismo tiempo—, pero en todo caso se votó ignorar la petición de Sander para que se discutiera el asunto y se siguió con el programa previsto. Cuando el presidente de la SDS, Hans Jürgen Krahl, se dispuso a tomar la palabra, una asistente que acababa de hacer la compra se puso a tirarle tomates y le acusó de ser un contrarrevolucionario y un «agente de la clase enemiga».[19]

El incidente de los tomates fue considerado el inicio de un movimiento de mujeres dentro de la nueva izquierda que no creía que los hombres de la SDS pudieran sobreponerse a la gran paradoja a la que se enfrentaban: la exigencia de una nueva sociedad radicalmente transformada y carente de toda forma de jerarquía y autoritarismo y, al mismo tiempo, la renuencia a organizar el sindicato de una manera que no perpetuara los roles tradicionales de los dos sexos, y en la que la mujer siempre era subalterna. En Alemania, a partir de entonces, se produjo una defensa cada vez más enfática de la «autonomía» de la mujer, que no solo podía organizarse al margen de los hombres para la lucha política, sino que se declaraba ajena a las estructuras patriarcales de las instituciones del Estado. Lo personal era político, como había sugerido Sander en su discurso, y este sería el título de un libro de la feminista Carol Hanisch que se publicaría con éxito el año siguiente. Las relaciones entre hombres y mujeres, aunque se hubieran considerado un asunto privado, eran una cuestión política, y por lo tanto era necesaria la lucha para subvertir las relaciones de poder, exactamente igual que en el resto de ámbitos políticos.

En México, los estudiantes estaban reculando. El Consejo Nacional de Huelga (CNH) se había dado cuenta de que las protestas del 27 y el 28 de agosto habían ido demasiado lejos, y que podían haber sido ofensivas para una parte importante de la población y lesivas para sus propios intereses. Además, quizá fueran delictivas. En un comunicado del 31 de agosto, el día antes del informe presidencial, el CNH insistía en la necesidad de establecer un diálogo pacífico «sin la presión de las fuerzas del ejército y la policía», y reiteraba que «antes que estudiantes en una lucha para lograr mayor libertad y democracia, somos mexicanos [...]. No estamos contra las Olimpiadas, queremos que México cumpla dignamente con su compromiso internacional».[20]

Pero Díaz Ordaz no se lo creía. Así lo hizo explícito en su discurso al Congreso, que tuvo lugar como estaba previsto el 1 de septiembre. Después de una tediosa enumeración de los logros del Gobierno, sobre todo en materia económica, el presidente abordó el tema de las protestas estudiantiles y su vinculación, que él creía evidente, con una conjura internacional y los Juegos Olímpicos:

> De algún tiempo a la fecha, en nuestros principales centros de estudio se empezó a reiterar insistentemente la calca de los lemas usados en otros países, las mismas pancartas, idénticas leyendas, unas veces en simple traducción literal, otras en burda parodia. El ansia de imitación se apoderaba de jóvenes de manera servil y arrastraba algunos adultos. Es penoso, pero conveniente, aclarar que los Juegos no son oportunidad de lucimiento personal, ni en lo interno ni en el exterior; dentro de México sabemos que es esfuerzo de todos y si logramos éxito el éxito será también de todos [...]. Lo que cuenta es México. Tenemos confianza en que no se logrará impedir la realización de los eventos deportivos en puerta; cuando más, se conseguirá restarles lucimiento. Nuestra confianza no solo se funda en la decisión de hacer uso de todos los medios legales a nuestro alcance para mantener el orden y la tranquilidad internos a fin de que los nacionales y los visitantes tengan las garantías necesarias, sino también, y fundamentalmente, en que habrá una repulsa tan generalizada, tan llena de indignación por parte de millones de mexicanos, que hará que recapaciten quienes lo hubieren pensado, y nos parece muy difícil que un reducido grupo pueda así alcanzar sus propósitos.

El discurso terminó con una amenaza explícita.

> No quisiéramos vernos en el caso de tomar medidas que no deseamos, pero que tomaremos si es necesario; lo que sea nuestro

deber hacer, lo haremos; hasta donde estemos obligados a llegar, llegaremos.[21]

El CNH siguió actuando con prudencia, consciente de que la crisis política se agudizaba. En los días posteriores al informe del presidente, insistió en la necesidad de diálogo e incluso dejó de exigir que se desarrollara en público, aceptó que fuera por escrito y se comprometió a que no hubiera más insultos. Pero seguía denunciando «el aplastante aparato del Estado y su naturaleza de dominio despótico, inexorable y sin apelación posible». El rector Barros Sierra pidió a los alumnos que regresaran a sus clases para recuperar una cierta normalidad. Pero estos se negaron y convocaron una nueva marcha para el viernes 13 de septiembre, que sería conocida como la «manifestación del silencio». Si hasta entonces la verborrea propia del 68 había llenado el espacio público, esta vez los organizadores decidieron que el acto fuera silencioso. Se reunieron unas doscientas cincuenta mil personas. «Pasos, pasos sobre el asfalto, pasos, el ruido de muchos pies que marchan, el ruido de miles de pies que avanzan. El silencio era más impresionante que la multitud. Parecía que íbamos pisoteando toda la verborrea de los políticos, todos sus discursos, siempre los mismos [...]. Si los gritos, porras y cantos de otras manifestaciones les daban un aspecto de fiesta popular, la austeridad de la silenciosa me dio la sensación de estar dentro de una catedral», escribió el líder estudiantil Luis González de Alba.

El 15 de septiembre, los estudiantes recalcaron su compromiso con el país —y también su nacionalismo, para desmarcar al movimiento de cualquier atisbo de injerencia extranjera— celebrando el día de la Independencia en la explanada de la Ciudad Universitaria. Pero la paranoia del presidente seguía aumentando: estaba convencido de que Barros Sierra financiaba el CNH, que la celebración de la independencia en la explanada era un intento de crear una especie de Estado dentro del Estado y que el protagonismo de Heberto Castillo, un líder de la Coalición de Maestros que apoyaba las reivindicaciones estudiantiles, en la celebración era un intento de hacerle «presidentito» de ese «estadito», escribió Díaz Ordaz en sus memorias inéditas.[22] Castillo incluso había dado «el grito», la prerrogativa presidencial de iniciar las festividades del día de la Independencia con una arenga patriótica. Los jóvenes hablaban de crear una «nación alternativa» que les permitiera olvidarse de la oficial y vivir de acuerdo con sus propias reglas. El presidente Díaz Ordaz se lo tomó de manera literal.

Y el 18 de septiembre por la noche el ejército ocupó la universidad. Lo hizo con vehículos de asalto y camiones llenos de soldados armados con fusiles con bayoneta. El campus se desalojó sin hallar resistencia y se detuvieron quinientas personas, entre estudiantes y funcionarios de la universidad. Los soldados humillaron a los retenidos y, posteriormente, destruyeron sus expedientes. Se dice que una joven, aterrorizada, se encerró en un baño y pasó ahí diez días sin atreverse a salir. El Gobierno sostuvo que estaba obligado a imponer la ley incluso en el interior de la universidad y que sus instalaciones estaban siendo utilizadas para actividades que no tenían nada que ver con las educativas. Díaz Ordaz quería dar una lección a quienes no solo retaban su figura casi monárquica, sino que, a su modo de ver, pretendían sustituirle.

Los días siguientes las detenciones prosiguieron. El rector Barros Sierra protestó aduciendo que: «los jóvenes requieren comprensión antes que violencia». Pero los periódicos, como venía siendo habitual, apoyaron la decisión presidencial de acabar de una vez con la sucesión de protestas y reivindicaciones. También lo hicieron la Cámara y el Senado, dominados por el PRI. El presidente se reunió con representantes de los partidos y con los directores de los periódicos —«... algunos testigos recuerdan que el presidente estaba fuera de sí. Se descomponía al hablar», dice Krauze— para contarles que estaba dispuesto a todo para salvar a México, al que creía en un peligro mortal.

La Feria del Libro de Frankfurt, un acontecimiento anual en el que se reunían editores de todo el mundo, era una muestra de la larga tradición del sector editorial en Alemania y de su potencia. Pero a esas alturas constituía también una demostración de que Alemania Occidental era un país cuya integración e influencia en el plano internacional estaban creciendo. En septiembre de 1968, además, las editoriales alemanas eran conscientes de la importancia de los nuevos movimientos políticos y de protesta y habían incorporado a sus catálogos colecciones y títulos sobre la historia revolucionaria, la teoría crítica y las nuevas expresiones de la izquierda. A pesar de la iniciativa, en paralelo a la feria oficial se había organizado una anti-feria del libro en el sótano de una residencia de estudiantes cercana. Esta quería denunciar que las grandes editoriales se estaban apoderando ilegítimamente del pensamiento revolucionario y animaba a los escritores a organizarse de manera alternativa y no venderse a ellas. Las protestas de carácter político no eran una novedad en la Feria del Libro de Frankfurt, pero aquel año, como estaba sucediendo en tantos lugares, iba a ser especial.

En buena medida, porque la organización de la feria había decidido entregarle el Premio de la Paz, que otorgaba todos los años, al senegalés Léopold Senghor. Debería haber sido una elección que no molestara a los estudiantes revolucionarios de la Federación Socialista Alemana de Estudiantes (SDS). Senghor era pensador y poeta que, junto a otros escritores de origen africano que habían residido en Francia, había dado forma a la noción de «negritud». En el marco de las luchas contra el colonialismo, la idea de «negritud» se oponía al racismo occidental y abogaba por una defensa de la identidad cultural africana, contraria a la asimilación acrítica de la cultura occidental. El concepto incluía ideas marxistas, tenía que ver con la lucha por la libertad de los pueblos colonizados, tema central de las preocupaciones de buena parte de la izquierda mundial, y denotaba también una cierta dimensión provocadora por su acercamiento puntual al surrealismo y a la utilización de una palabra derivada de «nègre», que en el francés de la época solo se empleaba con una intención abiertamente racista. Además, Senghor había sido nombrado el primer presidente de la República de Senegal en 1960, año en que había firmado su independencia de Francia, y siempre había sostenido ser un socialista africanista.

Sin embargo, las cosas se torcieron pronto. Senghor había pasado mucho tiempo en Francia. Había sido miembro de la Asamblea Nacional y el primer africano en entrar en la Académie Française, a la que se incorporaban los escritores considerados «inmortales». Y aunque defendía una identidad africana fuerte y libre de agentes colonizadores, al tomar las riendas de su país, a diferencia de otros líderes de países recientemente descolonizados, decidió no romper los vínculos con Francia y con su cultura. De hecho, era partidario de consolidar una cierta colaboración entre ambos, algo parecido a una «commonwealth». Eso aún gustaba menos a los estudiantes, que le señalaban como «un político africano que seguía manteniendo una relación amistosa con los viejos amos coloniales».

Además, en mayo Senghor había reprimido con dureza una protesta de universitarios en la capital de su país. Inspirados por lo que estaba sucediendo en París, los estudiantes de la Universidad de Dakar se habían declarado en huelga y habían perpetrado disturbios, incendios de coches, saqueos de tiendas y graves enfrentamientos con la policía, que había usado gas lacrimógeno y disparado contra los manifestantes, uno de los cuales había muerto. El presidente había declarado el estado de emergencia y había cerrado la universidad que él mismo había contribuido a fundar.[23] «En ese contexto, era fácil ver a Senghor no solo como un emblema neocolonial, sino como el rostro africano de la reacción gaullista.»[24]

Los miembros de la delegación de Frankfurt de la SDS, entre los que se encontraba Daniel Cohn-Bendit, habían planeado dos acciones. La primera, el 21 de septiembre, consistiría en dar una charla en el Salón 6, justo delante de donde estaba el puesto de la editorial que publicaba en alemán los libros de Senghor, Diederichs Verlag. La siguiente acción, programada para el día 22, implicaría tomar la iglesia de San Pablo para impedir físicamente que Senghor recibiera allí el premio. Un anuncio de la SDS decía: «Bloquearemos la entrada a la iglesia de San Pablo a la filosofante máscara del imperialismo francés, que con Goethe en la cabeza y una ametralladora en la mano, oprime a las masas explotadas de su pueblo».[25]

En un intento de impedir que tuviera lugar la charla de los estudiantes en el Salón 6, los organizadores decidieron cerrarlo por completo a los visitantes. Muchos de los expositores que tenían ahí sus puestos también los cerraron y se marcharon quejándose de que les impedían trabajar con normalidad. Cuando se decidió dar marcha atrás y reabrir el salón, los miembros de la SDS entraron y denunciaron las «acciones dictatoriales» del presidente senegalés y su concepto de negritud, que, dijeron, «era solo una cobertura ideológica para la continuación de la dominación colonial». Los participantes en la charla decidieron entonces que les correspondía a ellos decidir quién se llevaba el Premio de la Paz de la feria, y acordaron que entre los finalistas estuvieran el teórico anticolonial Frantz Fanon, Malcolm X y Stokely Carmichael, en aquel momento «primer ministro honorario» de los Panteras Negras. Resolvieron adjudicar el premio a Amílcar Cabral, un guerrillero que lideraba la lucha por la independencia de lo que luego sería Guinea-Bissau.

A la mañana siguiente, delante de la iglesia de San Pablo se reunieron alrededor de dos mil personas que intentaron detener los coches en los que llegaban las autoridades de la feria y el premiado, pero los policías —que eran muchos menos que los manifestantes— lo impidieron. En respuesta, los estudiantes intentaron volcar las camionetas de las cadenas de televisión que habían acudido al acto y lanzaron adoquines y botellas contra los agentes y las ventanas y la puerta de la iglesia. La policía persiguió con gas lacrimógeno a los manifestantes, que construyeron barricadas con papeleras y vallas. Después se dirigieron a la sede de la asociación de editores y libreros alemanes y al hotel en el que se hospedaban Senghor y los demás invitados. Cuando supieron que Daniel Cohn-Bendit había sido detenido con otras decenas de estudiantes, volvieron a la sede de la muestra, que encontraron protegida por la policía.[26]

En cierto sentido, aunque sin consecuencias tan dramáticas, se estaba repitiendo la escenificación del año anterior durante la visita del sah de Persia: los jóvenes, por un lado, pretendían exhibir su desprecio por los regímenes tercermundistas, que consideraban una mera prolongación del colonialismo occidental, y mostrar su solidaridad con los oprimidos de estos países; pero por otro lado, querían utilizar esas protestas para evidenciar que en su propio país el Gobierno mostraba una mayor comprensión y solidaridad hacia los regímenes autoritarios que hacia sus jóvenes y estudiantes. Además, sus peticiones de solidaridad para con los ciudadanos del tercer mundo denotaban que se sentían legitimados a hablar por ellos, porque entendían sus causas y pensaban que, de una u otra forma, no eran tan diferentes de aquellos motivos por los que luchaban los jóvenes en las democracias ricas.

Significativamente, cuando Cohn-Bendit fue juzgado poco después por los hechos de Frankfurt, se identificó ante el juez como «Kuron-Modzelewski», los apellidos de los dos profesores polacos que en 1965 habían publicado la «Carta abierta al partido», Jacek Kuron y Karol Modzelewski. Junto con su alumno Adam Michnik, que más tarde sería uno de los líderes de la lucha contra la dictadura comunista en Polonia y un reconocido periodista, y un grupo estudiantil llamado Comandos por su tendencia a hacer preguntas incómodas a los intelectuales del partido en los debates públicos, habían organizado en marzo de 1968 una huelga de estudiantes, por la que habían sido juzgados y condenados a tres años más de cárcel poco antes del juicio a Cohn-Bendit. Michnik y sus comandos también acabaron en la cárcel. Con su gesto, Cohn-Bendit pretendía reforzar la idea de que lo que ese año estaba sucediendo en tantos lugares del mundo, capitalistas o comunistas, era en realidad parte de una misma lucha de los jóvenes contra el autoritarismo de los gobiernos. Una lucha global. Cohn-Bendit fue condenado a ocho meses de cárcel, pero se le concedió la libertad condicional.[27]

El día 24 de septiembre, en México, después de un violento enfrentamiento entre policías y estudiantes, durante el que se quemaron autobuses y se usaron cócteles molotov y gases lacrimógenos, el ejército ocupó el Casco de Santo Tomás, la sede del Politécnico. Hubo numerosos detenidos —se dice que unos trescientos cincuenta—, que fueron enviados a la cárcel de Lecumberri, y se rumoreó que había muertos. El rector Barros Sierra, que había presentado su dimisión tras los ataques furibundos que había recibido de la prensa y de los diputados del PRI, dio marcha atrás y decidió seguir en el cargo. El día 30 el ejército abandonó la universidad y se reiniciaron sus actividades.

La mañana del 2 de octubre, en casa del rector, se entablaron las primeras conversaciones entre el Consejo Nacional de Huelga (CNH) y los representantes del Gobierno. A esas alturas, parecía evidente que los estudiantes habían perdido fuerza. Con la invasión de la universidad, dice Monsiváis, se había extinguido la «fase jubilosa» del movimiento y, aunque no se quisiera reconocer, el sueño había terminado.[28] A pesar de ello, los miembros del CHN que no habían sido detenidos convocaron una nueva reunión pública, esta vez en la plaza de las Tres Culturas, donde ya se habían celebrado mítines anteriormente. Situada en el barrio de Tlatelolco, al norte del centro histórico, constituía un espacio singular en el que convivían restos prehispánicos, una iglesia de la época colonial y modernos edificios de viviendas para la clase media y media-baja. La convocatoria era a las cinco de la tarde.

Cuando los manifestantes empezaron a llegar, el ejército ya se encontraba allí. La plaza estaba rodeada de tanques y soldados. En los últimos días se habían producido muchos incidentes violentos y los organizadores del CHN querían que fuera un encuentro breve. Hablarían unas pocas personas desde el tercer piso de un inmueble de apartamentos, el edificio Chihuahua, que formaba una especie de balcón. A las cinco y media ya había unas diez mil personas concentradas en la explanada. No tenía por qué pasar nada: de hecho, la reunión de ese mismo día entre representantes estudiantiles y del Gobierno se interpretaba como el establecimiento de una tregua tácita.

Sin embargo algunos asistentes se inquietaron al detectar entre la gente la presencia de unos jóvenes con un guante o un pañuelo blanco en la mano izquierda. Alrededor de las seis y veinte, esos hombres subieron por las escaleras hasta el tercer piso del edificio Chihuahua y obligaron a quienes estaban allí a tumbarse en el suelo. Los helicópteros que habían estado sobrevolando la zona descendieron y empezaron a volar muy bajo trazando círculos. Dependiendo de las versiones, bien desde el aire o bien desde la iglesia cercana se lanzaron bengalas, varios testigos dijeron que tres verdes y otros que una verde y otra roja. En ese momento, se inició el tiroteo desde el edificio de apartamentos. Se hablaba de francotiradores con rifles, aunque también había metralletas.

Según Gilberto Guevara Niebla, la gente se puso a correr de un lado al otro de la plaza, pero al encontrarse con los soldados y sus bayonetas se veía obligada a retroceder. Los hombres con el guante blanco ocuparon todo el balcón del tercer piso. «A nosotros [quienes seguían junto a los micrófonos allí instalados], con las manos en alto y de cara a la pared, se nos prohibió estrictamente voltear hacia la plaza; al menor movimiento recibíamos un culatazo en la cabeza o en las costillas. Cerrada la trampa, se inició el asesinato colectivo.»[29] Los disparos eran constantes, y en un momento dado los proyectiles que salían desde el edificio Chihuahua empezaron a alcanzar al ejército, que respondió disparando contra él. También se disparaba desde otros edificios y desde lo alto de la iglesia de la plaza. La gente corría atrapada entre varias líneas de fuego. El ejército parecía no tener ni idea de quién estaba atacando. Lo más probable es que asumiera que se trataba de estudiantes armados. Había sangre por todas partes, en el interior del edificio Chihuahua, donde los hombres de guante blanco metían a la gente del CNH, y en la plaza. «Había mucha sangre pisoteada, mucha sangre untada a la pared», dijo un testigo. «No era posible dejar de correr. Las balas nos pasaban por todos lados», afirmó otro.[30] El tiroteo duró alrededor de una hora y a continuación se fue apagando, hasta que se oyó un disparo inusualmente fuerte que muchos presentes atribuyeron a un tanque. Luego, hubo un nuevo ataque que duró hasta bien entrada la noche, y los disparos aislados siguieron hasta el día siguiente. Hubo más de dos mil detenidos, que fueron víctimas de reiteradas vejaciones. «A mí me detuvieron en el tercer piso, donde estaba la tribuna del mitin», cuenta un testigo, al que metieron en un piso, le obligaron a descalzarse y a tirar los zapatos en la cocina. Después le bajaron a la planta baja. «Al llegar yo, ya había gran cantidad de muchachos amontonados; todos descalzos y con los pantalones bajados, la mayoría sin camisa y muchos solo con trusa [calzoncillos]. Pensar que lo hacían para impedir que escapáramos es ridículo. Tal vez solo para humillarnos.»[31] Esa misma noche, la zona quedó completamente aislada. Se apagaron todas las luces y se cortaron los teléfonos. A punta de bayoneta, los soldados obligaban a los fotógrafos a entregar las películas de sus cámaras. No se dejó entrar a las ambulancias.[32] Aunque nunca ha existido una cifra oficial, hubo cientos de muertos.

La incertidumbre era absoluta. Más tarde se supo que los hombres con guante o pañuelo blanco eran miembros del batallón Olimpia, un cuerpo destinado a garantizar la seguridad durante los

Juegos que estaba formado por miembros del ejército. Y tal vez por miembros del equipo de seguridad del presidente. No estaba claro cuál era su objetivo en la plaza de las Tres Culturas. Podían haber detenido a los líderes del CNH, pero en cambio optaron por disparar contra la muchedumbre. Además, era inevitable que algunos de los disparos alcanzaran a los miembros del ejército apostados al otro lado de la plaza —de hecho, uno de los primeros heridos fue un general—. Y si el ejército respondió, ¿fue porque no sabía que quienes estaban disparando desde los edificios adyacentes no eran estudiantes, sino compañeros de las fuerzas de seguridad?

En las notas que Díaz Ordaz escribió sobre los hechos, el presidente atribuía los disparos iniciales desde el edificio Chihuahua a estudiantes armados que estaban matando a sus propios compañeros. Insinuaba que lo habían hecho para adquirir un estatus parecido al de mártires: «Por fin se habían ganado sus "muertitos" —anotó—. ¡A qué costo tan alto! Los lograron al cabo asesinando a sus propios compañeros. [...] balas asesinas de los jóvenes "idealistas" disparando sus metralletas desde las azoteas de los edificios Chihuahua y Sonora».[33] En cualquier caso, la cerrazón del Estado funcionó y transcurrieron treinta años antes de que se iniciara una investigación oficial de lo ocurrido. En aquel momento, los medios fueron publicando con cuentagotas los recuentos de fallecidos, que con toda probabilidad siempre resultaban muy inferiores a los reales. El relato autorizado era que los propios manifestantes habían disparado contra sus compañeros y que el ejército, bajo las órdenes de Díaz Ordaz, había hecho lo que tenía que hacer. La única discrepancia oficial frente a la masacre fue la dimisión del poeta Octavio Paz, que entonces era embajador de México en India. El resto del aparato estatal aceptó, incólume, lo sucedido. La cárcel de Lecumberri se llenó. Los detenidos, muchos de ellos los líderes del movimiento estudiantil, fueron sometidos a torturas y en algunos casos condenados a penas de cárcel por delitos inverosímiles. La mayoría quedó en libertad entre dos y tres años después de su encarcelamiento.

El 12 de octubre, tal como estaba planeado, el presidente mexicano inauguró las Olimpiadas. Fue un espectáculo ordenado en el que nada salió mal. La presencia del equipo de la Sudáfrica del Apartheid y del presidente del Comité Olímpico Internacional, Avery Brundage, que tenía un notable historial racista, habían suscitado varias peticiones de boicot, pero no se produjo. En esa edición, la mascota de los Juegos Olímpicos fue la paloma de la paz. Y hubo paz durante su transcurso. El movimiento estudiantil acabó disolviéndose, aunque algunos de sus miembros se radicalizaron, asumieron que era imposible hacer una revolución respetando la ley y sin recurrir a la violencia, y optaron por la lucha armada en forma de guerrillas, que mantuvieron una guerra soterrada con el Estado durante toda la década siguiente. Díaz Ordaz acabó su sexenio presidencial —y el resto de su vida— convencido de que había hecho lo correcto para salvar al país de una conjura comunista tramada en el extranjero. Luis Echeverría, que era secretario de Gobernación durante la crisis de 1968, dos años más tarde fue elegido presidente del Gobierno y siempre aseguró que él no había estado al tanto de nada de lo que había sucedido en Tlatelolco. Que todo había sido cosa de Díaz Ordaz.

El 8 de octubre, entre seis mil y ocho mil estudiantes tomaron las calles adyacentes a la estación de ferrocarril de Shinjuku, en Tokio. Su objetivo era impedir los traslados de combustible para aviones a reacción militares que se llevaban a cabo en la terminal, que contaba con uno de los mayores tráficos del mundo. Esta vez, los manifestantes se habían preparado a fondo, habían logrado la cooperación entre los distintos grupos que hasta entonces no habían sabido superar sus diferencias ideológicas o incluso personales, y habían conseguido que un gran número de asistentes llegara hasta las vías del tren. Pero la policía, tras las experiencias del año anterior, también había tomado medidas y les recibió con cañones de agua, porras y gas lacrimógeno. Sin embargo, había aprendido además que, si quería contar con la aprobación social, debía mostrar —o simular— una gran contención y hacer que los estudiantes se llevaran la mala prensa por alborotadores y provocadores. Esta vez lo consiguieron. Probablemente aquello influyó en una manifestación posterior, celebrada el 21 de octubre, que se inició como una marcha pacífica de entre treinta y cinco mil y cincuenta y cinco mil participantes. Aunque muchos de ellos eran miembros de la Liga de Estudiantes Socialistas, también hubo otros que rápidamente fueron considerados simples oportunistas que exhibían una violencia distinta de la estudiantil y, por lo tanto, considerada ilegítima. La policía se empleó a fondo. James Morley, un profesor estadounidense especialista en Japón que en ese momento trabajaba en la embajada de Tokio, escribió que «los repetidos incidentes de violencia estudiantil, que habían ido creciendo hasta estallar en los disturbios de Shinjuku el 21 de octubre, han producido la reacción que la policía esperaba».[34] Y así, esta se permitió invocar la ley antidisturbios, que ni siquiera se había utilizado durante las convulsas manifestaciones del último año. La prensa se mostró casi unánime al justificar la actuación policial y al rechazar las explicaciones de los estudiantes, que excusaban sus acciones alegando la necesidad de detener el transporte ferroviario del combustible que se utilizaría en los ataques a Vietnam. El incidente supuso un cambio de tendencia en el movimiento estudiantil japonés. «En la opinión pública, una nueva confianza en la policía y en los tribunales contra la "violencia de las protestas" permitió medidas intensificadas», explica William Marotti, profesor de historia japonesa en la Universidad de California en Los Ángeles, «entre ellas detenciones masivas, prolongadas detenciones sin juicio, registros —incluso en los campus universitarios sin el permiso de sus decanos— por último asaltos a gran escala contra los campus en los que se habían erigido barricadas». Cuando algunos de los grupos de manifestantes decidieron responder con más violencia a esa dureza intensificada, perdieron de manera definitiva el favor de la opinión pública y generaron un rechazo genérico hacia cualquier clase de protesta y de participación política ajena a la formal. «Durante el breve periodo de 1968 en que la prensa mostró ampliamente las acciones de los estudiantes como una resistencia heroica (o al menos como los actos políticos de personas racionales), dramatizando la ira "ciudadana" y la intervención contra una represión policial omnipresente e indiscriminada, los límites de la política se expandieron de un modo radical y se abrieron a toda clase de posibilidades y de actores que no habían sido previstos.»[35] A lo largo de 1968, más de seis mil estudiantes fueron detenidos por llevar a cabo actividades de protesta. El Gobierno endureció las leyes universitarias y con el tiempo el movimiento fue desvaneciéndose hasta extinguirse, o mutar, por completo.

El 16 de octubre, Tommie Smith y John Carlos, miembros del equipo estadounidense de atletismo en los Juegos Olímpicos celebrados en Ciudad de México, ambos de color, quedaron en primer y tercer lugar en la prueba de doscientos metros lisos. Los dos llegaron al podio en el que se les iba a hacer entrega de la medalla sin zapatos y con unos calcetines oscuros que simbolizaban la pobreza de muchos negros. Cuando sonó el himno nacional de Estados Unidos, levantaron un puño, Smith el derecho y Carlos el izquierdo, enfundado en un guante negro —tuvieron que compartir un par—, y permanecieron con la cabeza agachada, adoptando el saludo que se identificaba con el Poder Negro. En el estadio, no pareció que la gente se diera cuenta de aquel gesto llamativamente político, pero la célebre fotografía de John Dominis para la revista *Life* y la cobertura televisiva de la ceremonia convirtieron a los dos atletas en uno de los iconos de la lucha contra el racismo y de las protestas de 1968. Aquello no gustó nada al Comité Olímpico Internacional, que pretendía, como Díaz Ordaz, que los Jue-

gos Olímpicos fueran un acontecimiento completamente despoli-
tizado y ajeno a lo que estaba sucediendo en las calles de medio
mundo. Su presidente, Brundage, presionó a los estadounidenses y
amenazó con suspender a todo el equipo por utilizar las Olimpiadas como escenario de reivindicaciones políticas. Al final, se dio por
satisfecho con la expulsión de Smith y Carlos, que tuvieron que
abandonar la villa olímpica. Aun así, la medida no evitó que otros
integrantes negros del equipo estadounidense protestaran: algunos
fueron a recoger sus medallas con una boina negra, repitieron el
saludo del puño o acudieron sin zapatos y con calcetines negros.

Mientras tanto, el Partido Republicano y el Demócrata, y sus
candidatos Nixon y Humphrey, desarrollaban los argumentos con
los que esperaban ganar las elecciones del 5 de noviembre. Nixon
parecía tener una cómoda ventaja, pero se presentaba un tercer
partido que podía restarle votos, el Partido Independiente Americano. Su candidato era el exgobernador de Alabama George Wallace, partidario de mantener la segregación racial en el sur y de
acabar con dureza con toda expresión de contracultura. Wallace
atraía a los trabajadores blancos poco cualificados, que detestaban
los múltiples cambios —culturales, políticos, raciales— que se estaban produciendo en el país. Así que, en cierta medida, Nixon adoptó posturas parecidas para conseguir los votos del sur que Wallace
pretendía acaparar. Apelaba a la restauración de la ley y el orden en
un país que parecía estar deslizándose hacia el caos, sumido en una
violencia racial atroz y con los centros de las ciudades ritualmente
arrasados en los disturbios. Y advertía que Humphrey era el vicepresidente de Johnson, al que acusaba de azuzar el fuego al apoyar
el reconocimiento de los derechos civiles de los negros. Además,
Spiro Agnew, su candidato a vicepresidente, podía recurrir al extremismo y a la agitación popular para conseguir el voto de protesta contra lo que muchos consideraban un exceso de desorden
provocado por los movimientos estudiantiles y por la lucha en favor de los derechos civiles.

Humphrey empezó a recuperar un poco de terreno cuando decidió desvincularse de Johnson y denunciar que la campaña republicana sobre la ley y el orden y el fin de las protestas constituía una defensa del racismo más crudo y virulento. El tema de Vietnam seguía incomodándole (1968 estaba siendo el año con más víctimas de toda la guerra), pero daba por hecho que las negociaciones de paz avanzarían y el conflicto terminaría. Hizo campaña en términos sobre todo negativos y preguntó directamente a los votantes si de veras iban a permitir que alguien tan desagradable como «Dick» Nixon fuera elegido presidente. Consiguió identificarle como un político que solo quería explotar el miedo en beneficio propio, tras un año funesto de asesinatos y destrucción. Existía la posibilidad de que la manipulación de los acontecimientos recientes provocara la pérdida de todo lo que se había ido consiguiendo en materia de derechos civiles e integración.

En la campaña, como en diversos ámbitos de la vida pública, la televisión estaba adquiriendo una mayor importancia. Se daba por hecho que Nixon había perdido contra Kennedy en 1960 por su deficiente actuación en un debate televisado en el que se enfrentaron. Y porque, simplemente, en la tele transmitía una mala imagen. Pero esta vez cuidó más los detalles y se rodeó de un equipo —liderado por Roger Ailes, que con el tiempo sería el presidente de la Fox, la cadena de televisión identificada con la derecha estadounidense más conservadora— dedicado en exclusiva a sus apariciones en televisión. El formato de las tertulias estaba en auge y Humphrey innovó en su manera de hacer campaña; no solo daba mítines en las ciudades que visitaba, sino que aparecía en su cadena de televisión local.

El 5 de noviembre, Richard Nixon ganó. Lo hizo, sin embargo, por los pelos, con un margen de victoria sobre Humphrey de alrededor del 0,7 por ciento de los votos. Sin embargo, el sistema electoral estadounidense permitió que esa pequeña diferencia de votos se convirtiera en una cómoda mayoría en el Colegio Electoral. Wallace había ganado en cinco estados del sur, pero Nixon había arrasado en los demás (con la excepción de Texas). Su estrategia sureña había sido todo un éxito, y con ella no solo había conseguido una victoria, sino reconfigurar las lealtades partidistas de buena parte del país: muchos votantes tradicionales del Partido Demócrata, gente blanca de clase trabajadora del sur identificada con su trabajo industrial y la cultura tradicional, que a partir de ese momento vería su forma de vida más protegida por la derecha que por la izquierda.

El 4 de noviembre, en los juzgados de Tegeler Weg de Berlín, el abogado —futuro miembro de la Fracción del Ejército Rojo— Horst Mahler se enfrentaba a una denuncia por participar en las manifestaciones contra la editorial Axel Springer, celebradas tras el intento de asesinato de Rudi Dutschke. El tribunal debía decidir si vetaba a Mahler la práctica de la abogacía, que muchas veces ejercía en defensa de los manifestantes detenidos. Los activistas veían su suspensión como una utilización política y espúrea de la justicia. Pero por entonces el movimiento estudiantil estaba dividido. Había perdido impulso desde las grandes protestas de Semana Santa, y lo sucedido en Frankfurt durante la Feria del Libro no había hecho más que endurecer las posiciones sobre los pasos a seguir; es decir, si abrazar definitivamente la violencia o no. El 31 de octubre, Andreas Baader, Gudrun Enssiln, Horst Söhnlein y Thowarld Proll habían sido condenados por el intento de quemar las galerías comerciales Schneider de Frankfurt en abril de ese mismo año.

En el exterior del juzgado se habían congregado alrededor de mil personas. Se trataba de una peculiar mezcla de estudiantes y obreros, pero también incluía a roqueros, una tribu urbana que hasta el momento apenas se había mezclado con ellos. Muchos llevaban cascos y palos. A las nueve menos diez de la mañana empezó la batalla. Los atacantes, al grito de «¡Abajo la justicia de clase!»

arremetieron contra las barreras que había colocado la policía. Empezaron a llover piedras sobre los agentes, una cantidad extraordinaria de piedras. Aunque no se sabe si la confrontación, que sería conocida como la batalla de Tegeler Weg, había sido preparada de antemano o fue espontánea, lo cierto es que cerca del juzgado había aparcada una camioneta cargada de adoquines. La policía respondió con gas lacrimógeno y cañones de agua. Pero los manifestantes no cedían y los agentes se vieron obligados a replegarse una y otra vez. Los participantes incluso se hicieron con un coche de la policía. Ondeaban banderas rojas y se improvisaban barricadas. Sin embargo, cuando intentaron entrar en los juzgados por la fuerza, la policía consiguió al fin hacerles retroceder. Fue una batalla campal. Hubo ciento treinta policías y veinte estudiantes heridos. La violencia fue tal que, a partir de entonces, la policía usaría cascos en vez de los viejos shakos, los sombreros militares de origen húngaro más ornamentales que prácticos para el enfrentamiento físico. Después de la refriega, a mediodía, el líder de la SDS, Christian Semler, apareció con una boina como la del Che Guevara y afirmó que la militancia había llegado a «un nuevo nivel». En cierto sentido era la primera victoria «militar» del movimiento.

Con todo, el triunfo fue paradójico. Hasta tal punto que la batalla de Tegeler Weg fue considerada el final de la «oposición extraparlamentaria» pacífica y del movimiento antiautoritario tal como se había desarrollado hasta entonces. De hecho, abrió un cisma en la SDS, que acabó dividiéndose en dos posturas; quienes consideraban una locura convertir la lucha de clases en batallas callejeras con la policía, y quienes sostenían que ese argumento quizá fuera cierto unos meses antes, pero que las cosas habían llegado tan lejos que no había vuelta atrás. Unos cuantos pensaban incluso que Tegeler Weg podía ser el principio de una guerra civil de carácter revolucionario.[36]

Y para muchos, por supuesto, fue el final de un sueño: la esperanza de una revolución poco definida y mal organizada, pero no violenta, que permitiera que Alemania dejara atrás sus viejos fantasmas y acabara con la opresión y la enajenación herederas del nazismo. ¿Qué quedaba del movimiento estudiantil que había reaccionado al asesinato de Benno Ohnesorg el 2 de junio de 1967? Después del 4 de noviembre de 1968, hasta la SDS hablaba en unos términos militares que la mayoría de los estudiantes atribuía a la policía fascista. Si se quería ser un revolucionario, había que abrazar la violencia.

«Una parte se inclinó hacia la violencia, una pequeña parte incluso hacia el terror. Miles buscaron su salvación en pequeños grupos comunistas sectarios que emergieron los años siguientes», escribió Stefan Aut, director del semanario *Spiegel*. «La fórmula teórica "destruyamos el sistema legal basado en la clase" pronto se convirtió en una llamada a la lucha armada contra los representantes del sistema estatal».[37]

Bahman Nirumand, el estudiante iraní afincado en Alemania cuya postura a favor de las protestas contra el sah había galvanizado el movimiento estudiantil, recordaba su última conversación con Ulrike Meinhof:

Un día, Ulrike llamó a nuestra puerta. En aquel momento yo estaba pintando de rojo el marco de las ventanas de la cocina. Al verme se enfureció. «Pero ¿qué haces? —me preguntó acusadora—. ¿Cómo puedes pintar tus ventanas cuando hay tanta miseria en el mundo? Ayer murieron miles de vietnamitas, víctimas de las bombas estadounidenses, millones de personas mueren de hambre en tu país y en otros lugares, decenas de miles están siendo torturadas en prisiones. ¿Cómo puedes aceptar esos crímenes con tanta despreocupación? ¿Cómo puedes renovar tan tranquilo tu casa?»

Ulrike nunca había hablado conmigo en un tono tan radical y obsesivo. Parecía extremadamente nerviosa y caminaba sin parar por la cocina. «¿Qué te pasa?», le pregunté.

«He decidido poner fin de una vez a esta hipócrita vida burguesa y aceptar las consecuencias de sumarme a la lucha. Las pamemas de los izquierdistas de salón solo sirven para incrementar las posibilidades de supervivencia del capitalismo. Tenemos que desenmascarar al Estado, obligarle a mostrar su verdadero rostro. Solo así será posible preparar aquí la revolución, despertar a la gente de su letargo. Tenemos que plantear y responder aquí y ahora la cuestión de la contraviolencia revolucionaria.»[38]

EL MUNDO NUEVO:
1968 Y NOSOTROS

Las revueltas de 1968 no tuvieron un éxito político inmediato. Aunque la sensación de vivir en el caos y al borde de la debacle fue constante, ningún Gobierno cambió de manera tajante sus políticas ni perdió el poder debido a su efecto; desde luego tampoco se produjo ninguna revolución, pero al mismo tiempo su influencia fue poderosa y duradera. Nixon tomó posesión de su cargo como presidente el 20 de enero de 1969, y antes de mediados de ese año se habían retirado de la política el presidente Charles de Gaulle —que perdió un referéndum para reformar el sistema institucional francés y presentó su dimisión—, Alexander Dubcek —que fue obligado a dejar su cargo— y el canciller alemán Kurt Georg Kiesinger —porque, tras las elecciones de ese año, el partido socialista decidió no renovar la gran coalición y pactó con los liberales el nombramiento de Willy Brandt—. Díaz Ordaz siguió en la presidencia mexicana como estaba previsto hasta 1970, cuando le sustituyó sin demasiados sobresaltos el que había sido su secretario de Gobernación, Luis Echeverría. Eisaku Sato, el primer ministro japonés, se retiró discretamente en 1972. Y en Italia continuó la habitual sucesión de primeros ministros, debido a la ingobernable política de coaliciones que había caracterizado al país desde el final de la Segunda Guerra Mundial. Y por supuesto, la dictadura franquista se mantuvo en el poder, aunque una izquierda aún ilegal siguió fortaleciéndose y ganando legitimidad, y aparecieron nuevos grupos clandestinos, en cierta medida herederos de lo sucedido en el 68, como el maoísta Bandera Roja, fundado en 1970. Todos los regímenes siguieron en su lugar. Salvo en Checoslovaquia, en términos de política institucional, los acontecimientos de 1968 fueron poco más que una molestia. Y la antesala de tiempos muy convulsos.

A partir de 1969, se formaron o consolidaron muchos grupos terroristas de extrema izquierda. En Estados Unidos, Mark Rudd y otros miembros del sindicato Estudiantes para una Sociedad Democrática (SDS), que creían que se había vuelto inoperante al negarse a emprender acciones violentas, fundaron los Weathermen, cuyo objetivo último era acabar con el Gobierno estadounidense. En Japón se constituyeron una serie de organizaciones terroristas cuyo mayor logro fue el atentado de 1972 en el aeropuerto de Lod, en Tel Aviv, en el que varios miembros del Ejército Rojo Japonés mataron a veintiséis personas. En Alemania, en 1970, Andreas Baader, Ulrike Meinhof y otros miembros del movimiento estudiantil fundaron la Fracción del Ejército Rojo (el término «fracción» hacía referencia a que se trataba solo de una parte de un supuesto ejército revolucionario global). En Italia, donde en 1969 se produjeron las protestas más importantes de aquellos años, también en 1970 se crearon las Brigadas Rojas. Y a partir de 1968 ETA siguió asesinando: fue, con diferencia, la más mortal de las organizaciones terroristas surgidas de los movimientos radicales de izquierda de los años sesenta, y también la que tuvo una vida más larga.

Por otra parte, el ciclo económico de extraordinaria prosperidad que había comenzado en la posguerra mundial llegaba a su fin. La fase expansiva fue deshinchándose hasta que se produjo la mayor crisis económica sufrida por Europa y Estados Unidos desde el crack de 1929. En 1971, Estados Unidos abandonó el acuerdo de Bretton Woods, un pacto firmado por los países occidentales, Australia y Japón al final de la Segunda Guerra Mundial que pretendía estabilizar las relaciones comerciales entre los Estados fijando el valor de sus monedas en relación con el oro. Otros países siguieron su ejemplo y se retiraron. El abandono del patrón oro tuvo lugar poco antes de la llamada crisis del petróleo, que estalló en 1973, cuando la Organización de Países Exportadores de Petróleo Árabes decretó un embargo como respuesta al apoyo de Estados Unidos a Israel en la guerra de Yom Kippur. El precio del petróleo aumentó entonces alrededor de un 400 por ciento, lo que ocasionó terribles consecuencias económicas en diversos países, como una inflación desbocada y el descenso abrupto de la productividad, y también políticas.

Gerald Ford, que en 1974 había sustituido a Richard Nixon cuando este dimitió tras el caso de espionaje político conocido como Watergate, anunció el final de la guerra de Vietnam en abril de 1975, después de que las fuerzas del norte tomaran Saigón. Según datos del propio Gobierno de Estados Unidos, 58.220 miembros de su ejército fallecieron en el transcurso de la guerra (en 1968, el año con más bajas, murieron 16.899 militares estadounidenses).[1] Los datos de los civiles muertos difieren enormemente según las fuentes debido a la duración de la guerra y al hecho de que, en realidad, se trataba de una serie de conflictos encadenados, pero en todo caso durante la contienda murieron más de un millón de personas.

La crisis económica de los años setenta supuso el principio del final del consenso posterior a 1945 entre las derechas y las izquierdas no comunistas para desarrollar un fuerte estado del bienestar. A partir de entonces, se fue consolidando una nueva derecha ideológica que en el ámbito económico consideraba insostenibles los niveles de gasto público de los últimos años, y en el cultural rechazaba la revolución progresista que había estallado en 1968. Fue un proceso complejo, desarrollado principalmente en los entornos intelectuales del Partido Republicano estadounidense y el Conservador británico. Ambos recuperaron las ideas de pensadores economistas como el austriaco Friedrich von Hayek, que tras la Segunda Guerra

Mundial —y su exilio en Gran Bretaña— había argumentado la tendencia natural de todos los países al totalitarismo cuando, como en el caso soviético y de la Alemania nazi, el Estado pretende tener un papel excesivamente constante en la sociedad y la economía. El llamado neoconservadurismo también fue abrazado por pensadores que habían sido trotskistas o comunistas antiestalinistas y rechazaban los cambios culturales, que consideraban antipatrióticos y debilitadores del tejido social. Los neoconservadores reclamaban un regreso a la claridad moral y a los principios sociales conservadores como el patriotismo, la marcialidad y el esfuerzo, en oposición a lo que percibían como el internacionalismo, el pacifismo y el relativismo de la nueva cultura juvenil. En versiones descafeinadas y más pragmáticas, estos movimientos de derechas llegaron al poder en Estados Unidos y Gran Bretaña en 1980, con Ronald Reagan y Margaret Thatcher. A partir de entonces, se iniciaron unas políticas de liberalización de los mercados y de desregulación comercial, y muy singularmente financiera, que marcarían la economía global, por lo menos, hasta la crisis de 2008. Y las instituciones comenzaron una batalla de ideas sobre los modos de vida y las expresiones culturales que dura hasta hoy. Aunque en ese plano de la contienda vencieron con claridad, si bien de una manera no prevista y más bien contradictoria, los protagonistas de 1968.

Las revueltas de 1968, quizá salvo la checoslovaca, que tuvo lugar en un marco ideológico completamente distinto, fueron de izquierdas. Ahora bien, tanto en el plano cultural como en el político se distanciaron del legado y la *realpolitik* comunistas. A diferencia de estos, la visión de izquierdas de los manifestantes era progresista y hacía hincapié en materia de libertad sexual, de autonomía del individuo frente al Estado y de cuestionamiento del principio de autoridad. Con el tiempo, estas reivindicaciones se acomodaron dentro del capitalismo. No es que carecieran de detractores ni de profundas resistencias sociales, pero las democracias liberales fueron interiorizando cada vez con más facilidad esas propuestas individualistas, que muy pronto pasaron de pertenecer a la izquierda radical a formar parte de la corriente principal del pensamiento, aunque fuera de una manera más banal o con su potencial revolucionario y desestabilizador desactivado. Ese fue el gran triunfo de 1968, el que ha permanecido vivo hasta hoy y suscitado una inagotable guerra cultural en la que, sin embargo, estas ideas van ganando. Los rebeldes eran inequívocamente de izquierdas, pero con sus reivindicaciones aceleraron el proceso de su acercamiento al liberalismo, hasta el punto que este las incorporó a su programa.

La televisión fue un elemento clave en las protestas de 1968, cuyos protagonistas demostraron tener geniales intuiciones sobre lo que la sociedad esperaba de los medios de comunicación —tensión, enfrentamiento, debate, eslóganes, belleza, juventud—, tanto que supieron poner a su servicio la violencia política de intensidad moderada —los enfrentamientos con la policía, los cócteles molotov, las barricadas—. La televisión también contribuyó a que ciertas posturas ideológicas o prácticas culturales que en su inicio eran consideradas radicales —desde la música rock de mediados de la década hasta la indumentaria o los peinados *hippies*, pasando por ideas realmente revolucionarias sobre psicología, sexualidad o drogas— fueran incorporadas con una enorme facilidad al entretenimiento y al pensamiento respetables, para horror no solo de los conservadores, sino de quienes creían que ese proceso de integración en el *mainstream* era una nueva victoria del capitalismo (lo cual probablemente era cierto) y una traición a las raíces de los movimientos revolucionarios de los sesenta.

Las ideas del movimiento estudiantil prácticamente desaparecieron de la política de masas, pero no sus protagonistas. Una parte de los jóvenes alemanes que habían participado en las protestas en su país fundaron a finales de los años setenta el Partido Verde, que de alguna manera actualizaba las ideas del 68 con un giro liberal; otros participantes de las revueltas fueron incorporándose paulatinamente a la vida institucional democrática en partidos ya existentes o, en el caso español, en el recuperado PSOE.

Los *soixante-huitards*, los nacidos en torno a los años cuarenta que, de alguna manera, participaron en las reivindicaciones de 1968, han dominado durante años los mundos culturales europeo y estadounidense. Los campos de la edición, el periodismo, la literatura, el cine y, con mayor intensidad si cabe, la música pop, han estado bajo su control. Y en parte gracias a su hegemonía cultural, esta generación convirtió las reivindicaciones de autonomía individual, que tan de izquierdas sonaban en 1968, en un lugar común en la cultura mayoritaria liberal. (Para más información sobre este aspecto de las vidas posteriores de 1968, puede consultarse mi anterior libro, *La revolución divertida*).

En cualquier caso, las ideas que movilizaron buena parte de los acontecimientos de 1968 regresaron a la universidad, de donde en buena medida habían surgido, y se refugiaron ahí con intermitentes salidas al exterior. Fue en las universidades europeas y estadounidenses donde la izquierda que había estallado en 1968 adquirió una fuerza sin precedentes y desarrolló las líneas de pensamiento crítico que entonces habían pasado a formar parte del debate público: el feminismo, la violencia simbólica en el capitalismo, la existencia de este como antesala y consecuencia del fascismo, la identidad en los países poscoloniales, la persistencia del marxismo como ideología revolucionaria, la perdurabilidad de las formas de represión sexual, la destrucción de la naturaleza como emblema del progreso capitalista, la función opresiva del trabajo, y las políticas identitarias en unas sociedades sometidas a la homogeneización o, en todo caso, a la identidad heteropatriarcal blanca. Han sido corrientes de pensamiento sólidas, sometidas a profundos debates y, con frecuencia, hegemónicas en determinados departamentos universitarios y disciplinas, pero casi siempre aisladas de las posiciones ideológicas mayoritarias en la sociedad. Este elitismo ha sido en parte voluntario, porque la universidad, las editoriales y las publicaciones de pensamiento crítico bastaban para obtener audiencia y reconocimiento, y en parte involuntario, porque el *establishment* político rara vez se preocupaba de darles voz, ni siquiera en los partidos de izquierdas con voluntad y posibilidades de gobernar. Sin embargo, este elitismo era un claro heredero del elitismo implícito en el pensamiento que había puesto en marcha muchos de los sucesos de 1968 —un lenguaje oscuro, una pretensión constante de denostar y subvertir el «sentido común» burgués—, aunque sus protagonistas sin duda se sintieran incómodos con él o lo consideraran inexistente. No ha sido un pensamiento invisible, ni mucho menos: autores como Michel Foucault, Naomi Klein o Slavoj Zizek se han convertido en grandes éxitos editoriales y en guías políticos sin necesidad de salirse del «pensamiento crítico» que cuestiona los fundamentos básicos de la sociedad liberal. Han marcado la agenda de relevantes movimientos que han surgido periódicamente para enfrentarse a los consensos sociales. En ocasiones, conseguían participar en la discusión política mayoritaria mediante espectaculares protestas y enfrentamientos con la policía, que eran la herramienta propagandística en la ya consolidada era de la televisión, aunque al cabo de poco tiempo regresaban al ámbito menos visible del activismo, el trabajo en las asambleas y la investigación académica, lejos ya de la atención de la mayoría de los votantes. Y, además, con una leve sensación de fracaso. Como dijo el filósofo estadounidense Mark Lilla:

> Una cierta clase de izquierda europea, que tiene simpatizantes en las universidades estadounidenses, nunca ha superado el colapso de las expectativas políticas revolucionarias surgidas en los años sesenta y setenta. Los movimientos anticoloniales se convirtieron en dictaduras de partido único, el modelo soviético se evaporó, los estudiantes abandonaron la política para hacer carrera en los negocios, los sistemas de partidos en las democracias occidentales permanecieron intactos, las economías han producido riqueza

(desigualmente distribuida) y todo el mundo está hipnotizado por la conectividad. Se produjo una exitosa revolución cultural —el feminismo, los derechos de los gays, el declive de la autoridad paterna— que incluso ha empezado a extenderse más allá de Occidente. Pero no se llevó a cabo ninguna revolución política y no hay expectativas de que vaya a haberla hoy. ¿Qué objetivo tendría? ¿Quién la lideraría? ¿Qué pasaría después? Nadie tiene respuestas a estas preguntas y casi nadie piensa ya en plantearlas. Lo único que hoy queda en la (casi exclusivamente académica) izquierda es una paradójica forma de nostalgia histórica, una nostalgia por "el futuro".[2]

Lo que aún no sabemos es si esta dinámica ha cambiado tras la crisis económica iniciada en 2008. Una parte de los movimientos políticos de izquierdas que surgieron tras el desplome de las economías occidentales tienen mucho que ver ideológicamente con los de 1968. Como es lógico, estos han puesto énfasis en unos sistemas financiero y económico rotos y generadores de enormes desigualdades, mientras que en 1968 las cuestiones económicas apenas aparecieron entre las reivindicaciones estudiantiles. Al mismo tiempo, han mantenido una cierta distancia crítica respecto al 68, como si creyeran que podían verse impregnados por la aureola de frivolidad que se asocia a los sesentayochistas, que con frecuencia adoptaron enseguida formas de vida e ideologías asumibles en la sociedad liberal. Sin embargo, la relación intelectual es evidente, aunque ahora, en ocasiones, la continuidad se dé desde las propias instituciones democráticas y en medios de comunicación relevantes, lo que ha contribuido a que una parte importante de la agenda de 1968 vuelva a estar en el centro de la conversación, con mayor respetabilidad si cabe. También en este sentido, se ha convertido en un lugar común afirmar que la socialdemocracia está en crisis y no ha sido capaz de encontrar un discurso propio con el que responder a la nueva situación económica y deshacer su supuesto acercamiento al llamado consenso neoliberal. Muchos de quienes hacen esta acusación consideran que la izquierda mayoritaria debe recuperar esa tradición izquierdista que de alguna manera articuló el 68 y, una vez adaptada a los tiempos y modernizada, asumirla como propia. Es decir, sustituir una ideología que ha sido adulterada por la realidad por otra más pura, precisamente porque no ha sido probada. O a lo sumo ensayada de maneras particulares en países con unos contextos políticos, sociales y económicos por completo distintos, pero que sirven, como ocurría en el 68, para proyectar los deseos ideológicos y las soluciones alternativas.

No sabemos cuál es el futuro de esta corriente izquierdista, que mezcla un marxismo actualizado con un poco de nostalgia romántica antimoderna, y que pretende ser mayoritaria. De hecho, ha conseguido extraordinarios logros políticos. No podemos saber si sustituirá a la socialdemocracia, si se quedará de forma permanente a su izquierda desempeñando el papel de recordatorio incómodo o si volverá a las universidades a desarrollar su enconada pero plácida especulación sobre las expectativas de la revolución. No obstante, más allá de las percepciones frívolas, que en muchos casos están justificadas, 1968 constituye una irrupción precedida de una larga tradición intelectual y seguida de un desarrollo ideológico serio, aunque a veces absolutamente desconectado de la realidad. Esta evolución continúa hasta hoy y no acabará mañana.

Notas

El 68 antes del 68

1. Gordon Carr, *The Angry Brigade: A History of Britain's First Urban Guerilla Group*, Oakland, PM Press, 2010, p. 14.

2. Michael Seidman, «The Love Wars: Parisian Struggles (1962–68)», *Modern & Contemporary France*, vol. 16, n.° 2, mayo de 2008, pp. 125-141.

3. Tony Judt, *Postguerra. Una historia de Europa desde 1945*, Barcelona, Taurus, 2006, p. 574.

4. *Ibid.*, p. 427.

5. Bryn Jones y Mike O'Donnell (eds.), *Sixties Radicalism and Social Movement Activism: Retreat Or Resurgence?*, Londres, Nueva York, Anthem Press, 2012, pp. 26-27.

6. Daniel Cohn-Bendit y Gabriel Cohn-Bendit, *Obsolete Communism: The Left-Wing Alternative*, Nueva York, McGraw-Hill, 1968, pp. 35-36.

7. Mark Kurlansky, *1968. El año que conmocionó al mundo*, Barcelona, Destino, 2005, pp. 286-287; P. Seale y M. McConville, *French Revolution 1968*, Harmondsworth, Heinemann-Penguin Books, 1968, p. 33; citado en Colin Barker (ed.), *Revolutionary Rehearsals*, Chicago, Haymarket Books, 2002, p. 10.

8. Emeline Cazi, *Le vrai Cohn-Bendit*, París, Plon, 2010, pp. 14-15.

9. Cohn-Bendit, Daniel, *La revolución y nosotros, que la quisimos tanto*, Barcelona, Anagrama, 1987, p. 9.

10. Emeline Cazi, 2010, pp. 43-47.

11. Daniel Cohn-Bendit y Gabriel Cohn-Bendit, 1968, p. 24.

12. Sadie Plant, *El gesto más radical: la Internacional Situacionista en una época postmoderna*, Madrid, Errata Naturae, 2008, pp. 13-14.

13. Raoul Vaneigem, *Tratado del saber vivir para uso de las jóvenes generaciones*, Barcelona, Anagrama, 2008, 4ª ed., pp. 18, 29.

14. Guy Debord, *La Société du Spectacle*, París, Gallimard, 1992, p. 209. [Hay trad. cast.: *La sociedad del espectáculo,* Valencia, Pre-Textos, 2000.]

15. Daniel Cohn-Bendit y Gabriel Cohn-Bendit, 1968, pp. 13-14.

16. Daniel Cohn-Bendit y Rüdiger Dammann, *La rebelión del 68*, Barcelona, Global Rhythm Press, 2008, p. 24.

17. Judt, 2006, p. 406.

18. «The Truth about the Gunshot that Changed Germany», *Spiegel Online,* 28 de mayo de 2009, <http://www.spiegel.de/international/germany/1968-revisited-the-truth-about-the-gunshot-that-changed-germany-a-627342-4.html>.

19. Cohn-Bendit y Dammann, 2008, pp. 35-36.

20. Judt, 2006, pp. 417, 419.

21. Giuliano Procacci, *Historia general del siglo* XX, Barcelona, Crítica, 2001, p. 445.

22. Jerry L. Avorn, *Up Against the Ivy Wall. A History of the Columbia Crisis*, Nueva York, Atheneum Press, 1969, p. 10.

23. *Ibid.*, p. 11.

24. *Ibid.*, p. 13.

25. Roger Starr, «The case of Columbia gym», *The Public Interest*, mayo de 1968, pp. 102-121, <https://www.nationalaffairs.com/storage/app/uploads/public/58e/1a4/a98/58e1a4a982761967396217.pdf>.

26. Kurlansky, 2005, p. 31.

27. David J. Garrow, *Bearing the Cross: Martin Luther King, Jr., and the Southern Christian Leadership Conference*, Nueva York, Quill/William Morrow, 1999, p. 24.

28 *Ibid.*, pp. 60-61.

29. Kurlansky, 2005, pp. 29-30.

30. Robert Cottrell, *Sex, Drugs, and Rock 'n' Roll: The Rise of America's 1960s Counterculture*, Londres, Rowman & Littlefield, 2015, p. 208.

31. Sheila Weller, «Suddenly That Summer», *Vanity Fair*, julio de 2012, <http://www.vanityfair.com/culture/2012/07/lsd-drugs-summer-of-love-sixties>.

32. Cottrell, 2015, p. 11.

33. Weller, 2012.

34. Censo del área de la bahía de San Francisco, <http://www.ba-yareacensus.ca.gov/historical/copop18602000.htm>.

35. Kate Daloz, «The Hippies Who Hated the Summer of Love», Longread, agosto de 2017, <https://longreads.com/2017/08/07/the-hippies-who-hated-the-summer-of-love/>; Eric J. Kos y Dennis Evanosky, *Lost San Francisco*, Londres, Pavillion, 2011.

36. Kurlansky, 2005, p. 36.

37. Norman Mailer, *The Armies of the Night*, Nueva York, Plume, 1994, pp. 93-94.

38. Charles DeBenedetti, *An American Ordeal: The Antiwar Movement of the Vietnam Era*, Siracusa, Nueva York, Syracuse University Press, 1990, pp. 194-199.

39. Judt, 2006, pp. 629-630.

40. Francesc Arroyo, «La 'Capuchinada', 20 años después», *El País*, 9 de marzo de 1986, <http://elpais.com/diario/1986/03/09/espana/510706819_850215.html>.

EL NACIMIENTO DE UN MUNDO NUEVO

La esperanza y la violencia

1. Discurso de Año Nuevo de Charles de Gaulle, «Voeux pour l'année 1968», 31 de diciembre de 1967, Institut national de l'audiovisuel (INA), Fondation Charles de Gaulle, <http://fresques.ina.fr/de-gaulle/fiche-media/Gaulle00066/voeux-pour-l-annee-1968.html>.

2. Kurlansky, 2005, p. 27.

3. Cazi, 2010, p. 50.

4. Hervé Nathan, «Décès de François Missoffe», *Libération*, 29 de agosto de 2003, <http://www.liberation.fr/france/2003/08/29/deces-de-francois-missoffe_443269>.

5. Cazi, 2010, pp. 53-54; Kurlansky, 2005, pp. 291-292.

6. Laurent Jalabert, «Aux origines de la génération 1968: les étudiants français et la guerre du Vietnam», *Vingtième Siècle, revue d'histoire*, vol. 55 n.° 1, 1997, pp. 73-74, <http://www.persee.fr/doc/xxs_0294-1759_1997_num_55_1_3664>.

7. Thomas R. H. Havens, *Fire Across the Sea: The Vietnam War and Japan, 1965-1975*, Princeton, Princeton University Press, 1987, pp. 146-148; citado en: Newman, Robert P., *Truman and the Hiroshima Cult*, East Lansing, Michigan, Michigan State University Press, 1995, p. 165.

8. Patricia G. Steinhoff, «Student Protest in the 1960s», *Social Science Japan*, n.º 15, marzo de 1999, pp. 3-4, <http://newslet.iss.u-tokyo.ac.jp/ssj15/ssj15.pdf>.

9. William Marotti, «Japan 1968: The Performance of Violence and the Theater of Protest», *American Historical Review*, n.º 114, febrero de 2009, pp. 97-135, <http://www.history.ucla.edu/sites/default/files/u184/marotti/marotti_ahr.114.1.pdf>.

10. «Big Japanese Riot at U.S. Base», *Chicago Tribune*, 22 de enero de 1968, <http://archives.chicagotribune.com/1968/01/22/page/21/article/big-japanese-riot-at-u-s-base>.

11. Thomas R. H. Havens, 1987, pp. 149-150; Marotti, 2009, pp. 128-130.

12. Harry Schwartz, *Prague's 200 Days: The Struggle for Democracy in Czechoslovakia*, Londres, Pall Mall Press, 1969, pp. 72-73, 87-88.

13. Judt, 2006, pp. 640-642.

14. Schwartz, 1969, pp. 90, 110, 115-116.

15. Judt, 2006, p. 642.

16. Schwartz, 1969, pp. 121-122, 126-127, 130.

17. *Ibid.*, pp. 131-132.

18. Garrow, 1999, p. 576-577, 600.

19. *Ibid.*, pp. 609-612.

20. *Ibid.*, pp. 614-624.

21. Cohn-Bendit y Damman, 2008, p. 43.

22. «The Attack on Rudi Dutschke. A Revolutionary Who Shaped a Generation», *Spiegel Online*, 11 de abril de 2008, <http://www.spiegel.de/international/germany/the-attack-on-rudi-dutschke-a-revolutionary-who-shaped-a-generation-a-546913.html>.

23. Judt, 2006, pp. 607-610.

24. Herbert Marcuse, *El hombre unidimensional*, Barcelona, Austral, 2016, pp. 22-23, 31-32.

25. Cohn-Bendit y Damman, 2008, pp. 46-47.

26. Judt, 2006, p. 612.

27. «The Attack on Rudi Dutschke. A Revolutionary Who Shaped a Generation»; Judt, 2006, p. 612.

28. Earl Caldwell, «Martin Luther King Is Slain in Memphis; A White Is Suspected; Johnson Urges Calm», *The New York Times*, 5 de abril de 1968, <http://www.nytimes.com/learning/general/onthis-day/big/0404.html#article>; «April 4, 1968. The Assassination of Martin Luther King», *The New York Times*, The Learning Network, 4 de abril de 2012, <https://learning.blogs.nytimes.com/2012/04/04/april-4-1968-the-assassination-of-martin-luther-king/>.

29. Declaraciones de Stokely Carmichael después del asesinato de Martin Luther King, «USA: Black Activist Kwame Ture Dies Aged 57», AP Archive, <https://www.youtube.com/watch?v=Jgp7gobYRfE>.

30. Discurso de Robert F. Kennedy en el Cleveland City Club, 5 de abril de 1968, <https://www.jfklibrary.org/Research/Research-Aids/Ready-Reference/RFK-Speeches/Remarks-of-Senator-Robert-F-Kennedy-to-the-Cleveland-City-Club-Cleveland-Ohio-April-5-1968.aspx>.

31. Ley de Derechos Civiles de 1968, Office of the Legislative Counsel of the U.S. House of Representatives, <http://legcounsel.house.gov/Comps/civil68.pdf>.

32. «Violence Rocks Cities», *The New York Times*, 13 de abril de 1968, p. 8, <https://timesmachine.nytimes.com/timesmachine/1968/04/13/77083410.html?pageNumber=8>.

33. Judt, 2006, pp. 601-602.

34. Robert Lumley, *States of Emergency. Cultures of Revolt in Italy from 1968 to 1978*, Londres, Verso, 1990, pp. 2, 55, 59, 66.

35. Marco Boato, *Il '68 è morto: Viva il '68*, Verona, Bertani, 1969, p. 209; Lumley, 1990, p. 66.

36. AA. VV., *Enciclopedia del '68*, Roma, Manifestolibri, 2008, p. 440.

37. *La Sinistra*, 9 de mayo de 1968; Lumley, 1990, p. 67.

38. Lumley, 1990, pp. 67-68.

39. *L'Espresso*, 15 de diciembre de 1968; Lumley, 1990, p. 69.

40. Canción «La caccia alle streghe (La violenza)», de Alfredo Bandelli, <https://open.spotify.com/album/6wH0ReXt5uH0ydLbqIfHUo>.

41. Lumley, 1990, pp. 71-74.

42. Pasolini, Pier Paolo, «Il PCI ai giovani», *L'Espresso*, 16 de junio de 1968, <http://temi.repubblica.it/espresso-il68/1968/06/16/il-pci-ai-giovani/>.

43. Lumley, 1990, p. 74.

Muchas primaveras

1. Daniel Cohn-Bendit y Gabriel Cohn-Bendit, 1968, pp. 48-50.

2. Cazi, 2010, p. 56.

3. Daniel Cohn-Bendit y Gabriel Cohn-Bendit, 1968, pp. 50-53.

4. Mavis Gallant, *Los sucesos de mayo. París 1968*, Barcelona, Alba, 2008, p. 15.

5. Lilian Mathieu, «Les manifestations en mai-juin 68», en *Mai-Juin 68. Connaissez vous vraiment mai 68?*, Ivry-sur-Seine, Editions de l'Atelier, 2008, pp. 196-197.

6. Jean-Baptiste Harang, «Special mai 1968. Ce jour-là, mercredi 6 mai. Le dépavage s'organise. Huit trublions devant le conseil de discipline de l'université, 15.000 manifestants excités, 10.000 policiers excédés. Emeute et ratonnade», *Libération*, 6 de mayo de 1998, <http://www.liberation.fr/cahier-special/1998/05/06/special-mai-68-ce-jour-la-le-6-mai-le-depavage-s-organisehuit-trublions-devant-le-conseil-de-discipl_237999>.

7. Cazi, 2010, p. 64.

8. Harang, «Special mai 1968. Ce jour-là, mercredi 6 mai».

9. Harang, «Special mai 1968. Ce jour-là, mardi 7 mai. Marche, camarade. Durant plus de trois heures, de Denfert-Rochereau à l'Etoile, des dizaines de milliers de jeunes défilent calmement. Après la manif, c'est la baston», *Libération*, 7 de mayo de 1998, <http://www.liberation.fr/cahier-special/1998/05/07/special-mai-68-ce-jour-la-mardi-7-mai-marche-camaradedurant-plus-de-trois-heures-de-denfert-rocherea_237562>.

10. Jean-Baptiste Harang, «Special mai 1968. Ce jour-là, mercredi 8 mai. Un calme si crispant. Meeting pluvieux à la Halle aux Vins, défilé géant et queue de poisson: l'ordre de dispersion frustre les manifestants de l'émeute quotidienne», *Libération*, 8 de mayo de 1998, <http://www.liberation.fr/cahier-special/1998/05/08/special-mai-68-ce-jour-la-mercredi-8-mai-un-calme-si-crispantmeeting-pluvieux-a-la-halle-aux-vins-de_238211>; Mathieu, 2008, p. 197.

11. «Manifestation d'étudiants à la Sorbonne et déclaration du recteur Jean Roche», Institut national de l'audiovisuel (INA), <http://www.ina.fr/video/CAF88050366>.

12. Monique Suzzoni, «Chronologie générale», *Matériaux pour*

l'histoire de notre temps vol. 11, n.° 1, 1998, pp. 291-293, <http://www.persee.fr/doc/mat_0769-3206_1988_num_11_1_403876>.

13. Jean-Baptiste Harang, «Special mai 1968. Cette nuit là, 10 au 11 mai. De Gaulle dort. Dès 21 heures, le Quartier latin occupé se hérisse de barricades. Les habitants sympathisent avec les émeutiers. A 2 heures, les CRS se lâchent», *Libération*, 11 de mayo de 1998, <http://www.liberation.fr/cahier-special/1998/05/11/special-mai-68-cette-nuit-la-10-au-11-mai-de-gaulle-dort-des-21-heures-le-quartier-latin-occupe-se-h_238427>.

14. Discurso del presidente Johnson, 3 de mayo de 1968, «Vietnam Peace Talks in Paris», ABC News, <http://abcnews.go.com/Archives/video/vietnam-peace-talks-paris-1968-10075699>.

15. «Georges Pompidou et mai 1968», Institut national de l'audiovisuel (INA), <http://www.ina.fr/video/VDD11005517>.

16. «The Rampage That Came After Martin Luther King Jr. Was Slayed», *Newsweek*, 16 de enero de 2017, <http://www.newsweek.com/martin-luther-king-jr-assassination-riots-541664>.

17. Kurlansky, 2005, pp. 259-264.

18. David Bird, «300 Protesting Columbia Students Barricade Office of College Dean», *The New York Times*, 24 de abril de 1968, pp. 1, 30, <http://query.nytimes.com/gst/abstract.html?res=9807E2DA1E39E134BC4C51DFB2668383679EDE&legacy=true>.

19. «University Calls in 1,000 Police to End Demonstration As Nearly 700 Are Arrested and 100 Injured; Violent Solution Follows Failure of Negotiations», *The Columbia Daily Spectator*, 30 de abril de 1968, p. 1, <https://exhibitions.cul.columbia.edu/exhibits/show/1968/bust>.

20. «Campus 'liberated': The May 1968 Strike and the Strike Educational Committee (SEC)», en la exposición online «1968: Columbia in Crisis», <https://exhibitions.cul.columbia.edu/exhibits/show/1968/campus>.

21. «Campus 'liberated': Divisions Among Radicals: Students for a Restructured Univeresity (SRU)», en la exposición online «1968: Columbia in Crisis», <https://exhibitions.cul.columbia.edu/exhibits/show/1968/campus/sru>.

22. Damien Cave y Darcy Eveleigh, «In 1968, a 'Resurrection City' of Tents, Erected to Fight Poverty», *The New York Times*, 17 de febrero

de 2017, <https://www.nytimes.com/2017/02/18/us/martin-luther-king-resurrection-city.html>.

23. Kurlansky, 2005, p. 316.

24. Schwartz, 1969, pp. 144-153.

25. J.-R. Tournoux, *Le mois de mai du Général. Livre blanc des événements*, París, Plon, 1969, pp. 94-95.

26. Discurso de Georges Pompidou en la Asamblea Nacional, 14 de mayo de 1968, <http://www.linternaute.com/histoire/magazine/mai-68/discours/discours-1-pompidou-14-mai.shtml>.

27. Gallant, 2008, p. 121.

28. Raymond Aron, *The Elusive Revolution: Anatomy of a Student Revolt*, Londres, Pall Mall Press, 1969, p. 19.

29. «Tribune sur l'université», 16 de mayo de 1968, Institut national de l'audiovisuel (INA), <http://www.ina.fr/video/CAF89046931>.

30. «L'occupation de l'Odéon en mai 1968», 16 de mayo de 1968, Institut national de l'audiovisuel (INA), Éduthèque, <http://fresques.ina.fr/jalons/fiche-media/InaEdu00109/l-occupation-de-l-odeon-en-mai-1968.html>.

31. Gallant, 2008, pp. 32-33.

32. «De Gaulle en mai 68: 'La réforme, oui! la chienlit, non!'», *Le Figaro*, 6 de octubre de 2015, <http://www.lefigaro.fr/histoire/archi
ves/2015/10/06/26010-20151006ARTFIG00283-de-gaulle-en-mai-68-la-reforme-oui-la-chienlit-non.php>.

33. «Cannes mai 68», <https://www.youtube.com/watch?v=j__4rqvKNpY>.

34. «Allocution du président de Gaulle», Institut national de l'audiovisuel (INA), <http://www.ina.fr/video/CAF87002486>.

35. Jerónimo Andreu, «Aquella canción, aquella lucha», *El País*, 27 de abril de 2008, <https://elpais.com/diario/2008/04/27/cultu
ra/1209247203_850215.html>.

36. Canción «Al vent», de Raimon, <https://open.spotify.com/track/6JUElKXEIkRlR2Uy4CzT65>.

37. Andreu, 2008.

38. Paul Preston, «El impacto de 1968 en España», *Pasajes: Revista de pensamiento contemporáneo*, n.º 30, 2009, p. 113, <http://mobiroderic.uv.es/bitstream/handle/10550/46292/109-115.pdf?sequence=1&isA
llowed=y>.

39. Canción «Divuit de maig a la Villa», de Raimon, <https://open.spotify.com/track/1TOJZcsyc41Dcc7il3Gnqb>.

40. Andrea Fernández-Montesinos Gurruchaga, «Los primeros pasos del movimiento estudiantil», *Cuadernos del Instituto Antonio de Nebrija*, vol. 12, n.º 1, 2009, pp. 21-24, <https://e-archivo.uc3m.es/bitstream/*handle*/10016/13919/primeros_fernandez_CIAN_2009>.

41. Preston, 2009, p. 112.

42. Santos Juliá, «España, 1966», en *La ciudad abstracta 1966: el nacimiento del Museo de Arte Abstracto Español*, Cuenca, Fundación Juan March, 2006, pp. 17-29, <http://www.santosjulia.com/Santos_Julia/2005-09_files/España 1966.pdf>.

43. Preston, 2009, p. 111.

44. Torcuato Luca de Tena, «Con respeto y con ira», *ABC*, 24 de febrero de 1968, p. 41, <http://hemeroteca.abc.es/nav/Navigate.exe/hemeroteca/madrid/abc/1968/02/24/041.html>.

45. Preston, 2009, p. 113.

46. Preston, 2009, p. 111.

47. Álvaro Fleites Marcos, «¿Retirarse a tiempo? La visión del mayo de 1968 francés en la España contemporánea», *HAOL*, n.º 19, primavera de 2009, pp. 164-172, <https://dialnet.unirioja.es/descarga/articulo/3065990.pdf>.

48. Preston, 2009, pp. 113-114.

49. Florencio Domínguez Iribarren, Marcos García Rey y Rogelio Alonso, *Vidas rotas: Historia de los hombres, mujeres y niños víctimas de ETA*, Madrid, Fundación Policía Española, 2010.

50. «Pompidou accepte la démission d'Alain Peyrefitte», *L'OBS*, 28 de mayo de 2008, <http://tempsreel.nouvelobs.com/societe/le-quotidien-de-1968/20080526.OBS5654/pompidou-accepte-la-demission-d-alain-peyrefitte.html>.

51. Jean-Baptiste Harang, «Special mai 1968. Ce jour-là, mardi 28 mai. Mitterrand tente le putsch», *Libération*, 28 de mayo de 1998, <http://www.liberation.fr/france/1998/05/28/special-mai-1968-ce-jour-la-mardi-28-mai-mitterrand-tente-le-putsch_237322>.

52. Tournoux ,1969, p. 241.

53. «Allocution radiodiffusée du 30 mai 1968», Institut national de l'audiovisuel (INA), Fondation Charles de Gaulle, <http://fresques.ina.fr/de-gaulle/fiche-media/Gaulle00366/allocution-radiodiffusee-du-30-mai-1968.html>.

54. Kurlansky, 2005, p. 304; «French legislative election, 1968», Wikipedia, <https://en.wikipedia.org/wiki/French_legislative_election,_1968>.

El verano del descontento

1. Discurso de Ted Kennedy en el funeral de Robert F. Kennedy, 8 de junio de 1968, <https://www.youtube.com/watch?v=N105wUjgTcM>.

2. Steinhoff, 1999, p. 5.

3. Chushichi Tsuzuki, *The Pursuit of Power in Modern Japan 1825-1995*, Oxford, Oxford University Press, 2000, p. 413.

4. Oguma Eiji, «Japan's 1968: A Collective Reaction to Rapid Economic Growth in an Age of Turmoil», *The Asian-Pacific Journal*, vol. 13, n.º 1, 23 de marzo de 2015, <http://apjjf.org/2015/13/11/Oguma-Eiji/4300.html>.

5. Jaromír Navrátil (ed.), «Document n.º 44: The 'Two Thousand Words' Manifesto, June 27, 1968», en *The Prague Spring 1968: A National Security Archive Documents Reader*, Budapest, Central European University Press, 1998, pp. 177-181; Schwartz, 1969, pp. 159-160.

6. Schwartz, 1969, pp. 164-165, 173-175.

7. *Ibid.*, pp. 181-182.

8. Jaromír Navrátil (ed.), «Document n.º 53: The Warsaw Letter, July 14-15, 1968», en *The Prague Spring 1968: A National Security Archive Documents Reader*, Budapest, Central European University Press, 1998, pp. 234-238.

9. Schwartz, 1969, p. 183, 189, 191.

10. Carlos Monsiváis, *El 68. La tradición de la resistencia*, Ciudad de México, Ediciones Era, 2008, pp. 15-16.

11. Enrique Krauze, «El legado incierto del 68», *Letras Libres* n.º 117, septiembre de 2008, <http://www.letraslibres.com/mexico/1968-2008>.

12. Enrique Krauze, *La presidencia imperial. Ascenso y caída del sistema político mexicano (1940-1996)*, Barcelona, Tusquets, 1997, p. 16.

13. Enrique Krauze, «Las memorias de Díaz Ordaz», *Letras Libres*, 6 de octubre de 2008, <http://www.letraslibres.com/mexico-espana/las-memorias-diaz-ordaz>.

14. Krauze, 1997, pp. 308-310, 324, 329.

15. «Vargas Llosa: 'México es la dictadura perfecta'», *El País*, 1 de septiembre de 1990, <https://elpais.com/diario/1990/09/01/cultu ra/652140001_850215.html>.

16. Krauze, 1997, p. 15.

17. Monsiváis, 2008, p. 11.

18. *Ibid.*, pp. 18-20.

19. Gustavo Castillo García, «El bazukazo a la Preparatoria 3», *La Jornada*, <http://www.jornada.unam.mx/2008/07/30/index.php?sec tion=politica&article=014n1pol>.

20. Monsiváis, 2008, pp. 22, 31-37.

21. Jesús Silva-Herzog, *Una historia de la Universidad de México y sus problemas*, Ciudad de México, Siglo XXI Editores, 2003, p. 161.

22. Monsiváis, 2008, pp. 37-38.

23. Gustavo Castillo García, «Barros Sierra sale en defensa de la UNAM y marcha con miles de estudiantes», *La Jornada*, <http://www. jornada.unam.mx/2008/08/01/index.php?section=politica&article= 010n1pol>.

24. Discurso de Gustavo Díaz Ordaz, «La mano tendida», 10 de agosto de 1968; Monsiváis, 2008, p. 68.

25. Krauze, 1997, pp. 345-348.

26. Gilberto Guevara Niebla, Raúl Álvarez Garín *et al.*, *Pensar el 68*, Ciudad de México, Cal y Arena, 2008, p. 56.

27. Elena Poniatowska, *La noche de Tlatelolco*, Ciudad de México, Biblioteca Era, 1998, 2ª ed. (corregida), p. 38.

28. Monsiváis, 2008, p. 84

29. Guevara Niebla, Álvarez Garín *et al.* 2008, pp. 56-60; Monsiváis, 2008, pp. 97, 112.

30. Kurlansky, 2005, pp. 343-345.

31. Discurso de Richard Nixon aceptando la nominación a la presidencia en la Convención Nacional Republicana en Miami Beach, Florida, 8 de agosto de 1968, <http://www.presidency.ucsb.edu/ws/?pid= 25968>.

32. «Police Kill 3 Negroes in Miami Riot», *Chicago Tribune*, 9 de agosto de 1968, p. 1, <http://archives.chicagotribune.com/1968/08/09/ page/1/article/police-kill-3-negroes-in-miami-riot>.

33. Schwartz, 1969, pp. 198-199.

34. *Ibid.*, p. 213.

35. *Ibid.*, pp. 233-334.

36. *Ibid.*, pp. 235-236.

37. Kurlansky, 2005, p. 386.

38. Discurso de Fidel Castro tras la invasión de Praga, 23 de agosto de 1968, <https://www.youtube.com/watch?v=TyGkMdSj-U0>; Judt, 2006, p. xx.

39. Judt, 2006, p. 651.

El juego y la muerte

1. Jerry Rubin, *Do it! Escenarios de la revolución*, Barcelona, Blackie Books, 2009, pp. 121-122.

2. Kurlansky, 2005, pp. 351, 355-359, 362.

3. Norman Mailer, *Miami and The Siege of Chicago: An informal history of the American political conventions of 1968*, Harmondsworth, Penguin Books, 1969, p.127.

4. *Ibid*, pp. 142-152.

5. J. Anthony Lukas, «Police Battle Demonstrators in Streets; Hundred Injured», *The New York Times*, 29 de agosto de 1968, p. 1, <http://query.nytimes.com/gst/abstract.html?res=980DE7D6103FE63ABC4151DFBE668383679EDE&legacy=true>.

6. Mailer, 1969, pp.167-168.

7. Gustavo Castillo García, «Persecución militar y desalojo del Zócalo», *La Jornada*, 27 de agosto de 2008, <http://www.jornada.unam.mx/2008/08/27/index.php?section=politica&article=012n1pol>; Monsiváis, 2008, pp. 113-115.

8. Monsiváis, 2008, pp. 115-118; Poniatowska, 1998, p. 53.

9. Alberto del Castillo Troncoso, «Días de agosto exitosa marcha y fallido plantón», *La Jornada*, 27 de agosto de 2008 <http://www.jornada.unam.mx/2008/08/27/index.php?section=politica&article=013n1pol>.

10. Poniatowska, 1998, pp. 53-54.

11. Monsiváis, 2008, pp. 119-121; Poniatowska, 1998, pp. 53-54.

12. Krauze, 1997, pp. 358-359.

13. Wladimiro Greco, «Il movimento studentesco verifica esperienze e limiti della sua lotta», *L'Unità*, 5 de septiembre de 1968, p. 2;

Wladimiro Greco, «L'analisi e le prospettive della rivolta studentesca», *L'Unità*, 7 de septiembre de 1968, p. 3, <http://www.dellarepubblica.it/legislatura-1968-settembre-68>.

14. Vincent Canby, «The Screen: A Parable by Pasolini: Teorema' in Premiere at the Coronet Terence Stamp in Role of a Visiting God», *The New York Times*, 22 de abril de 1969, <http://www.nytimes.com/movie/review?res=9D05E1D8153AEE34BC4A51DFB2668382679EDE.

15. David Grieco, *La macchinazione: Pasolini. La verità sulla morte*, Milano, Rizzoli, 2015.

16. Mary King, *Freedom Song: A Personal Story of the 1960s Civil Rights Movement*, Nueva York, William Morrow, 1987, pp. 448-474; citado en Kurlansky, 2005, pp. 407-408.

17. Robin Morgan (ed.), *Sisterhood is powerful: An Anthology of Writings From The Women's Liberation Movement*, Nueva York, Vintage Books, 1970, pp. 585-588.

18. Kurlansky, 2005, p. 412.

19. Patricia Melzer, *Death in the Shape of a Young Girl: Women's Political Violence in the Red Army Faction*, Nueva York, New York University Press, 2015, p. 56.

20. Krauze, 1997, p. 369.

21. Discurso de Gustavo Díaz Ordaz en la apertura de las sesiones ordinarias del Congreso, 1 de septiembre de 1968, <http://www.biblioteca.tv/artman2/publish/1968_87/Mensaje_del_Cuarto_Informe_que_rindi_al_H_Congreso_293.shtml>.

22. Krauze, 1997, pp. 369-374.

23. Timothy Scott Brown, *West Germany and the Global Sixties: The Anti-Authoritarian Revolt, 1962-1978*, Cambridge, Cambridge University Press, 2013, pp. 117-118.

24. Sozialistischer Deutscher Studentenbund, «Wer ist Senghor?», en Schulenburg (ed.), *Das Leben ändern, die Welt verändern!*, pp. 313-315; citado en Brown, 2013, p. 118.

25. Niels Seibert, *Vergessene Proteste: Internationalismus und Antirassismus 1964-1983*, Münster, Unrast, 2008, p. 61; citado en Brown, 2013, p. 119.

26. Brown, 2013, pp. 118-119.

27. «Genosse Cohn-Bendit, hast du gewusst?», *Der Spiegel*, 27 de enero de 1969, <http://www.spiegel.de/spiegel/print/d-45861310.html>.

28. Monsiváis, 2008, p. 147.

29. Poniatowska, 1998, pp. 175-176.

30. *Ibid.*, pp. 180-181.

31. *Ibid.*, pp. 212-213.

32. Krauze, 1997, p. 378.

33. *Ibid.*, pp. 380-381.

34. Airgram A-309, «The Japanese Student Protest Movement», American Embassy Tokyo to Department of State, 10 de abril de 1969, p. 20; Marotti, 2009, p. 134.

35. Marotti, 2009, pp. 134-135.

36. «Das bittere Ende», *Stern*, <http://www.stern.de/politik/ges chichte/die-68er-das-bittere-ende-3226502.html>.

37. Stefan Aust, *Baader-Meinhof: The Inside Story of the R.A.F.*, Londres, The Bodley Head, 2008, pp. 43-44.

38. Cohn-Bendit y Dammann, 2008, pp. 251-252.

El mundo nuevo: 1968 y nosotros

1. Información estadística sobre las bajas de la guerra de Vietnam, National Archives, <https://www.archives.gov/research/military/viet nam-war/casualty-statistics.html>.

2. Mark Lilla, *The Shipwrecked Mind: On Political Reaction*, Nueva York, New York Review Books, 2016, p. 99.

Agradecimientos

Este libro es, en buena medida, fruto de largas conversaciones sobre 1968 y su contexto. Estoy en deuda con Máriam Mártinez-Bascuñán, César Rendueles, Josep Ramoneda y Santos Juliá, que tuvieron la amabilidad de sentarse conmigo para hablar sobre sus visiones —y los dos últimos, su experiencia— de las revueltas de 1968. Llevo años hablando de estos temas con Carlos Granés y Manuel Arias Maldonado, que en esta ocasión, además, me ayudaron con cuestiones puntuales. Daniel Gascón y Ricardo Dudda, por su parte, leyeron el primer borrador de este libro y me hicieron importantes sugerencias. Miguel Aguilar, el director editorial de Debate, me propuso escribirlo, y ahora que está terminado, se lo agradezco. Marta Valdivieso habló conmigo sobre 1968, me animó a escribir el libro, leyó el primer manuscrito y contribuyó enormemente a que se mantuviera en pie. Pero mi agradecimiento hacia ella es, principalmente, por todo lo demás.